CIVILIZATION AND MATERIALS

Exploring the Differences between Chinese and
Western Civilizations from the Perspective of Materials Science

文明与物质

从材料学视角探索中西文明差异

毛卫民　著

中国社会科学出版社

图书在版编目（CIP）数据

文明与物质：从材料学视角探索中西文明差异／毛卫民著．—北京：中国社会科学出版社，2022.3
ISBN 978-7-5203-9580-9

Ⅰ.①文… Ⅱ.①毛… Ⅲ.①文化史—对比研究—中国、西方国家②冶金史—世界　Ⅳ.①K203②K500.3③TF-091

中国版本图书馆CIP数据核字（2022）第012580号

出 版 人	赵剑英
责任编辑	黄　山
特约编辑	王海东
责任校对	贾宇峰
责任印制	李寡寡

出　　版	中国社会科学出版社
社　　址	北京鼓楼西大街甲158号
邮　　编	100720
网　　址	http://www.csspw.cn
发 行 部	010-84083685
门 市 部	010-84029450
经　　销	新华书店及其他书店
印　　刷	北京明恒达印务有限公司
装　　订	廊坊市广阳区广增装订厂
版　　次	2022年3月第1版
印　　次	2022年3月第1次印刷
开　　本	710×1000　1/16
印　　张	14.25
插　　页	2
字　　数	230千字
定　　价	68.00元

凡购买中国社会科学出版社图书，如有质量问题请与本社营销中心联系调换
电话：010-84083683
版权所有　侵权必究

目 录

引　言 1

第一章　孕育文明的物质基础 7

第一节　旧石器时代的人类及其工具 10

　　一　原始石器 10

　　二　磨制石器 12

　　三　石木复合工具 13

　　四　中西方旧石器时代的人类 14

第二节　新石器时代的人类及其工具 16

　　一　磨光石器 16

　　二　陶器 19

　　三　捻线工具与温饱生活下的玉器加工 23

第三节　铜器的出现对人类社会发展的影响 26

　　一　自然铜与块炼铜 26

　　二　铜器的优势 27

　　三　烧陶温度与铜的冶炼 29

第二章 进入铜器时代的中西方社会 ... 33

第一节 铜器的出现及其在中西方的广泛使用 ... 35
一 早期铜器的制作 ... 35
二 铜工具 ... 36
三 铜兵器 ... 37

第二节 世界主要文字的形成与其承载体 ... 42
一 西方文明早期的文字及其承载体 ... 42
二 汉字的演变及其承载体 ... 47
三 联合国官方文字 ... 53

第三节 中西方铜器时代的差异 ... 55
一 大型铜器的对比 ... 55
二 制造和使用铜器的差异 ... 57
三 公元前1000年以前的铜矿资源与铜器时代特征 ... 63

第三章 从铜器时代到铁器时代初期——中西方文明的萌生与崛起 ... 65

第一节 中华民族的形成与融合的文明 ... 67
一 中华文明来临时的物质基础 ... 67
二 最初的中华民族 ... 71
三 最早的王朝：夏 ... 74
四 商、周王朝 ... 77
五 中华文明的崛起 ... 79

第二节 铁器时代的来临 ... 82
一 铁器的优点 ... 82
二 铁工具 ... 85
三 铁兵器 ... 86

第三节 欧洲文明的形成与拓展 ... 89
一 古希腊文明及其逐利特征 ... 89

二　罗马王政与共和国时期的奴隶制社会 94
　　三　西方文明的崛起 98

第四节　西汉帝国与罗马帝国对比 103
　　一　"损利比"对初期文明的影响 103
　　二　平等与民主的有限性 106
　　三　中西方两大帝国的比较 108

第四章　传统铁器时代后期中西方文明的拓展 111

第一节　中西方冶铁能力的发展与差异 112

第二节　中华文明延续的特征与郑和下西洋 117
　　一　中国的统一与深度融合 117
　　二　宗法制与皇权至上 122
　　三　对统一的追求 124
　　四　郑和的海外交流与融合 127

第三节　西方文明延续的特征与哥伦布航海时代 132
　　一　走出罗马时期 132
　　二　教会的追求与利益 136
　　三　思想解放与变革 139
　　四　哥伦布与海外扩张 142
　　五　对平等的诉求 148

第四节　中西方文明的差异化演变 151
　　一　中西方早期的德治与法治 151
　　二　突破神治与欧洲工业革命的爆发 156
　　三　儒学的演变及其对萌发工业革命的遏制 164

第五章　工业文明及其物质基础 173

第一节　工业革命与钢铁生产 175

一　英国工业革命与铁器生产 175
　　二　皇权对中国铁器生产的约束 177
　　三　第二次工业革命的钢铁生产与两次世界大战 179
第二节　中国材料工业的现代化进程 184
　　一　近代工业化的坎坷历程 184
　　二　钢铁工业的现代化 190
　　三　市场经济下的材料工业 192
第三节　工业文明深入发展的新型物质基础 197
　　一　信息材料的发展与第三次工业革命 197
　　二　智能材料与第四次工业革命 200
　　三　中国工业革命的步伐 201
第四节　文明差异导致的不同观察与判断 205
　　一　对文明起源时间的判断 205
　　二　中西方不同文明价值观适用范围 207
　　三　中西方文明的差异化发展与战争 208
　　四　自然资源和地理环境对东西方文明产生的影响 211

附录　文中部分图片拍摄地或来源地简称索引 213
参考文献 214

引言

自工业革命以来，西方经济以前所未有的速度迅猛发展，且军事强大、科技发达、文化繁荣。自那时起，西方文明的许多思想逐渐占据世界的主流，也被全球各地广泛接受和学习。至今，西方的思想已经主宰世界两个世纪，且许多人认为西方文明是无可取代的最优秀文明。自1990年"冷战"结束后，西方意识形态称霸世界，并出现了"历史终结论"，认为西方的意识形态和社会制度已经达到人类历史发展的终点，不再可能出现其他更好的制度。然而，近几十年来，随着中国经济在西方设计的国际框架下以非西方的方式持续、快速地发展，具有悠久历史的中华文明也受到越来越广泛的关注。一些人无法理解，自19世纪以来一向被视作逐渐衰落的中华文明所孕育的社会，为什么如今会以如此快的速度崛起？

分析和对比近期中西方经济和工业的发展是一个比较复杂的研究领域。整体社会耗电量的变化能大致反映一个国家或地区工业化程度，或许可以从一个角度对比中西方工业或制造业的差异化发展。参考全球能源数据平台（Enerdata）的数据，图0.1展示了近三十年来欧洲整体、美国及中国耗电量的演变情况。根据1990年至今欧美地区的耗电情况显示，除了2008年因美国金融危机造成西方社会经济及耗电有所衰减，工业发达国家整体呈现缓慢增长、稳步发展的态势。中国自1990年至2000

年的耗电水平也处于类似的缓慢增长趋势，但仍在很低的水平，且并未引起西方足够重视，如图 0.1 中白色正方符所示。1999 年中国修改《宪法》，确认私营经济是社会经济的重要组成部分并受到法律的保护，自此，各种民营企业迅速发展壮大，极大地推动了中国经济发展。2001 年美国发生"9·11"恐怖袭击，至 2011 年，西方世界已陷入 10 年"反恐战争"。在这 10 年期间，中国的经济高速发展，耗电量则于 2010 年左右达到美国或欧洲的水平，如图 0.1 中浅灰正方符所示，由此也引来了西方社会的费解和疑虑。在此期间，西方世界普遍认为，中国的这种发展是不健康的，一定蕴藏着种种危机，于是出现了各种版本的"中国崩溃论"，甚至纷纷预测了 2010 年前后中国经济行将崩溃，出现大的经济危机或金融危机等。然而，与这些崩溃的议论相悖的是，中国经济和工业继续稳步、高速地发展。2019 年，中国的耗电量大幅超过欧洲与美国，并达到整个欧洲和美国总和的 93% 以上，如图 0.1 中深灰正方符所示，且未出现衰败的迹象。中国是在西方所制定的秩序和规则下快速发展起来的，这种发展超出了许多人的理解范畴，且与根据西方一些理论所做的预期完全不符。对此，一些习惯性保有西方文明优越感的政治家感到意外，甚至开始焦虑。

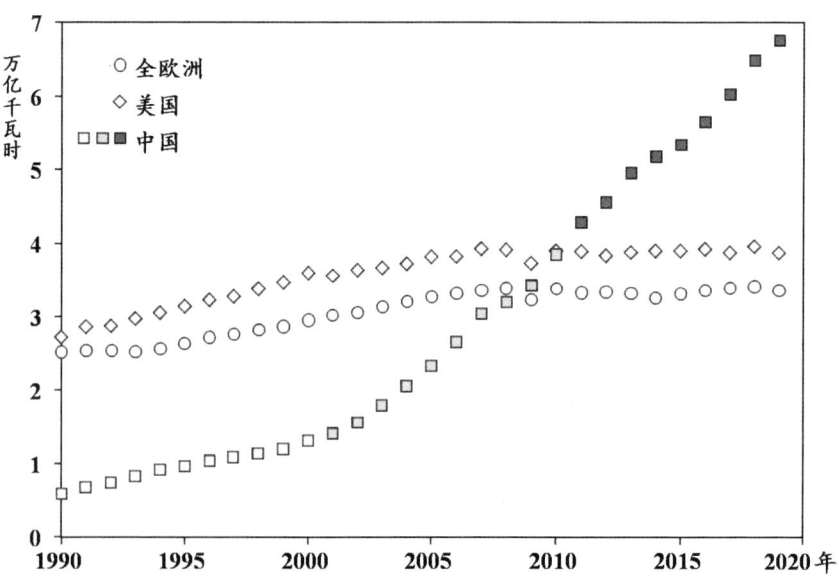

图 0.1　美国、全欧洲及中国近 30 年耗电量的发展

注：根据全球能源数据平台相关资料整理所得

根据一般观察可以发现，诸多著名的古老文明都已经衰亡，只留下了它们历史的印记，如苏美尔文明、古埃及文明，乃至古印度文明等。人们或许会思考，同样作为古老文明的中华文明为什么能延续至今，甚至可能会再度复兴？苏美尔、古埃及、古印度、古希腊、古罗马等文明在其萌生至公元前的发展历史中不断产生交流和冲突，有着千丝万缕的联系并互相影响；唯独中华文明从萌生至公元初期始终独立发展，鲜有受到外界其他文明的影响。中华文明到底有哪些与众不同之处呢？基于这些疑问，人们不得不重新审视和分析，这个很长时间以来不太受西方学者，乃至一些中国学者重视的文明，到底是如何形成和延续的？中西方之间是否真会发生人们所猜测的"修昔底德"陷阱之类的冲突？

虽然许多历史学家、政治学家、社会学家、人类学家、考古学家、经济学家、人文学者等对上述疑问涉及的很多方面都已做过或正在从事许多专业而深入的探讨，但是这些大多属于社会科学领域学者的观察和研究。笔者工作于自然科学的工程领域，承担材料工程技术的教育与研究，并没有能力进行社会科学方面的探讨。作为材料工程专业的执教者，笔者需要对刚刚进入这个专业的学生科普性地介绍材料学是一个什么样的专业、对于社会发展有什么样的重要作用，以提高学生学习的兴趣、积极性和明确学生学习的目的性。本书是笔者为工程专业，乃至非工程专业的硕士研究生编写的，帮助其更深一步认识人类社会发展所依赖物质基础方面的辅导读物。

在多年从事专业入门教育的过程中，笔者产生了一些较深刻的感受——材料是人类用以制造有用物件的物质，是与人类及其发展历史不可分割的一大类物质。人类历史的石器时代、铜器时代、铁器时代等阶段都是不同材料在人类社会发展进程中留下的历史性标记，因此材料是人类文明发展过程中无法摆脱的关键性物质基础，并借以生产出各种大量的物质财富。然而历史学和材料学分属于社会科学和工程技术科学两个完全不同的学科大类，材料学科的学者通常不具备研究社会科学的基础，而对社会学科的学者来说，在深入认识材料的细致特性及其对历史发展的重要作用方面也会面临一定困境。如有历史学者会认为，石质农具并不比青铜农具差，这既与历史考证不符，又违背材料学常理。再如中国自东汉以来就有"百炼钢"技术，并由此引申出成语"千锤百炼"；但有人文学者却认定，中国在锻铁技术方面长期落后于西方，可见没有了解工业革命之前中国整体的冶铁制钢技术始终明显领先西方的事实。对于材料技术发展历史的误判会影响对历史真实过程的认知。然而，从历史学到材料学毕竟是一件跨越学科的事，对两者进行综合研究，对于历史学和材料学这两方面的学者都不是一件容易的事。

另外，中西方文明确实存在着明显差异，而且这种差异从文明形成之初就存在，因而导致了后来不同的文明演变史。按照当今的观察和研究，全世界所有人类族群可能源自同一或类似的古猿族群，并随后蔓延到世界各地。因此各地的原始人类进入文明时代时产生的差异不应该归结为种族的原因，也就是说，一定存在某些客观的因素导致不同地区的人类产生了不一样的文明，诸如不同地区的气候特征、地理环境、自然资源等。因此需要探讨到底是什么客观因素导致了中西方文明如此大的差异。笔者从事的专业是与人类历史发展密切相关的材料学专业，该专业研究的内容是不以人的主观意志为转移的客观物质，或许可以从中探寻出影响文明形成和发展并导致某些差异的客观因素。笔者近几年的研究显示，材料的改进及材料技术的发展是推动人类社会进步的重要物质基础和技术基础，任何历史节点上人类社会形态的转变都伴随着材料技术的革命，包括石器时代向铜器时代过渡、铜器时代向铁器时代过渡，以及历次工业革命中材料技术方面的革命。因此，观察和研究人类历史需要同时关注和分析材料技术的发展与变革，把二者结合起来。全世界存在着形形色色的文明，涉及的范围非常广泛。笔者不仅精力有限，而且极为缺乏社会科学知识，不可能涉猎太宽泛的内容，因此在初步学习和了解社会科学知识之后，先尝试探索中西方文明差异中的若干要点。

本书论及的中西方文明为中华文明和西方文明。中华文明是指以中华民族为载体演变和发展的文明。中华民族是指在中国境内以汉族为主体民族的众多现代民族的共同体。西方文明是指受到美索不达米亚、古埃及文明以及早期西亚地区文化的影响，起源于古希腊，经古罗马的传承而遍及欧洲腹地，以基督教为主要宗教，主要由西罗马帝国及随后诸如日耳曼民族等众多民族共同发展起来的文明，后期也可称为基督教文明，这一文明后来还扩散到北美和世界其他地方。人类进入文明时代后会在历史上留下多方面的痕迹，尽管对文明的定义和认识尚存在不同的观点，不同学科识别文明的标准也不尽相同，但物质生产能力是否明显超过自身生存所需应是判别人类开始进入文明时代的关键因素，其他所有文明特征都源于这一基础。本书将以此为参考，来探索文明产生时影响某些特征呈现的客观原因。

虽然关于中西方文明差异的产生以及相关的原因在现有文献中已经有过若干探讨，但尚未有与作为物质基础的材料结合在一起且深入分析文明差异客观原因的文献。同时，局限于中西方文明某一个特定时段的差异点来探究差异形成的原因往往并不具有说服力，因为所有的差异都是在历史的演变序列过程中逐步累积的结果。若想探究文明差异形成的原因，就需要从文明形成之初、中西方尚没有明显差异的时候开始分析。如果还想探讨延续至今的差异，就需要梳理中西方文明从形成至今的演变过程，而不能只观察某一个历史局部，否则很容易产生因不同观察视角而导致的认知上的差异，难以取得共识。但是，笔者作为一个社会科学的"门外汉"，要想梳理中西方文明历史的形成和演变过程，面对的是一个困难而辛苦的功课，而且也属于非自己专业、不擅长的工作。基于这一工作的必要性，笔者不得不静下心来，先是学习社会科学基本知识，然后认真阅读、参考和引用社会科学各方面的相关书籍和文献，以便在本书所需内容的范围内梳理和收集各方专家的研究结论和观点，尽量避免社会科学领域内观点分歧较大的内容，也尽量不涉及尚未完成的历史问题的研究。在中西方文明的对比中，笔者把中国五帝时代和古希腊文明、汉帝国和罗马帝国、郑和下西洋和哥伦布发现美洲新大陆等几个阶段或事件，以及相应的材料技术特征作为参考对比点，进行重点对比和观察。希望能够为追溯中西方文明某些差异的起源和演变，为观察差异的本质和必然性提供一些参考。笔者并不研究社会科学，在这里只能学习和理解相关专家的研究成果和结论，因能力和知识面所限，很可能对相关内容的概括并不恰当。笔者仅根据自身理解，选择部分观点，引用有限的研究成果和结论，并在能力所及的范围内做一些归纳，少量地谈论一些个人的观察和判断，主要涉及对中西方文明初期差异的分析、中国是否存在以奴隶制经济为主要社会经济支撑的奴隶社会、西方文明中平等观念有限性和双重标准的传统等。相应看法很可能并不准确，仅供参考。也期待相关读者和专家给予批评指正。

在本书的撰写过程中，内蒙古科技大学李一鸣博士及北京科技大学图书馆在资料收集方面给予了大力支持，北京科技大学科技史与文化遗产研究院以及潜伟教授、李延祥教授对本书的撰写提供过协助，北京科技大学王开平高级工程师在资料调研以及文稿和图片的整理核对方面给予了多方面的协助，美国 Precision TEM 的张弘博士为本书提供了精细的比特电路图片，特在此一并表示感谢。感谢内蒙古科技大学人文素质教育基地及"白云鄂博共伴生矿资源高效利用省部共建协同创新中心"对本书编写的支持与资助，也感谢北京科技大学科技处的支持与协助。

作者

2020 年 12 月

第一章 孕育文明的物质基础

人们熟知，中西方文明存在差异，那这些差异是何时出现的呢？在文明出现之前，中西方的远古人类都是从古猿族群逐渐转变而来，他们奋斗的目标首先是能够在严酷的自然环境中生存下来，然后再去争取实现温饱的生活。他们以自然资源为原料制作出各种石器，并将其作为生产工具，以提高自身在自然界中的生存能力。由于制作石器所需的自然资源在全世界的分布没有本质区别，因此未发现中西方远古人类所制造的石器及其在自然界中的生存能力呈现实质性的差异。

根据美国人类学家摩尔根的观点，人类社会的发展可以被划分为蒙昧时代、野蛮时代和文明时代三个阶段。这里"文明"一词的英文为civilization，表示教化、开化的意思。汉语"文明"一词最早出自《易经》"见龙在田，天下文明"，词义主要表示摆脱野蛮、消除愚昧。在现代词语中，"文明"也可以用来表示文化繁荣。与摩尔根提出的文明时代对比，本书的"文明"主要表达的显然是《易经》所给出的汉语词义。英国学者达尔文著书认为，人类和现代猿起源于共同的祖先。如果仅限于观察最终能够延续至今的人类族群，人类自起源至发展成现代人的演进历程可以粗略地概括为：从古猿经过能人、直立人、早期智人等不同阶段到现代人（晚期智人）的逐步转化过程（图1.1）。这一过程基本上占据了人类的蒙昧时代。

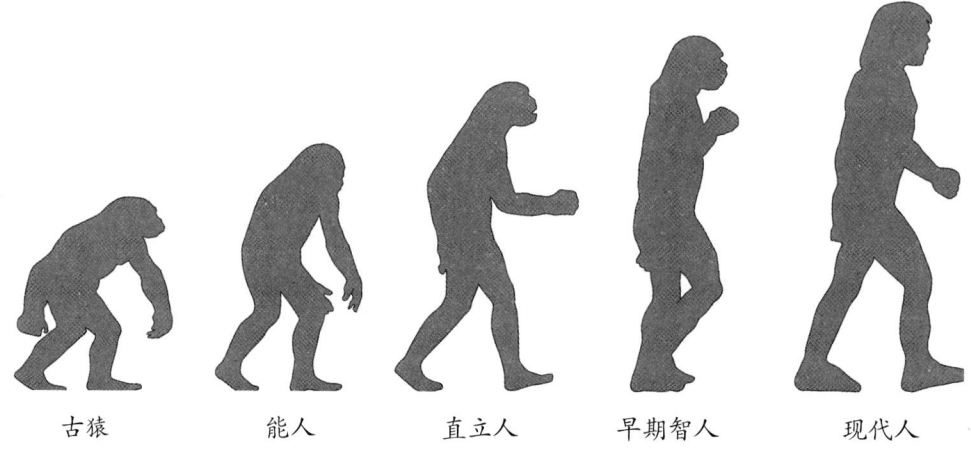

图 1.1　人类的进化过程 ［斯］①

人类自距今约 250 万—300 万年前开始逐步脱离猿而成为人。人类区别于动物的核心标志之一，是人类具备复杂思维和劳动的能力，并逐渐形成设计、制造和使用工具的技能。越发精良的工具使人类得以不断增强自身在自然里生存和繁衍的能力。制造工具不可避免地要涉及各种物质，即材料②。不同的工具制造过程均属于材料加工技术，或简称材料技术。铜器作为人类大规模使用的第一种金属材料对人类

---

① 〔斯〕为图片来源地简称，全称见书后附录。全书同。
② 毛卫民：《材料：人类社会发展的基石》，《金属世界》2020 年第 5 期。

文明的形成具有重要意义。丹麦国家博物馆学者汤姆森首先提出了"铜器时代"的概念[1]，汤姆森于1836年在《北方古物指南》上具体提出人类经历过石器时代、铜器时代、铁器时代的"三个时代"说[2]，其中，石器时代包括了旧石器时代和新石器时代。从使用工具和相关材料技术的角度来观察，摩尔根所说的蒙昧时代、野蛮时代和文明时代大体对应着人们常说的旧石器时代、新石器时代和铜器时代[3]，而石器和铜器就属于不同类型的材料。由此可见，材料是人类进化所需的关键性物质基础，材料技术的发展会对人类文明的形成和发展产生重要影响。本章对比了旧石器时代和新石器时代中西方社会的工具及制造工具所使用的材料，并简述了铜器的出现对人类社会发展的重要影响。为便于观察中西方可能存在的差异，本书均尽量采用中西方对比的方式展示两方在不同领域实际使用的材料和工具，以及相关材料技术的发展情况。

---

[1] 陈明远、林川：《"陶—铜体系"——野蛮向文明的过渡》，《社会科学论坛》2016年第8期。
[2] 贺云翱：《考古学为人类观察生产力的演变规律提供重要启迪》，《大众考古》2016年第9期。
[3] 本书涉及的铜器时代包括了中国发达的青铜时代，以及西方的红铜时代、铜石并用时代、低迷的青铜时代等铁器时代之前人类以使用铜质工具为主的时代。本书所提到的红铜指的是比较纯的铜，而青铜则主要指以铜为主并加入少量其他金属的铜。西方早期制作出红铜及中国很早就制作出青铜主要是由于西方文明早期所开采的铜矿石以纯氧化铜为主，而中国所开采的铜矿石还含有少量其他金属化合物。

第一节 旧石器时代的人类及其工具

一 原始石器

几百万年前南方古猿生存的环境发生了巨大变化，部分古猿被迫来到平原地区，并经常地用前肢采集食物或借助狩猎以获取肉食，逐渐形成了直立行走的习惯。与各种猛兽正面对抗时，初期的人类需要具备自卫和攻击能力，因而在种种激烈的生存斗争中逐渐学会了使用木棒和石块等天然工具。严酷生存实践的训练和考验使这些古猿的智力逐渐高于普通的猿，脑容量也明显增大。天然的木棒和石块往往并不是理想的工具，除了寻找和选择合适的石块外，200万年前的南方古猿已经能够借助摔、打等动作制作简单的砾石工具[1][2][3][4]。目前有报道说，已发现了约330万年前肯尼亚地区能人使用的砍砸器[5]，以及180万—120万年前俄罗斯东北高加索地区能人使用的砍砸器[6]。在中国也发现了疑似远古人类初期能人打制的石质工具（图1.2）。然而今天若想找到南方古猿或能人使用石器的痕迹，仍是非常困难的事，而且也无法准确认定南方古猿从哪一年开始制作简单砾石工具。但是工具制作过程一定经历了十分漫长的、从偶发到频发的岁月，且这种制作过程还萌发了古猿向人类的转变，同时也出现了与人类密切相关的材料——天然石料。

---

[1] 周启迪：《世界上古史》，北京师范大学出版社2016年版，第12页。
[2] 李季、安家瑗、孙其刚：《文物史前史》，中华书局2009年版，第32—33页。
[3] 刘家和、王敦书：《世界史古代史篇》上卷，高等教育出版社2011年版，第7页。
[4] 毛卫民：《材料与文明》，高等教育出版社2019年版，第26—29页。
[5] Sonia Harmand, Jason E. Lewis, Craig S. Feibel et al, "3.3—million—year—old stone tools from Lomekwi 3", West Turkana", Kenya, *Nature*, Vol.521, May 2015. pp.310–315.
[6] Vladimir Doronichev, Liubov Golovanova, "Beyond the Acheulean: A view on the Lower Paleolithic occupation of Western Eurasia", *Quaternary International*, Vol.223–224, 2010. pp.327–344.

图 1.2　约 230 万年前安徽省繁昌县人字洞疑似远古时人类初期的能人所打制的石质工具 ［皖］

自距今约 180 万年以来，人类逐渐进入了直立人阶段。这个阶段的石器不再那么笨重，且往往具有比较锋锐的边缘或尖锐的突出部位。同期的刮削器更加薄而锋锐，且可根据需求制成不同的形状，以满足对各种专用工具的要求。直立人根据积累的经验已知悉，何种形状的工具会有利于手持，以攻击野兽或分割、砍断各种猎物，乃至用作各种木器的加工。例如，用于砍木、断骨等的手斧（图 1.3a、图 1.3d），可以在木料上钻孔、刻槽等的刃器（图 1.3c）。同时，人类学会了制作三维各方向尺寸都相近且单手可把握的石球（图 1.3b），由此可以借助远距离投送石球攻击猎物，这不仅提高了狩猎效率，而且也降低了受伤的风险。

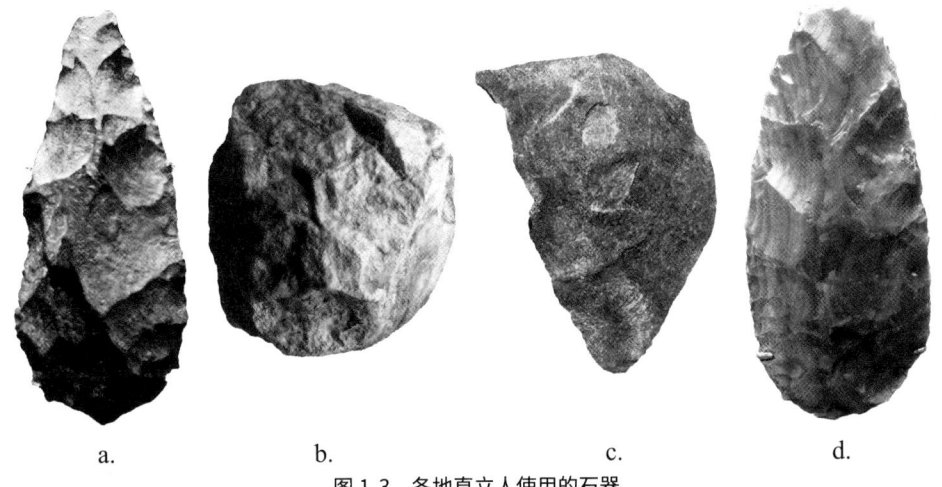

图 1.3　各地直立人使用的石器

a. 约 130 万年前坦桑尼亚奥杜威峡谷手斧 ［英］　b. 约 115 万年前陕西省蓝田县公主岭狩猎用石球 ［陕］
c. 约 100 万年前浙江省长兴县林城镇双刃器 ［浙］　d. 约 45 万年前法国恩河手斧 ［美］

火不仅可以用来烧烤猎物，而且还可以用于取暖和夜晚的照明。在漫长的生存过程中，直立人发现经自然火灾烧烤的动物味道香美。客观上，食用熟食也有利于人类高效吸收营养，促进脑力和体能的进化。在旧石器时代，人类至少经历了上百万年认识、学习、掌握和使用火的漫长过程。刚开始，人类只能追踪自然火源并设法保存火种，经过长期的经验积累和探索，才逐渐掌握了钻木取火或燧石取火的技术，为进入新石器时代奠定了一个关键性的材料技术基础。

二 磨制石器

自距今约 30 万年以来，直立人逐渐完成了向智人的转变，其间，人类的智力也在不断提高。这种提高在石器加工和使用方面表现为继续有针对性地向多样化和精细化方向发展，明显有别于原始粗放式的石器制作，包括对许多石器的边刃部做进一步的磨制加工，制成磨制石器（图 1.4）。更多的磨制加工使得石质工具的边刃更锋利，其形状也变得多样化。

图 1.4　各地智人使用的磨制石器

a. 约 12 万年前山西省襄汾县丁村锯斧刃器［晋］　b. 约 9 万年前埃及手斧［美］
c. 约 2 万年前重庆市铜梁区手斧［渝］　d. 约 2 万年前德国明曾根刮削器［弗］[①]

---

① 毛卫民、王开平：《铜器时代之前中西方的材料技术》，《金属世界》2021 年第 4 期。

在旧石器时代的大多数时间，人类日常基本上是赤身裸体。到了旧石器时代中、晚期，人类逐渐意识到可以用兽皮、羽毛、树叶、茅草等遮身，如把兽皮简单捆绑在身上以御寒和保障身体的安全。当人类掌握了搓制绳索技能后就可以更好地满足对遮身的需求。在晚期智人阶段，人类掌握了缝纫技能，使遮身效果得到大幅度的改进。这个时期，石器的精细化发展使得人类切割、刮削、磨削、钻孔等加工骨

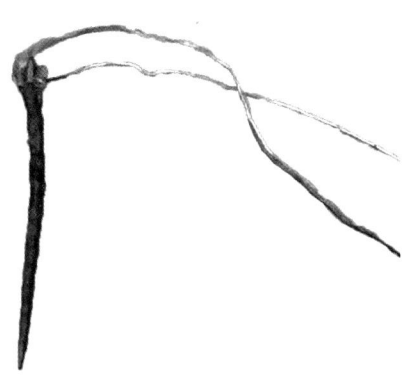

图1.5　约4万年前北京市周口店山顶洞人使用的骨针 ［国］

制品的能力达到了非常细致的地步。约4万年前，北京周口店地区的智人已经制作出了细小的骨针，全长82毫米，直径3毫米多，经刮削和磨制后，针的一端尖锐而针身圆滑，骨针另一端用尖状器挖制出针孔（图1.5）。当时的人类也已经能够将动植物纤维搓制成足够细的线，以穿过针孔。如此地穿针引线，可以将获得的各种平面材料，如树皮、兽皮、树叶缝制成复杂的遮身物。

三　石木复合工具

各项材料加工技术的进步也推动了狩猎工具的革命。使用砍砸器、尖状器等狩猎工具须与猎物近身搏斗，因而较危险；远距离投送石球的狩猎方式效率仍然不够高。旧石器时代晚期智人阶段一个重要的发明就是石矛。石矛的出现正是整合了两种狩猎方式的优点，弥补了二者的缺点。将尖状器加工成细长锋利形状的石矛头（图1.6），用绳索将其捆绑在长柄木棒的一端，即可制成石木复合的长柄石矛。当猎物逃逸时，还可以把石矛以投枪的形式抛出，延长了狩猎距离，且投枪的准确度会高于抛掷石球。

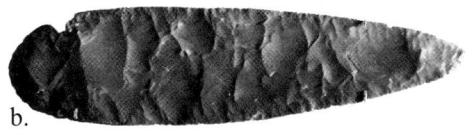

图1.6　晚期智人使用的石矛

a. 约1万年前山西省吉县柿子滩［晋］　b. 约8千年前埃及［美］

图 1.7　晚期智人使用的石镞与箭
a. 约 3 万年前山西省朔州市峙峪石镞［国］
b. 约 8 千年前埃及石镞［美］
c. 捆绑成箭镞示意模型［国］

旧石器时代晚期智人阶段另一个极为重要并实际应用的石木复合工具就是弓箭。将有很锋利尖端的石质箭头，即石镞（图 1.7a、图 1.7b）与箭柄捆绑结合成箭（图 1.7c），再借助弓发射出去，就可以捕获很多非常警觉敏感而不易接近的猎物，狩猎范围也大于投掷石球和石矛的距离。弓箭的出现和使用首次极大地拓展了人类的狩猎范围和食物来源，显著增强了人类在恶劣自然环境中的生存能力。对于远离森林树木、深山洞穴的人类来说，面对生存于广阔原野上大量善于奔跑、飞翔、警觉而敏感的猎物，弓箭是一种决定性的工具，它使人类可以完全摆脱森林和深山而生存。

四　中西方旧石器时代的人类

统计显示，在中国境内已发现和挖掘出一千多处旧石器时代的人类遗址。[1][2][3] 研究表明，在中国山西省芮城县西侯度遗址以及重庆市巫山县龙骨坡遗址都发现了约 200 万年前人类活动的痕迹，所涉及的人类应该属于早期转变过程中的能人范畴。[4][5] 我们的祖先至少在几十万年前已经大量繁衍生息，生存足迹主要集中在黄河流域、

---

[1] 高星、裴树文：《中国古人类石器技术与生存模式的考古学阐释》，《第四纪研究》2006 年第 4 期。
[2] 武春林、张岩、李琴等：《中国古人类遗址环境数据库及遗址时空分布初步分析》，《科学通报》2011 年第 26 期。
[3] 郑洪波、周友胜、杨青等：《中国东部滨海平原新石器遗址的时空分布格局——海平面变化控制下的地貌演化与人地关系》，《中国科学：地球科学》2018 年第 2 期。
[4] 王益人：《晋西南旧石器考古学研究现状及其展望》，《人类学学报》2018 年第 4 期。
[5] 侯亚梅、李英华、黄万波等：《龙骨坡遗址第 7 水平层石制品新材料》，《第四纪研究》2006 年第 4 期。

长江流域和珠江流域，到了几万年前，他们的生存足迹已经遍布全国各地[1]。迄今为止，虽然尚未见有旧石器时期能人生活在欧洲的报道[2]，但直立人与智人已长期生活在欧洲各地[3][4][5][6][7]。

需要指出的是，在旧石器时代的各个阶段，尽管人类的生存能力在不断提高，但整体上始终是比较有限的。那时的人类还比较脆弱，不是所有旧石器时代的人类族群都能最终生存下来，尤其是那些材料技术发展比较滞后的族群。当发生自然灾害、食物资源枯竭、疾病蔓延、气候突变等重大变故时，这些族群难免会因遭受沉重打击而灭绝。因此，在旧石器时代，人类群体的奋斗目标始终是能够在自然界中生存下来。到旧石器时代结束时，人类已基本完成由晚期智人向现代智人的转变，可以将自然环境中到处都有的石料，随时取来制作各种工具。在对比中，未发现旧石器时代中西方的材料技术上存在实质性差异。

---

[1] 毛卫民：《材料与文明》，高等教育出版社 2019 年版，第 43 页。
[2] José S. Carrión, James Rose, Chris Stringer, "Early human evolution in the western palaearctic: ecological scenarios", *Quaternary Science Reviews*, Vol. 30, 2011. pp. 1281−1295.
[3] Roxane Rocca, "From the East? New perspective on the first settlement dynamic in Europe", *L' anthropologie*, Vol. 120, 2016. pp. 209−236.
[4] Simon G. Lewis, Nick Ashton, Michael H. Field, et al, "Human occupation of northern Europe in MIS 13: Happisburgh Site 1 (Norfolk, UK) and its European context", *Quaternary Science Reviews*, Vol. 211, 2019. pp. 34−58.
[5] Nicolas Naudinot, Antonin Tomasso, Erwan Messager, et al, "Between atlantic and mediterranean: Changes in technology during the late glacial in western Europe and the climate hypothesis", *Quaternary International*, Vol. 428, 2017. pp. 33−49.
[6] Antomio Torroni, Hans—Jürgen Bandelt, Leila D'Urbano, et al, "mtDNA analysis reveals a major late paleolithic Population Expansion from southwestern to northeastern Europe", *The Am. J. Hum. Genet.* Vol. 62, April 1998. pp. 1137−1152.
[7] Ariane Burke, Masa Kageyama, Guillaume Latombe, et al, "Risky business: The impact of climate and climate variability on human population dynamics in Western Europe during the Last Glacial Maximum", *Quaternary Science Reviews*, Vol. 164, 2017. pp. 217−229.

第二节　新石器时代的人类及其工具

一　磨光石器

在距今约一万年左右的时候，随着生产能力的提高以及从猿向人转变过程的完成，人类开始逐渐从蒙昧时代进入野蛮时代。生产能力的提高是基于制造和使用各种工具和器具的技术水平不断提高，人类也同时从旧石器时代进入新石器时代。此时，现代人类所使用的材料与以往相比有了若干本质上的飞跃，从而支撑了新石器时代特有的农业生产和定居生活。

这一时期，在传统磨制石器的基础上，广泛出现了磨光石器，这种转变刚好可以满足现代人农业生产和定居生活的种种需求。早期的农业生产属于粗放的刀耕火种模式，人类需要在原始荒地上铲除杂草和荆条，然后翻耕播种、除草收割，最后加工收获颗粒以获得食粮。此时，石刀和石斧可用于斩草除荆（图1.8a—图1.8d），石铲和晚期的石犁可用于翻耕播种，石锄和石镰可用于除草收割。所有这些石质农具都需要与木柄适当捆绑使用（图1.8e、图1.8f）。只有事先在作为磨石的砺石上经过长时间磨削而制出光滑的表面，石质农具才能被高效率地用于农业生产。最后将收获的作物颗粒也要在石磨上脱壳、进一步加工成粉，才能成为满足人类稳定生存的食粮。[①]

[①] 毛卫民:《材料与文明》，高等教育出版社2019年版，第60—63页。

图 1.8　新石器时代中外磨光农用器具
a. 新石器时代德国杜塞尔多夫石刀［杜］　b. 约 7000 年前辽宁省新乐（下层）石刀［乐］
c. 约 7500 年前甘肃省秦安县大地湾石斧［甘］　d. 约 6900 年前希腊塞萨利石斧［希］
e. 中国石斧的组合形态［鄂］　f. 欧洲石斧的组合形态［弗］

中国各地考古发现了大量的新石器时代的专用农具，包括石铲、石镬、石耜、石犁、石锄、石镰等，[①] 而类似形状的农具则很少能在欧洲新石器时代的农具中找到。

[①]　毛卫民：《材料与文明》，高等教育出版社 2019 年版，第 60—63 页。

由此表明，尽管当时欧洲也已经开始从狩猎采集经济转向农耕畜牧经济，但中国的农耕技术相对更加发达。

出现农业经济之后，由于采猎仍是非常重要的经济行为，尤其在新石器时代初期，采猎经济还维持着主体地位，因此采猎所需的石矛、石镞、石球（图1.9）等工具也在不断改进成磨光石器。与旧石器相比，狩猎石矛不仅逐渐呈更加锋锐且精准的趋势，而且侧面日渐光滑。

a. b.

图 1.9　新石器时代中外狩猎用磨光石球

a. 约 8000 年前江苏省泗洪县顺山集石球［苏］　b. 约 7000 年前希腊塞萨利石球［希］

随着生产力进一步发展，农业生产逐步取代了以往采集植物果实为食的生存方式，使人类能够稳定地获取食物，基本保障了族群的维持与延续。然而，农业生产的耕作模式需要人类把以往到处游荡的生活方式改为定居生活，因此，人类为实现聚集居住，以及集中建造若干房屋，形成了聚落。

新石器时代人类建房所能采用的支撑材料主要是自然界的树木。人类通常用一定直径且笔直光洁的树干来搭建房屋的主体木结构，用石斧砍伐获得树干后，用石锛（图1.10 a、图1.10b）砍去树干上的枝杈，并剥除树皮。搭建房屋外形结构时，除了采用动植物纤维按照一定架构把不同直径的树干捆绑在一起，还经常需要借助榫卯结构或槽榫结构搭建房屋骨架[①]。由此需要在树干连接处开凿卯洞或沟槽，需要使用的工具就涉及石凿和石锤（图1.10 c—图1.10f）。在建好的房屋骨架上需覆盖

---

① 毛卫民：《材料与文明》，高等教育出版社2019年版，第66页。

树枝、树皮、苇草、竹束、藤条、泥土，以及动物的毛、皮、骨、角等可以从自然界直接获得的材料，由此建成可居住的房屋。显而易见，只有使用磨光表面、尺寸精细的石质工具才能省力、高效地建造房屋。

图 1.10　新石器时代中外建房用的磨光工具
a. 约 1 万年前浙江省浦江县上头山石锛［浙］　b. 约 6900 年前希腊塞萨利石锛［希］
c. 约 7000 年前辽宁省新乐（下层）石凿［乐］　d. 约 6900 年前希腊塞萨利石凿［希］
e. 约 8000 年前江苏省泗洪县顺山集石锤［苏］　f. 约 6800 年前德国俾首芬根石锤［弗］

二　陶器

在长期稳定的定居生活过程中，人类会有存粮、蓄水、储种、育苗的需求，因此需要使用容器类的器具。定居生活同时推进了家畜饲养业的萌生与发展，如需要给驯养动物喂食等。同时，日常生活中的种种炊饮行为也需要各种容器。但是，自然界中一般并不存在容器类的物体，而且用天然原料制作诸如木容器或石容器等也会比较麻烦。

水是人类生存所必须的物质，因此古人类总是择水而居。人类从长期的生存经历中发现或体验到河、湖等水源旁边总会有土，混入水的土就会变成泥。泥块是柔软且具有延展性的物质，可以人为地改变其形状。当泥块变干后会硬化板结，特定形状的板结泥块可用做容器。如果把泥涂抹在容器状编织物上，待泥板结干硬后可以用于存放水。但这种容器特性酥脆，易于毁坏，并不能长久使用。

旧石器时代的晚期智人已经掌握在灶坑中用火的技能[①]，即在一个相对有限制和相对封闭的环境中使用火。到了新石器时代，人类已经熟知人工取火技能，并经常用火烘烤食物或猎物。在一个有意控制的时间和空间范围内燃起火堆，可以使火的温度达到400℃—500℃的范围，用于烧烤和取暖。如果在一个相对凹陷的灶坑环境长时间燃火，则可以使环境温度达到600℃以上。长期在灶坑中用火会发现灶坑周围的土质会板结成烧土，非常硬且结实，这种烧土就是陶器的雏形。大约在一万多年前（图1.11），世

图1.11　约14000年前湖南省道县玉蟾岩陶釜［湘］

界各地都陆续出现了早期的原始陶器[②]。陶器的出现不仅提高了人类生存能力和生活质量，而且成为由人类创造的、大自然中本不存在的一种新材料。

人类掌握陶器制作技术后，陶制容器被迅速而广泛地应用到经济活动和日常生活的各个方面。水是人类生存的必要物质，如果距离水面较远，则可用汲水罐取水（图1.12a、图1.12b）。取得的水可以转入水壶（图1.12c、图1.12d）或其他陶制容器中。谷物、种子等需要储存的物品可放入储物罐中（图1.12e、图1.12f），储物罐之间的传输、分享或转运可借助斜口罐完成（图1.12g 图1.12h）。

---

① 艾素珍、宋正海：《中国科学技术史》（年表卷），科学出版社2006年版，第13—51页。
② Hodaka Kawahata, Yui Ishizaki, Azumi Kuroyanagi, et al, "Quantitative reconstruction of temperature at a Jōmon site in the Incipient Jōmon Period in northern Japan and its implications for the production of early pottery and stone arrowheads", *Quaternary Science Reviews*, Vol.157, 2017. pp.66-79.

图 1.12 新石器时代各地区的储物用陶器

a. 约 7000 年前山西省翼城县枣园村汲水罐［晋］ b. 约 5600 年前埃及纳恰达尖底汲水罐［陶］
c. 约 5500 年前广东省普宁市水壶［粤］ d. 约 5000 年前东地中海长嘴水壶［陶］
e. 约 6500 年前陕西省西安市半坡遗址储藏罐［半］ f. 约 6500 年前德国纽伦堡储藏罐［陶］
g. 约 7000 年前沙特艾恩萨耶斜口罐［沙］ h. 约 7000 年前辽宁省沈阳市新乐下层斜口罐［乐］

烹饪食物需要在烧灶上加热陶釜,即陶锅(图 1.13a、图 1.13b)。烧灶通常设置在居所的固定之处。由于不方便随时生火烧烤,因此人们发明了一种带支撑腿的陶锅，称为鼎。鼎的出现使人们在任何地方都可以即刻生火烧煮，由此大大提高烹饪饮食的便利程度。烹饪过程中所使用的水、汤等液体物质可放入陶盆（图1.13c、图1.13d），烹饪好的食物可放入陶盘（图1.13e、图1.13f），再分发到多个陶碗供大家分享，同时，也会用到陶杯来分享饮料（图1.13g、图1.13h）。可以看到，陶器的出现不仅方便了农业生产和日常生活，而且极大地提高了生活质量。

图1.13 新石器时代各地区的炊饮用陶器

a. 约6700年前湖南省安乡县汤家岗陶釜［湘］ b. 约6700年前德国耶赫廷根陶锅［弗］
c. 约6300年前德国萨斯巴赫陶盆［弗］ d. 约6200年前甘肃省秦安县大地湾陶盆［乐］
e. 约7500年前湖南省澧县八十垱陶盘［湘］ f. 约7200年前德国欧芬根陶盘［弗］
g. 约7000年前希腊塞萨利高脚杯［希］ h. 约6000年前重庆市巫山县大溪高脚杯［川］

三 捻线工具与温饱生活下的玉器加工

在新石器时代，人们不仅需要吃饭、住房，而且还对遮体衣物方面产生了更大的需求。在旧石器时代晚期，人类已经能够把苎麻纤维穿过制造骨的针的孔眼内，借以缝制可供穿戴的简单遮体衣物；在新石器时代，人类甚至出现了更高层次的精神追求。

1. 捻线技术的出现

新石器时代，人们可以把芦苇、竹皮、草茎、竹篾等编织成席或其他较复杂的形状，以供日常使用。由此很容易演变成把苎麻纤维参照编织物的方式制成的大块布料，进而制作出柔顺贴身的衣服。制造布料需要长而细的纤维线，由此出现了制造细长纤维线的纺轮捻线技术。在捻线过程中需用一个带中心孔的陶质或石质圆饼形纺轮，将称为捻杆的一个细轴的下端垂直插入纺轮中心孔，插入的下端与纺轮固定卡死。垂直悬空放置捻杆，下端为纺轮。先从棉团或毛团中连续抽出足够细的纤维束，将其一端卷绕在捻杆上；纤维束的另一端向上延伸，经过捻杆上端时，将纤维束嵌入捻杆上端的沟槽内，然后继续向上延伸，由捻线人手持纤维束的最上端。垂直转动纺轮就可以使纤维束不断旋转成线（图 1.14a），把捻好的线缠绕在捻杆上，再从棉团或毛团中抽出连续的纤维束，反复如此操作即可获得捻好

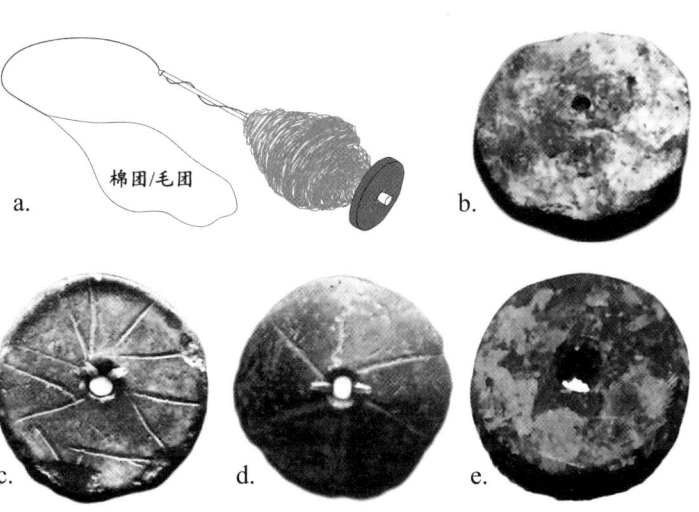

图 1.14 捻线用纺轮

a. 捻线时纺轮作用示意图　b. 约 8000 年前江苏省泗洪县顺山集陶纺轮［苏］
c. 约 6900 年前希腊塞萨利陶纺轮［希］　d. 约 6900 年前希腊塞萨利石纺轮［希］　e. 约 6500 年前陕西省西安市灞桥半坡石纺轮［半］

的线团。新石器时代世界各地普遍出现了纺轮捻线技术，所使用的纺轮多为陶纺轮（图 1.14b、图 1.14c），也有磨光石纺轮（图 1.14d、图 1.14e）。

2. 玉器加工技术的出现

新石器时代，随着人类生活的逐渐富足，在严酷自然界中，生存的压力逐渐减小，导致人们有闲暇在生产、生活之外追求一些精神享受。在新石器时代的许多遗址中均发现了玉石材料制成的各种礼器、配饰、摆设、日常生活用具等（如图 1.15），这正是反映了当时人类的这种精神需求。在旧石器时代，人类在对普通石料与玉石的加工和使用上并没有区别。通常玉石更有质量感、更加坚硬、质地细腻、手感温润、略透明而有光泽。玉石的这些特点只有在磨光的情况下才会被发现，或更加凸显出来。与普通石料相比，玉石的自然存量很少且坚硬耐磨，对其进行磨光加工非常费工、费时、费力，且当玉器的形状复杂时，会更加耗费精力。非工具类的玉器并不是人类生存必不可少的物品，但当时人类肯花费大量精力制作这些礼器、配饰、摆设等，说明原始农业出现后，经济的发展确实满足了人类的衣食温饱需求，因此人类可抽出大量精力用于非生存所必需的劳动。

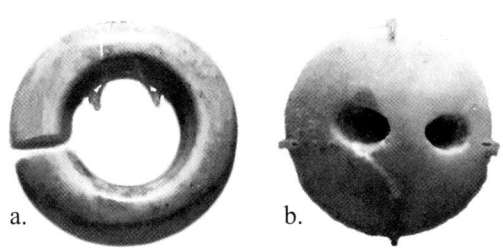

图 1.15　新石器时代的玉器

a. 约 8000 年前辽宁省阜新市查海遗址玉玦［辽］　b. 约 6900 年前希腊塞萨利玉石坠饰［希］

由上述描述可见，新石器时代人类生产、生活的每个环节以及社会各领域的进步、发展都与磨光石器材料、陶瓷材料、纺织纤维材料等使用以及相关材料技术的进步密切相关。研究人类在远古年代的生存和发展时，不仅需要从多个人文学科的不同角度进行分析与观察，还要多关注历史发展的物质基础和技术基础，以及与这种基础背景和环境相关的历史演变。农业生产使人类能够吃饱，搭建房屋和织布制衣使人类避免风雨侵袭，生活得温暖而安全。农业生产和定居生活等新生产方式和生活方式的不断成熟，使得人类基本摆脱了能否在正常自然环境里生存下来的困扰，得以逐渐实现温饱的生活，并致力于新的追求。从材料的加工过程看，磨光石器虽然已经很好用，但相应的磨制加工非常耗时、耗力。由于石料通常比较脆，因此在使用，甚至精细磨制加工中一旦折断则前功尽弃，需重新制作，这在当时，是制约生产发展的重要因素之一，也预示着新材料时代的到来。

在中国[1][2][3][4][5]与欧洲[6][7]境内发现了大量新石器时代的人类遗址，说明人类活动涉及的区域已经非常广泛。遗址位置虽然众多，但当时每片区域上人类的数目还比较有限，因此通常情况下，人类不同聚集地之间的距离会比较大，这为人类活动范围的后续拓展提供了一定空间。由于在自然环境中到处都有泥土，无论哪种文明区域的人类都可随时取来制作各种陶器，因此新石器时代中西方在材料技术上也未发现有实质性差异。

---

[1] 郑洪波、周友胜、杨青等：《中国东部滨海平原新石器遗址的时空分布格局——海平面变化控制下的地貌演化与人地关系》，《中国科学：地球科学》2018年第2期。
[2] 佟柱臣：《中国新石器研究》下册，巴蜀书社1998年版，插图页。
[3] 张玲、梅孙华、王培敏：《气候条件限制下的人类活动——全新世早中期中国栽培水稻分布的变化对气候变迁的响应》，《安徽农业科学》2013年第6期。
[4] 佘悦：《探究中国早期城市聚落与水的关系——以荆门马家院遗址为例》，《建筑与文化》2019年第8期。
[5] 陈强强、刘峰贵、方修琦等：《新石器时代晚期华北地区耕地重建》，《地理研究》2019年第12期。
[6] Joaquim Fort, "Demic and cultural diffusion propagated the Neolithic transition across different regions of Europe", *Journal of the Royal Society* Interface, Vol.12, No.20150166, 2015.
[7] Eva Rosenstock, Julia Ebert, Robert Martin, et al, "Human stature in the Near East and Europe ca. 10,000–1000 BC: its spatiotemporal development in a Bayesian errors—in—variables model", *Archaeological and Anthropological Sciences*, Vol.11, July 2019. pp.5657–5690.

第三节 铜器的出现对人类社会发展的影响

一 自然铜与块炼铜

图 1.16 自然铜（表面因氧化而变黑）[徽]

纯铜的熔点约为 1083℃。纯铜或比较纯的铜呈偏红的颜色，考古学上也称为红铜。铜属于惰性相对较强的金属，在自然界会保有一定量呈金属状态的天然铜，并为古代人类遇到，被称为自然铜（图 1.16）。自然铜的重量可以达到几百克至数千克，有时可以达到成吨至数百吨的规模。人类使用铜的历史可以上溯到新石器时代初期，那时人类已经学会把自然铜捶打加工，使其改变形状，因此能把捡到的自然铜加工成制品使用。[1]

考古人员在伊朗艾利库什地区发现了自然铜制成的铜片卷成的铜珠、铜锥等，由此可判断，距今约一万年左右，新石器时代初期的西亚为目前能考证到的人类最早使用自然铜制作铜器的地区。[2] 自然铜在自然界中的保有量不会很大，其发现和应用不会达到非常普及的水平，因此对社会生产力的发展也不会造成革命性的影响。可能造成革命性影响的是人工冶铜技术，即把自然界的铜矿石批量地冶炼成铜的技术。

最早的时候，人类只是把铜矿石（图 1.17）丢入烧陶器的窑炉中加热烧制，在炉火的长时间高温烧烤、熏灼中，铜矿石中化合状态的铜逐渐转变成像海绵一样疏

---

[1] 华觉明：《中国古代金属技术——铜和铁造就的文明》，大象出版社 1999 年版，第 13 页。
[2] 朱润轩：《青铜时代和锡的世界分布》，《世界科学》2002 年第 4 期。

松、多孔状的铜块，形如自然铜（图1.16）。把疏松的铜块再次加热到高温，并依照所设想的形状反复锻打、加热、再锻打，即可制成所需的铜器以供使用。

早期冶铜过程中，不论是铜矿石的高温烧灼，还是铜块的反复加热锻打，被加工体始终处于固体状态，基本没有熔化现象出

图1.17　铜矿石（孔雀石）[徽]

现。因此这种冶铜技术称为块炼铜技术，即人们只能找来许多铜矿石块，一个一个地冶炼成铜，除此以外制成铜器构件的大小与铜矿石块的尺寸相关，而且还与当时加工者的体力极限有关。块炼铜技术无法制造太大尺寸的铜器，或把若干小尺寸铜器构件拼接成大铜器[①]。在高温下反复锻打的主要原因是高温下铜比较软，易于被锻打加工成型。

二　铜器的优势

首先，通过一个简单的比较[②]就可以看清楚为什么铜器的出现和使用对人类社会发展有如此重要的意义。在新石器时代晚期，一个制作精良的磨光石铲通常会有十几毫米厚（图1.18a），如果制作得太薄，那么不仅磨光加工过度耗时，导致效率大幅下降，且因石器较脆，容易在加工和使用时发生脆断，降低成品率和使用寿命。而一个铜铲的厚度通常为1毫米左右（图1.18b），约为石铲的1/10，且铜器的密度大约为石器的3倍左右，因此当铲面面积相同的情况下铜铲的重量仅为石铲的约30%，使用起来非常轻巧。在挖掘土地时，铜铲仅为石铲1/10的小截面积会大大降低铲入阻力，因而明显降低劳动强度、提高工作效率。铲挖工作反复遇到阻碍、碰

---

① 毛卫民、王开平：《欠发达铜器时代孕育的西方文明及其早期价值观念的特征》，《金属世界》2021年第5期。
② 毛卫民：《材料与文明》，高等教育出版社2019年版，第114—115页。

到硬物时，脆性的石铲表面易于发生破损、剥落，甚至折断，而一旦折断只能废弃并更换新的石铲。与之相比，铜铲有很好的韧性，更能够承受反复的阻碍和硬物碰撞。强力碰撞超过其承受能力时，铜铲因其所具备的延展性而发生折弯变形，经后续捶打伸直可继续使用。如果根据已有的经验在捶打后适当烘烤加热，铜铲还可恢复其原有的柔韧特征。即便经多次使用造成铜铲折断，其小断片也可以加工成其他小铜器使用，也有可能如后文所述，直接加热熔化再制成新的铜器，因此可以反复再利用。从制造石铲成本上看，制造石铲前需先制作坯料，然后需经过非常耗时的磨光加工，并经过与木棒的捆绑（图 1.18c）才能制成石铲使用。石木复合石铲的捆绑方式也容易造成使用过程中的松脱，需反复捆绑。一旦掌握铜铲制造所需的冶铜技能，就会发现制作铜铲不仅成本低，且成功率高。铜铲上端的柄部是靠铜的延展性折弯成的圆管，将木棒插入圆管即可使用，无需捆绑。综上可以看出，与石器相比，铜器更加精巧、轻便、耐久，且综合性能优良、不易损坏、可反复使用和再回收，因此，铜器的综合优点是石器无法比拟的。一旦大规模出现铜器，人类在经济和技术层面必然跨入一个新的时代。

图 1.18　石铲与铜铲的比较

a. 约公元前 1700 年中国台湾台北石铲［国］　b. 约公元前 1250 年河南省安阳市殷墟妇好墓铜铲［国］
c. 约公元前 4500 年前陕西省西安市霸桥半坡复原的石铲［半］

三 烧陶温度与铜的冶炼

1. 烧陶温度的发展

在先期的冶铜过程中需要用高温加热铜矿石,在后期的加工过程中仍需要反复加热铜块,因此高温技术是人工冶铜、制铜技术的关键。炉火温度越高、越稳定,制作铜器的效率就越高,质量也越好。新石器时代陶器的制作和使用极为普遍,在这方面中外的整体差别不很明显。统计显示,仅距今 7000—5000 年的新石器时代中晚期在中国境内就发现了七八千处烧陶遗址。[①②] 陶器的质量关键之一在于陶窑内的温度——温度越高,越容易烧出高质量的陶器。根据残留陶片的化学组成和断口结构可以推断出当时陶片烧制时的温度。表 1.1 给出了新石器时代中西方烧陶温度对比。[①③④⑤⑥⑦⑧]通过该表可以看出,随着时间的推移,新石器时代的高温烧陶技术不断积累,陶窑温度不断提高。同时,当时西亚、欧洲、北非地区陶窑温度的提升与中国相比略显滞后(表 1.1),[⑨] 这一差异对后续冶铜技术及铜器时代的发展产生了重要影响。

表 1.1 新石器时代中西方烧陶温度对比

估计年代	中国陶器地点	分析对象	最高温度(℃)	估计年代	西方陶器地点	分析对象	最高温度(℃)
约 1 万年前	广东省青塘	砂陶	680	约 1 万年前	土耳其科尼亚	陶片	600

---

① 艾素珍、宋正海:《中国科学技术史》(年表卷),科学出版社 2006 年版,第 13—51 页。
② 李家治:《中国科学技术史》(陶瓷卷),科学出版社 1998 年版,第 2—3 页。
③ 李家治:《中国科学技术史》(陶瓷卷),科学出版社 1998 年版,第 27—31 页。
④ M. Spataro, A. Fletcher, C.R. Cartwright, D. Baird, "Boncuklu Höyük: The earliest ceramics on the Anatolian plateau", *Journal of Archaeological Science: Reports*, Vol. 16, 2017. pp. 420–429.
⑤ Sabrina Stempfle, Jörg Linstädter, Klaus G. Nickel, et al, "Early Neolithic pottery of Ifri n'Etsedda, NE—Morocco—Raw materials and fabrication techniques", *Journal of Archaeological Science: Reports*, Vol.19, 2018. pp.200–212.
⑥ Melissa L. Teoh, Sarah B. McClure, Emil Podrug, "Macroscopic, petrographic and XRD analysis of Middle Neolithic figulina pottery from central Dalmatia", *Journal of Archaeological Science*, Vol.50, 2014. pp.350–358.
⑦ Nicolae Buzgar, Andrei Ionut Apopei, Andrei Buzatu, "Characterization and source of Cucuteni black pigment (Romania)", *Journal of Archaeological Science*, Vol.40, 2013. pp.2128–2135.
⑧ Jorge Sanjurjo—Sáncheza, Juan Luis Montero Fenollós, Victor Barrientos, George S. Polymeris, "Assessing the firing temperature of Uruk pottery in the Midddle Euphrates valley (Syria): Bevelled rim bowls", *Microchemical Journal*, Vol.142, 2018. pp.43–53.
⑨ 毛卫民、王开平:《中西方铜器时代差异分析》,《金属世界》2019 年第 4 期。

续表

估计年代	中国陶器地点	分析对象	最高温度（℃）	估计年代	西方陶器地点	分析对象	最高温度（℃）
约1万年前	河北省南庄头	陶片	700	约8000年前	亚德里亚及巴尔干	陶片	750
约7700年前	河南省裴李岗	泥陶	910	约7200年前	摩洛哥东北部	陶片	850
约7500年前	河北省磁山	泥陶	890	约7000年前	克罗地亚海岸地区	陶片	900
约6500年前	浙江省河姆渡	泥陶	970	约6000年前	罗马尼亚东北部	陶片	900
约5800年前	河南省庙底沟	彩陶	1000	约5600年前	叙利亚幼发拉底河	陶片	900

资料来源：作者根据相关资料整理而得。

将铜矿石丢入炉火或灶坑，这些矿石在几百摄氏度时就会发生化学分解。800℃时在木柴或炭火的作用下，虽然部分铜矿可以还原出铜来[①]，但往往还原得并不充分。在炭火充足的情况下，温度越高，则还原得越快、越充分。如果陶窑的加热温度可到达1000℃以上，以至于超过了铜的熔点，则充分的炭火会使铜矿石转变成液态铜，并沉降到底部。铜液冷却凝固后就成为与自然铜非常相似的粗制铜块或铜锭，这种铜锭也称为冰铜（图1.19）。这一时期，人们已知道如何加工和使用这些铜锭了。

图1.19 约公元前800年安徽省南陵县绿岭的粗制冰铜 ［皖］

2. 冶铜技术的发展

由于新石器时代在烧陶温度上的优势（表1.1），中国在历史上很早就掌握了熔炼液态铜和制作冰铜或铜锭的技术。当所需制作液态铜的量比较大时，须采用较大

[①] 赵匡华、周嘉华：《中国科学技术史》（化学卷），科学出版社1998年版，第114—115页。

尺寸的专用陶质坩埚来冶炼和收集较多的铜液，进而制作出大尺寸的铜器。基于烧陶温度的优势和娴熟的制陶技能，约公元前 1250 年，河南省就出现了容铜量大于 12 千克的冶铜陶坩埚（图 1.20）。在烧制前，根据所需铜锭重量的大小来计算并确定冶炼前需要多少木炭和铜矿石，并事先放置在坩埚内，然后，将木炭和均匀破碎的铜矿石置入坩埚内燃烧加热，即可制成大块的铜锭。此时，铜制品的重量和体积已经不再受铜矿石尺寸的约束和限制。

图 1.20　约公元前 1250 年河南省安阳市冶铜陶坩埚（冶铜量可大于 12 千克）[国]

经考古证实，在伊朗的锡亚尔克遗址发现了约公元前 4500 年的铜针，在伊朗泰佩叶海亚遗址发现了约公元前 3800 年的铜器，在叙利亚阿穆克也发现了约公元前 3500—前 3100 年的铜工具。其他发现还有，在叙利亚布拉克出土的约公元前 4500 年前后的铜针和铜片，约公元前 4000 年的古埃及巴达里安前王朝铜斧，在古印度摩亨佐·达罗（Mohenjo-Daro）约公元前 2100—前 1700 年间制造的铜器。[1] 中国陕西省临潼姜寨出土了约公元前 4700 年人工冶炼术制造的原始黄铜残片和黄铜管。[2][3][4] 近期有报道称，在欧洲塞尔维亚的贝洛沃德（Belovode）发现了约公元前 5000 年，

---

[1]　朱润轩：《青铜时代和锡的世界分布》，《世界科学》2002 年第 4 期。
[2]　华泉：《中国早期铜器的发现与研究》，《史学集刊》1985 年第 3 期。
[3]　金正耀：《二里头青铜器的自然科学研究与夏文明探索》，《文物》2000 年第 1 期。
[4]　刘学堂、李文瑛：《史前"青铜之路"与中原文明》，《新疆师范大学学报》（哲学社会科学版）2014 年第 2 期。

最早出现人工冶铜技术的痕迹。[①] 冶铜技术诞生的初期，人类或许只是偶然地把铜矿石、柴禾或木炭放在一起加热，并制成重量有限的铜块或铜器。由于这个过程最初只在各地零星出现，因而对社会经济尚不能产生重要影响。对文明发展重要的不在于第一次人工冶铜技术何时出现及出现在哪里，而在于人工冶铜技术何时及在哪里得到了普及与推广，并极大地推动了经济的发展。

通过本章梳理可以发现，在中国大量出现铜器的年代，欧洲的人们仍在较多地使用磨光石器，以至于出现了长期的磨光石器和铜器并用的年代，即铜石并用时代。其背后的原因在下一章探讨。

[①] Miljana Radivojević, Thilo Rehren, Ernst Pernicka, et al, "On the origins of extractive metallurgy: new evidence from Europe", *Journal of Archaeological Science*, Vol. 37, 2010. pp. 2775-2787.

第二章　进入铜器时代的中西方社会

　　铜器是人类历史上能够自己制做并广泛使用的第一种金属器，对社会生产力的提高有巨大的推动作用，也促使人类社会实现温饱有余的生活，从而孕育出人类的文明。人类只有掌握高温冶铜技术并获得充足的铜矿资源，才可以大量制作和广泛使用铜器。于是，专门用于争执的人群——军队，和专门用于争执的工具——兵器在文明时代得到了快速的发展，也打破了野蛮时代人类族群内部那种相对的温情与平和。中西方虽然在小件铜器的制作和使用上没有显著差异，但当时西方由于铜矿资源的贫乏以及在提高炉温技术上的滞后，导致西方鲜有大件的铜器，且不得不继续大量沿用石器以抵偿

铜器的不足。相反，中国出现了极为繁荣的铜器时代，且形成的文字也大量出现在铜器上，而西方则长期维持在铜石并用时代。本章简述了人类文明社会早期逐渐广泛使用的铜器，各文明地区文字的出现与系统化发展，展示了中西方文明推广使用铜器的显著差异，以及因而形成了不同的铜器时代，并分析了产生这种差异的客观原因。

第一节　铜器的出现及其在中西方的广泛使用

一　早期铜器的制作

人类掌握冶铜技术的初期，或许只是把少许孔雀石之类的铜矿石和柴火或木炭放入陶坩埚内点燃熔炼，并制成重量有限的疏松状铜块或铜锭，然后捶打铜块做变形加工，使之被分切成适当的尺寸，并分别打制成所需的形状，即制成各种工具或器具使用。这个过程最初只是在各地零星地出现，但随着人们对铜器及其制造技术认知的不断深化，铜器的使用量就进入了快速增长阶段。当人类能够借助足够的铜矿资源以人工的方式大量、高效率地生产铜，并广泛使用铜器时，铜对社会生产力发展的积极促进作用就会发挥出来，并促进人类真正进入铜器时代，为人类进入文明时代奠定了关键性的物质基础。

这一时期的人类除了可以对铜块或铜锭进行捶打变形加工以外，还可以通过高温加热（参见前表1.1）使铜熔化于冶炼坩埚内（图2.1a），再把液态的铜借助铸造过程直接凝固，制作成所需要形状的铜器。即把高温冶炼成的液态铜注入具有所需形状的泥土或陶制模腔内，随温度降低液态铜转变成模腔形状的固态（图

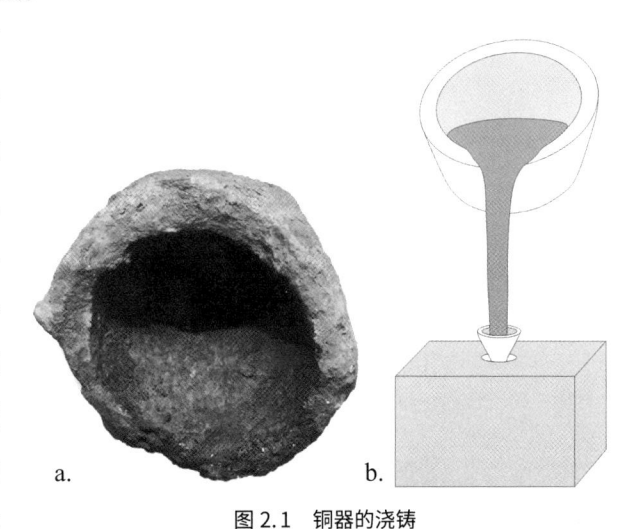

图2.1　铜器的浇铸
a. 约公元前1500年河南省郑州市二里岗熔铜浇铸陶坩埚［国］
b. 浇注示意图

2.1b），然后打碎模腔后即可得到铸造铜器。铸造技术可以把大量铜矿石内的铜熔合在一起，使制作铜器的形状越来越复杂、尺寸越来越大。铸造属于人类掌握比较早的一种金属热加工技术，距今已有约6000年的历史。

二　铜工具

掌握了冶铜技能，人类即刻尝试用铜制作石器时代的农具、渔具、建房工具、日常生活用具等各个方面的器具，不断推进社会的发展[1]。在农渔业用具方面出现了铜质的镢、䦆、镐、耙、铲（图2.2a、图2.2b）、镰（图2.2c 图2.2d）、锸、耒等农具，以及鱼钩（图2.2e、图2.2f）等铜质用具。各种农具可以与木材组合成复合工具。这种复合工具农具与木料结合的地方制成弯卷的孔、通透的洞或深凹的槽等形状以便插入木棒，不需再做捆绑。这一时期，人类还学会利用铜良好的延展性方便地制作钓鱼钩。

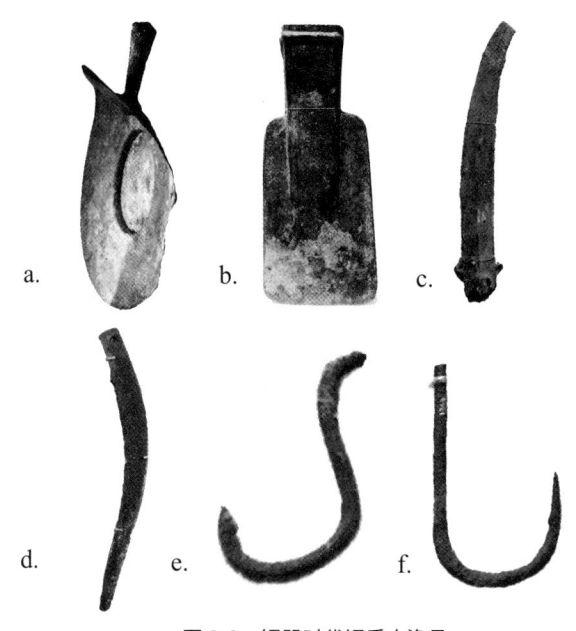

图2.2　铜器时代铜质农渔具

a. 约公元前1500年希腊拉康尼亚铜铲［希］　b. 约公元前1300年河南省安阳市大司空铜铲［国］
c. 约公元前1300年陕西省城固县龙头镇镰刀［陕］　d. 约公元前1200年希腊迈锡尼镰刀［希］
e. 约公元前1300年福建省晋江庵山鱼钩［闽］　f. 约公元前1200年希腊迈锡尼鱼钩［希］

---

[1] 毛卫民：《材料与文明》，高等教育出版社2019年版，第120—137页。

在建筑及其他各种工具方面，这一时期出现了刀（图 2.3a、图 2.3b）、锤、锛、凿（图 2.3c、图 2.3d）、斧（图 2.3e、图 2.3f）、锯，以及锥、钻等名目繁多的各种铜制用具[①]。斧、锤、锛等往往也需与木材组合成复合工具。与石质工具比，铜质工具具有的延展性有利于缓和冲击力造成的破坏作用，显著提高工具的使用寿命。可见，采用铜质工具取代石质工具是一个巨大的技术进步。

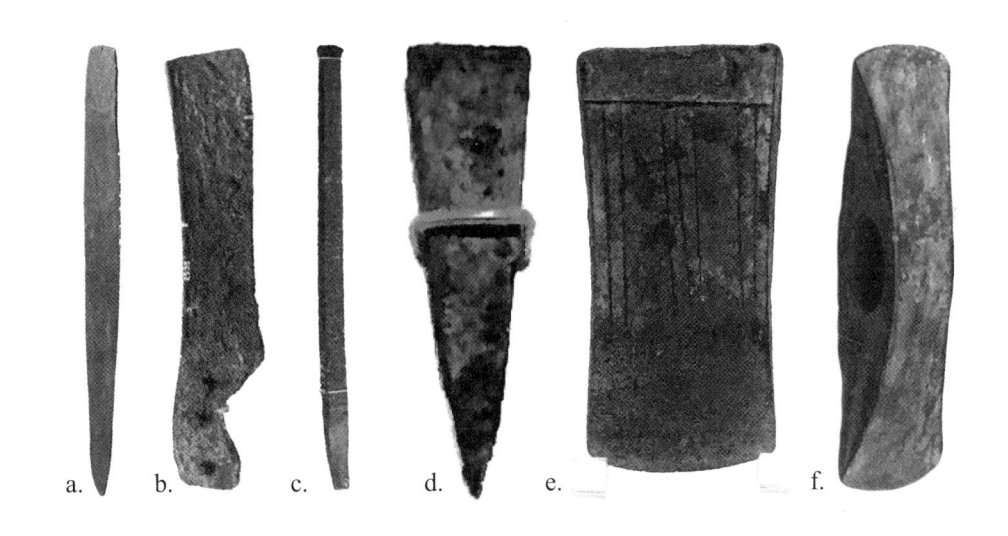

图 2.3　铜质工具和用具

a. 约公元前 2000 年河南省洛阳市二里头切刀［洛］　b. 约公元前 1200 年希腊迈锡尼切刀［希］
c. 约公元前 1650 年希腊迈锡尼铜凿［希］　d. 约公元前 1500 年前山东省济南市长清区小屯铜凿［鲁］
e. 约公元前 1400 年前山西省石楼县义碟铜斧［晋］　f. 约公元前 1300 年希腊迈锡尼铜斧［肯］

三　铜兵器

1. 兵器的产生

旧石器时代人类奋斗的首要目标是在严酷的自然界里生存下来。进入新石器时代，人类则为温饱而奋斗。在形成聚落、聚落群、部落等不断扩大的定居生活后，不同聚落群之间的接触和交往也越来越密切，其间难免会出现一些矛盾或争斗。在

---

① 毛卫民：《材料与文明》，高等教育出版社 2019 年版，第 120—130 页。

以温饱为主要目标,没有更多贪欲的生存理念下,人类内部各聚落群之间的关系大体是平和的。在获取水源、资源、空间等问题上出现矛盾时也会出现争斗,甚至械斗,其结果或是双方达成某种妥协,或是一方将另一方赶走。这种矛盾本质上大多仅限于争取生存权利的被动争斗,获得结果则争斗基本结束。当时并没有专职用于争斗的人员,因此也没有特制的械斗器具。发生激烈争斗时所使用的装备无非是即时可以拿到的农具、工具,乃至狩猎武器等。尤其在新石器时代初期,由于聚落群的规模比较小,因此争斗的规模和持续时间也会非常有限和短暂。

然而,随着材料技术的进步和生产力的提高,人类在基本实现温饱的基础上,已能够在生活资料和各种劳动成果方面有所积累。所积累财富的不均匀分配以及所造成生活水准的差异会逐渐诱发人类的贪欲。另外,由于气候变化、自然灾害、资源枯竭等种种原因,一些部族被迫迁徙到其他部族的领地时,也会发生冲突和争斗。争斗之后取得胜利的部落或聚落群不仅可以将敌对方驱赶走,而且可以直接获得敌对方积累的财富,以确保自身的生存或大大改善自己的生活水平。由此,争斗的目标逐渐向获取敌对方领地和财富的方面扩展,甚至在战胜敌对方后并不将其驱赶,而是令其臣服,并定期交付自己的劳动成果,以致战胜方可以不劳而获。臣服族群的增多也会扩大获胜集团的实力,以便可以组织更大规模的争斗,且明显提高争斗的胜算。由于这种随着生产力的提高而出现的新型获利方式的出现,希望掠夺财富的人群中发展出一定时段专门从事争斗的力量,于是出现了士兵和军队。同时,这一时期由于对争斗的器械和相应材料技术提出了特殊的高要求,由此衍生出专门用于非生产目的的工具,即兵器。也可以说,兵器是文明时代大规模出现且专门用于人与人之间争斗的战争器具或装置。

2. 铜制兵器的出现

在新石器时代,人类手中的石质武器主要用于狩猎。绝大多数被猎捕的对象与人类对抗的唯一手段是尽快逃逸。在人类手执石质武器集体聚集围捕的情况下,即使有些猛兽存在一定对抗和杀伤的能力,但最终结果往往是被扑杀或侥幸逃之夭夭。根据狩猎的需求,狩猎工具的制作会着重其进攻性和杀伤能力,以尽力阻止被猎捕对象的逃逸。因此狩猎工具往往做得锋锐且比较粗重，以期一旦击中即可成功，而狩猎工具对猎人自身的防卫功能并未得到特别的重视。战争中的拼杀则是人与人之间的博弈。博弈对象取得成功的首要方式是拼杀获胜，而不是逃逸。双方拼杀的直接目的都是尽快杀伤对方。面对体力、智力相近的拼杀对手，任何参加战斗的士兵不仅要设法杀伤对方，还要尽力保护自己。由于需要把狩猎工具改造成适合于战争的兵器，于是铜在这方面的种种优点就凸显出来了。

与捕猎野兽的粗重工具相比较，与人厮杀时特别需要兵器具备轻便、灵活、杀伤力大和具备防卫功能等特点。以远身作战的长矛为例（图 2.4a、图 2.4b），虽然仍需要制成铜木复合的武器，但矛头通常不仅做得锋锐，而且会比较扁薄或细瘦，以使兵器具备更高杀伤力的同时变得轻便、灵活。铜的强韧特性使兵器发挥杀伤作用的同时很难折弯、脆断，以确保格斗时不失效。铜的延展性正适合按照需求加工出任何薄、瘦形状，且轻便而灵活的兵器。另外，还可以把铜制成形状复杂的铜胄等防卫性器具，大幅降低被对方杀伤的概率。

在早期的中国，随着战争经验的积累出现了一种专门用于作战的兵器——戈，它也是由铜质戈头和木柄组合而成的复合兵器。戈头双面都是锋刃，与木柄垂直组合，像一把横刀，流行于铜器时代中晚期的战争。用戈可以作横击、砍杀、啄刺、钩杀等多种拼杀动作，与简单的长矛相比大大增强了搏杀的灵活性。横向的戈头还可以阻挡和阻止对方的刺杀。此时石镞也演变成专门用于远程作战的铜镞（图 2.4c、

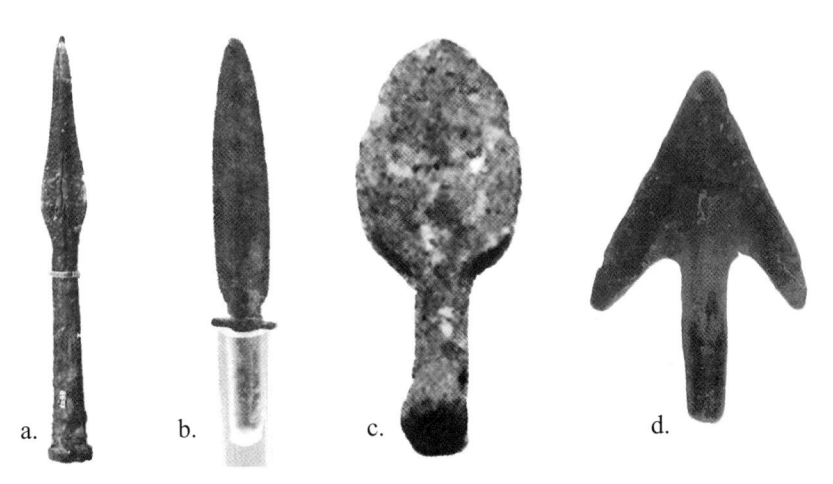

a.　　　　b.　　　　c.　　　　d.

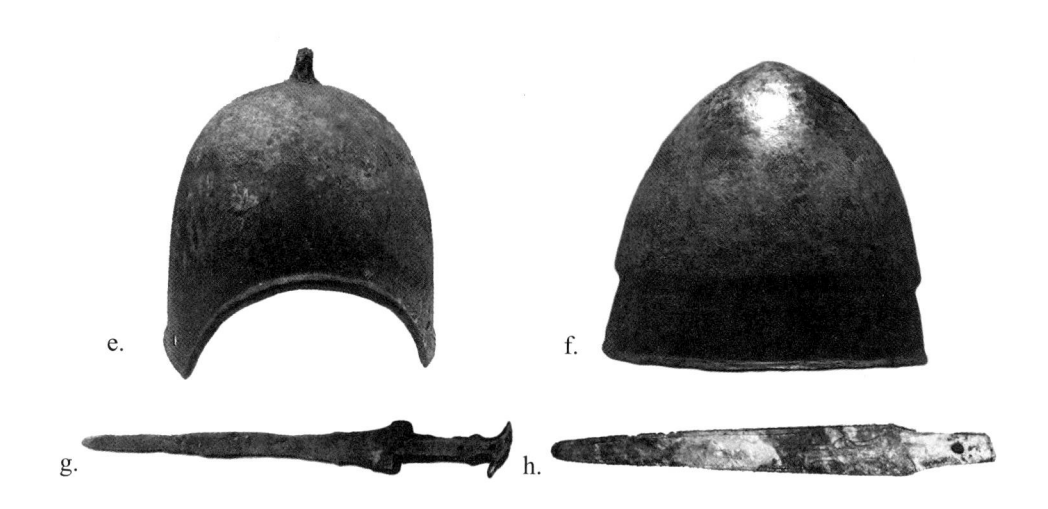

图 2.4 文明时代铜质兵器
a. 约公元前 1550 年希腊迈锡尼铜矛［希］ b. 约公元前 1500 年湖北省盘龙城王家嘴铜矛［鄂］
c. 约公元前 1800 年辽宁省北票市康家屯城址铜镞［辽］ d. 约公元前 1350 年德国禹波奥琛铜镞［弗］
e. 约公元前 1300 年山西省太原市铜胄［晋］ f. 约公元前 450 年希腊铜胄［希］
g. 约公元前 1250 年希腊迈锡尼铜剑［肯］ h. 约公元前 1000 年四川省成都市铜剑［金］

图 2.4d），它比石镞更加锋锐，可以直接穿过皮肉而杀伤入骨，是铜器时代作战时广泛使用的兵器。这一时期还出现了铜胄和铜剑。铜胄是保护头部的防卫兵器（图 2.4e、图 2.4f），而铜剑是一种用于近身搏杀的兵器（图 2.4g、图 2.4h）。铜的延展性可使打制的铜剑具有很长的双刃和锋利的尖端，以便在近身搏斗时剑的大多部位都可以杀伤对方。铜器时代还出现了高杀伤力的戟、匕首、短剑等多种铜质兵器。[①]

随着不同部落、氏族集团之间持续地兼并融合，战争的规模不断扩大，取得战争胜利的成本也急剧升高。持续的战争是人力和所积累财富巨大而高速消耗的过程。参加战争的任何一方都希望迅速赢得战争，以防过多损耗，避免惨胜导致衰败并随后被强邻所征服。大的部落联盟集团或方国集团在发动大规模战争之前须先尽可能多地兼并周围弱小部落，以增强自身的作战兵力。因而，各集团需要大量制造铜质兵器，并发展高杀伤力兵器的制造技术，由此极大地推动了冶铜产业的发展以及铜

---

① 毛卫民：《材料与文明》，高等教育出版社 2019 年版，第 130—137 页。

器产能和产量的提高。

  以上展示的是中国与欧洲同时代制造和使用铜器的情况。初步观察会感觉，当时中国与欧洲在铜器技术发展与推动社会生产力提高方面似乎没有什么明显差异，大致同一时间段制造的各种铜制工具，乃至兵器都大致相似，但认真对比分析后会发现，中西方的铜器制作确实存在质的差异，而且不能排除这种差异甚至会对文明演进产生影响。

第二节　世界主要文字的形成与其承载体

一　西方文明早期的文字及其承载体

在旧石器时代，人类已开始采用在石、骨、木、竹上刻画简单痕迹或结绳的方式，以记录一些简单的语言信息，随后逐步尝试在各种物体上刻画图形或符号。这些图形或符号是所要表达事物的客观形象的简化，是象形文字的前身。当这些刻画的图形符号逐步简洁化、规范化，多个符号连接可表达复杂的意思，符号与固定的语言发音结合，系统性的符号在较大人群范围被接受和使用时，即演变成文字。由此可见，文字的形成需要一个较漫长的过程，其中还包括了相邻聚落、部落、城镇图符信息相融合、统一的过程。新石器时期以前，人类主要依靠语言互相交流和传递信息。原始农业出现及人类以聚落形式定居以来，人与人之间信息交流的需求急剧增长。语言是一种不留物理痕迹的瞬时交流方式，只有不断地重复才能把信息一代一代或逐家逐聚落地传递。新石器时期，人类已积累了大量的需要交流或传递给下一代的生产和生活的知识与经验。聚落、部落和较大古城镇出现之后，聚集的生存形式经常需要把某些信息在较大范围迅速传递给每一个人。语言传递信息的方式在时间和空间上的局限使其很难满足这种信息传递的需求，因此，人类自然地会尝试把语言记录下来，以具体可见的形式把信息传递给生活在不同空间和时间的人。于是，在新石器时期，全世界很多地方都出现了记录信息的符号，并最终形成了文字。文字是保存和传递语言信息的一种系统性符号体系，使信息可以在广泛的时间和空间范围高效率地传递。[1]

---

[1] 刘家和、王敦书：《世界史古代史篇》上卷，高等教育出版社2011年版，第21页。

1. 两河流域楔形文字的出现

约公元前3500—前3200年间，西亚的美索不达米亚，即两河流域下游地区出现了以楔形文字为载体的苏美尔文明，或称两河流域文明。楔形文字是在长期不断演变成熟之后形成的（图2.5a），是世界上最早的可以解读的文字之一[1]。这也使得苏美尔成为一个世界文明古国。用树枝或芦苇秆插入抹平的软泥表面出现一个楔形的痕迹，即楔形文字名称的来源。在泥面上开始书写时，可以划出两侧平行的线条，以这种线条构成的文字即称为线性文字。楔形文字最初属于象形文字，后来逐渐演变成非象形的且较为复杂的文字系统[2]。公元前2004年，乌尔第三王朝灭亡，苏美尔文明开始衰败[3]。当出现了更为实用和便于掌握的文字后，楔形文字自公元前700年便逐渐被放弃因而消失[4]，两河流域文明也成了遗失的文明。

2. 尼罗河地区象形文字的出现

约公元前3200—前3100年，埃及尼罗河地区出现了有大量文字记载的古埃及文明，该文字也是一种象形文字（图2.5b），大多刻于石料、泥板、陶器上，是世界

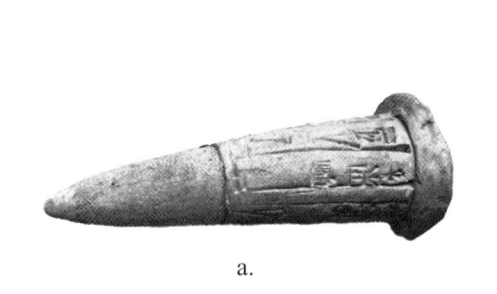

图2.5 中东地区古文明的文字
a. 约公元前2000年的美索不达米亚刻有楔形文字的塔型陶笔［陶］
b. 公元前1255年古埃及法老拉美西斯二世王后奈菲尔塔利墓中的象形文字［加］

---

[1]［英］多米尼克·拉思伯恩：《古代文明大百科》，王晋等译，电子工业出版社2016年版，第87页。
[2]［美］亨德里克·威廉·房龙：《人类的故事》，刘梅译，中国友谊出版社2015年版，第24—27页。
[3] 拱玉书：《日出东方——苏美尔文明探秘》，云南人民出版社2001年版，第126—134页。
[4]［美］科马克·奥·勃里恩：《帝国衰亡史：十六个古代帝国的崛起、霸业和衰亡》，邵志军译，现代出版社2013年版，第57—58页。

上最早的可以被解读的文字之一,因此,古埃及也是世界文明古国之一。象形文字的体系过于复杂,不易学习和掌握,加上公元初期因古埃及灭亡、基督教的渗入和阿拉伯人的入侵,使古埃及的文明及其象形文字在随后数百年内逐渐从历史上消失。古埃及文明亦属于消失的文明[1][2]。

3. 爱琴海地区迈锡尼文字的出现

从地理位置上看,爱琴海地区非常接近西亚的两河流域及北非的埃及,因此希腊的文明也受到了两河流域文明和古埃及文明的影响。约公元前1700年,爱琴海地区的克里特王国兴盛起来,并产生和使用了一种文字,被称为线性文字A,这些文字至今基本无法被解读。约公元前1450年,克里特王国遭受毁灭性破坏,克里特的文字也逐渐被人遗忘。约公元前1500年,爱琴海地区已出现了迈锡尼文明[3],并形成了大体可以被解读的象形文字——迈锡尼文字[4],被称为线性文字B(图2.6)。但这种文字记录的内容比较简单,基本为财物数量和账目,大多写于泥板或陶片上。约公元前1300—前1200年,迈锡尼地区遭受希腊人的先民多利亚人的毁灭性入侵,人口锐减、社会经济大幅下滑,迈锡尼文明遭受了灭顶之灾,这片地区随后开启了早期的古希腊文明。约公元前1000—前800年,迈锡尼文字逐渐消失。

图2.6 古代希腊地区泥板上的迈锡尼线性文字B [希]

---

[1] 刘家和、王敦书:《世界史古代史篇》上卷,高等教育出版社2011年版,第87—88页。
[2] 周启迪:《世界上古史》,北京师范大学出版社2016年版,第65—66页。
[3] 周启迪:《世界上古史》,北京师范大学出版社2016年版,第180—181页。
[4] [英]多米尼克·拉思伯恩:《古代文明大百科》,王晋译,电子工业出版社2016年版,第87页。

4. 叙利亚地区腓尼基拼音文字的出现

同一时代，居住在今天叙利亚地区的腓尼基人也出现了可以被解读的独立文字。腓尼基人聚集在两河流域且与犹太人相邻，并熟悉两河流域的楔形文字和古埃及的象形文字。他们借助古埃及的象形文字的图形简化了楔形文字，从而精练地创造出由22个字母组成的腓尼基拼音文字[①]。腓尼基人广泛的海上经商行为使得他们有机会与附近的希腊人频繁交往。大约在公元前850—前750年，爱琴海地区的希腊人以腓尼基22个字母为基础，添加了几个自创的字母后，创造出沿用至今的希腊字母[②]。图2.7以希腊字母A(alpha)为例，展示了它由腓尼基字母改造过来的过程。图2.7中左侧的三个字母表示腓尼基字母随时间推移所呈现的变化；图2.7中间三个字母中最左面的字母是从腓尼基字母刚借用过来时希腊字母的样子，右面两个字母则是随时间推移这个希腊字母的变化；最右侧字母则是最后定型的希腊字母A及其发音(alpha)。其他的希腊字母也经历了类似的借用、演变和定型过程[②]。公元前8世纪出现了希腊字母最早的字句，并被书写在莎草片上[③]。希腊字母随后衍生出罗马人创造的拉丁字母以及斯拉夫字母，成为后来各种西方拼音文字中字母的起源。因此，英国历史学家韦尔斯认为，之后世界上产生的一切字母都是由楔形文字和古埃及的象形文字混合演变而来的，包括英语、法语、西班牙语、俄语等联合国官方语言的文字，以及德语、意大利语等其他欧洲语言的文字[④]。由此可以确认，古希腊的文字并不是独立产生的文字。虽然两河流域文明和古埃及文明已经衰败、消失，但它们以潜移默化的形式在古希腊文明中得到了某种传承。

图2.7 由腓尼基字母改造和演变形成的希腊字母A(alpha)

---

① ［美］亨德里克·威廉·房龙：《人类的故事》，刘梅译，中国友谊出版社2015年版，第31—32页。
② ［美］珍妮弗·尼尔斯：《在大英博物馆读古希腊》，朱敏琦译，上海交通大学出版社2013年版，第46页。
③ 顾欣：《希腊字母的起源与发展》，《装饰》2014年第9期。
④ ［英］赫伯特·乔治·韦尔斯：《文明的故事》，高尧译，陕西师范大学出版社2009年版，第62页。

5. 古阿拉伯文字的形成

最古老的古阿拉伯语被发现于约公元前 10 世纪的古阿拉伯文字碑上（图 2.8）。公元前 853 年，在楔形文字书写的泥版里第一次出现"阿拉伯"一词。约公元前 750 年，也门古代阿拉伯部族建立了自己的国家，他们在腓尼基文字的影响下创造了自己的文字。这种文字虽然最后随国家而消亡，但对后来的标准阿拉伯语有显著影响[①]。对最终阿拉伯文字有影响的还有多种其他的南方阿拉伯文字。除了古阿拉伯文字碑，在埃及南部还发现过公元前 6 世纪受腓尼基语影响的文字文献[②]，但这些都不是现在的阿拉伯文字。阿拉伯语的形成过程非常复杂，可以说是受到了多种南方和北方阿拉伯语言的影响。目前学术界对其形成过程也有不少争论，但大体上认为阿拉伯语言文字来源于阿拉米文字或来源于希木叶尔文字，而这两种文字均是由腓尼基文字派生出来的[③]。直到公元 475—622 年才形成现今的标准阿拉伯文字，距今已有约 1500 年的历史，并成为近两亿阿拉伯人的母语和 6 亿穆斯林群体所使用的语言[④]。可以看出，在联合国的六种官方语言中，英语、法语、西班牙语、俄语和阿拉伯语五种语言的文字不同程度地间接源于腓尼基文字；而只有汉语文字是独立发展起来的文字体系，与腓尼基文字无关。

图 2.8　约公元前 10 世纪古阿拉伯文字碑 [沙]

---

① 刘开古：《浅说阿拉伯语的起源》，《阿拉伯世界》1987 年第 4 期。
② 陆培勇：《古叙利亚语及其与阿拉伯—伊斯兰文明的关系》，《阿拉伯世界》1998 年第 2 期。
③ 王成龙：《阿拉伯文字体的起源》，《阿拉伯世界》1986 年第 1 期。
④ 刘开古：《阿拉伯语发展史》，上海外语教育出版社 1995 年版，第 43 页。

二 汉字的演变及其承载体

1. 汉字的演变

在中华文明形成的过程中,汉字的发展经历了一个漫长的探索过程。在河南省舞阳县贾湖出土了约公元前 6000 年以前中国最早刻有字符的龟甲(图 2.9a,龟甲右侧略偏下的局部放大文字见图 2.9b)[1]。约公元前 5500—前 1800 年,在中国各地都发现了书写或刻画在陶器上的文字性字符(图 2.10)。在约公元前 3000 年前的浙江省平湖市庄桥坟遗址还挖掘出刻画有字符的石钺[2]。

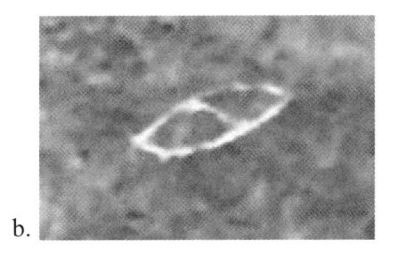

图 2.9 中国最早刻有字符的龟甲
a. 约公元前 6000 年前河南省舞阳县贾湖龟甲[豫] b. 龟甲右侧偏下部的字符

---

[1] 冯凭、吴长旗:《舞阳龟甲刻符初探》,《中原文物》2009 年第 3 期。
[2] 筱隆:《石钺上的神秘符号》,《温州商报》2013 年 7 月 10 日,第 11 版。

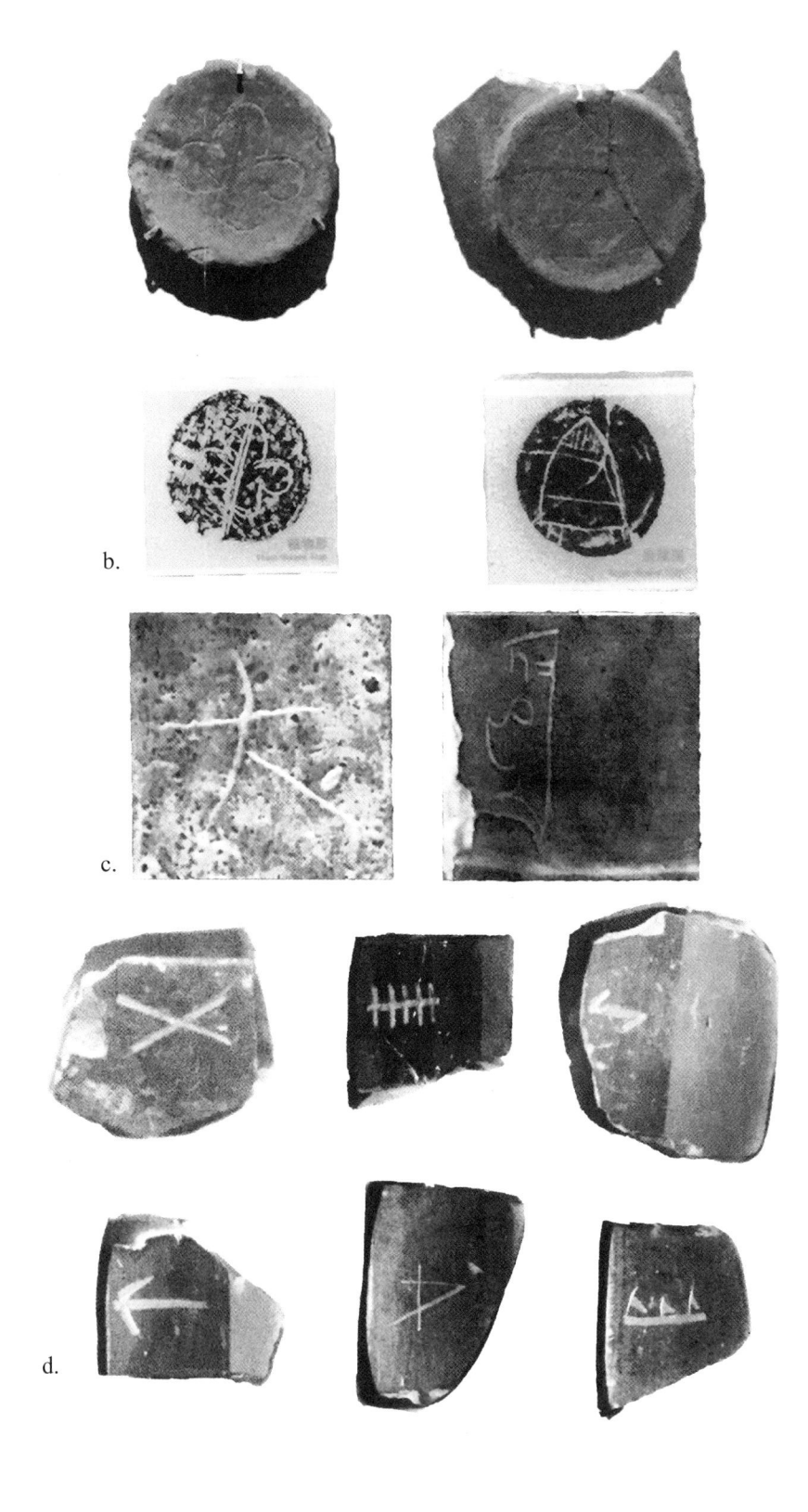

48 文明与物质
——从材料学视角探索中西文明差异

b.

c.

d.

图 2.10　中国历史上各地发现的陶片上的字符

a. 约公元前 5500 年前甘肃省秦安县大地湾［甘］　b. 约公元前 5300 年前安徽省蚌埠市双墩遗址［皖］
c. 约公元前 5000 年前湖北省宜都市柳林溪［鄂］　d. 约公元前 4500 年前陕西省西安市半坡遗址［半］
e. 约公元前 3400 年前山东省泰安市大汶口区域［国］　f. 约公元前 2700 年前青海省柳湾［鄂］
g. 约公元前 2600 年前湖北省天门市石家河［国］　h. 约公元前 2600 年前湖北省房县七里河［鄂］
i. 约公元前 2300 年前湖北省随州市金鸡岭［鄂］　j. 约公元前 2000 年前陕西省临潼姜寨［陕］
k. 约公元前 1800 年前内蒙古自治区赤峰市三座店［蒙］

经过多年的考古研究，中国新石器时代出现的许多刻画字符已经被认定为早期的汉字，并且被解读出来。如发现了约公元前 6000 年前河南省舞阳县贾湖字符[①]与现代汉字的联系（图 2.11a）；约公元前 5300 年前的安徽省蚌埠市双墩遗址陶片上的大量字符已经借助甲骨文和现代汉字得到了解读（图 2.11b）；约公元前 2200 年前山东省邹平市丁公遗址陶片上的字符也得到了解读[②③]。在山西省襄汾县陶寺遗址中挖掘出了约公元前 2100 年前的陶扁壶上涂写了两个汉字，并与甲骨文或金文对照后被解

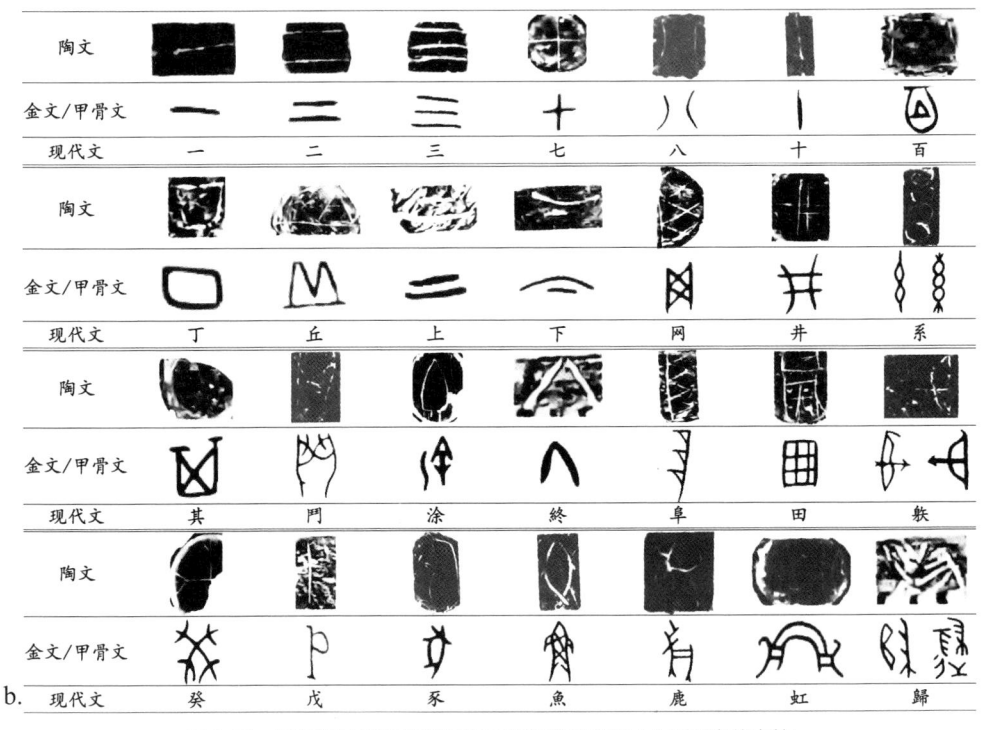

a.
舞阳贾湖刻符：			
可能的现代字：	目	日/户	举

b.
陶文							
金文/甲骨文	一	二	三	十	)(	|	
现代文	一	二	三	七	八	十	百
陶文							
金文/甲骨文		M					
现代文	丁	丘	上	下	网	井	系
陶文							
金文/甲骨文							
现代文	其	鬥	涂	终	阜	田	軼
陶文							
金文/甲骨文							
现代文	癸	戊	豕	鱼	鹿	虹	归

图 2.11 新石器时代出现的至今可以解读且演变成今天汉字的字符
a. 约公元前 6000 年前河南省舞阳县 3 个贾湖字符解读　b. 约公元前 5300 年前安徽省蚌埠市双墩遗址 28 个陶片字符解读［皖］

---

① 冯凭、吴长旗：《舞阳龟甲刻符初探》，《中原文物》2009 年第 3 期。
② 栾丰实：《丁公龙山城址和龙山文字的发现及其意义》，《文史哲》1995 年第 3 期。
③ 冯时：《山东丁公龙山时代文字解读》，《考古》1994 年第 1 期。

读为"邑"或"尧"以及"文"字[①②]。这些考古挖掘和研究表明，中国汉字在新石器时代已经逐渐形成体系。新石器时代晚期的许多字符都演变成了今天的汉字，因此新石器时代中国文字符号的发展和系统化是后续甲骨文及现代文字发展演化的主要基础。这些新石器时代陶片上的字符称为陶文[③]，可为我们今天了解当时的社会生产和生活提供有价值的参考。

分析认为，汉字成为系统性文字的年代约为公元前2500—前2000年[④]。对河南省偃师市二里头遗址的考古研究确认了该遗址年代为公元前2100—前1600年，这正是文献中记载以及传说的中国夏王朝。考古挖掘发现，许多陶器上刻画了多种由新石器时代演变来的文字符号[④]，且有许多文字接近早期商代的文字。可以看到，在夏代，中国已经较多使用沿用至今的汉字[②⑤]，商代后期的汉字则发展得非常成熟。商代甲骨文在龟甲、兽骨、陶器、玉石器、青铜器上留下了极为丰富的汉字材料，内容涉及农业、畜牧业、手工业、政治、军事、商业、医学、历法、刑罚、祭祀等社会生活的各个方面。可以说，甲骨文是中国至今发现最早的系统性官方汉字（图2.12a），属于中国古代文字，也是当今汉字早期形式的基础，即现代汉字直接传承了甲骨文。由于对于中国夏代的直接系统性文献记录很罕见，多为后世的间接阐述，因此国外学者普遍认同古代汉字成熟的最早年代是可以被甲骨文证实的商代，即公元前1600年。但无法否认的是，在此之前汉字就已经发展为系统的文字了。考古研究表明，虽然古代中国文明形成的时间比古埃及和两河流域文明略晚，然而却是一个没有消失的、不间断延续至现代的文明。中国早期历史发生政权更替时，经常会出现毁灭前朝文化遗存的行为。如公元前213年，秦始皇下令焚烧六国的史籍及大量私人藏书[⑥]；555年梁元帝江陵焚书十几万册等，这些历史事件都会导致许多记录历史的珍贵文字资料丧失。即便是现知的甲骨文，若不是其依附的龟甲作为药材在民间持续损毁和耗费的过程中于一百多年前被偶然发现，人们对中国文字的认知还会被大幅延后。根据新石器时代中

---

① 陈治军：《陶寺遗址出土"家有"骨刻辞的意义》，《殷都学刊》2017年第3期。
② 王晖：《中国文字起源时代研究》，《陕西师范大学学报》（哲学社会科学版）2011年第3期。
③ 李兴斌：《陶文的集大成之作》，《全国新书目》2007年第7期。
④ 郭泳：《夏史》，上海人民出版社2015年版，第210—214页。
⑤ 王晖：《从甲骨金文与考古资料的比较看汉字起源时代——并论良渚文化组词类陶文与汉字的起源》，《考古学报》2013年第3期。
⑥ 刘家和、王敦书：《世界史古代史篇》上卷，高等教育出版社2011年版，第275页。

国创造的汉字及后来的演化过程可以推断，公元前2000年以前，中国已经基本形成以陶文为基础的系统性汉字，并对当时的社会发展起到了积极的推进作用。

2. 汉字的载体

由于中国商周时期极为普及而发达的冶铜业和制铜技术[1]（参见本章第三节），使得早期的汉字也可以广泛地以铭文的形式，且大多借助铸造技术[2]出现在当时的铜器制品表面。据统计[3]，现今已发现的商代带有铭文的铜器就有约6000件。西周时篇幅最长的"毛公鼎"铭文达到499字[4]，约公元前1000年西周早期"何尊"的铭文中还出现了铜器上最早的"中国"一词[5]。以约公元前1000年西周早期的"大盂鼎"为例（图2.12b），该鼎高101.9厘米，口径77.8厘米，重153.5千克，鼎内壁铸有长篇铭文，共计19行291字（图2.12c），记述了周康王二十三年（公元前990年）九月册命其臣属"盂"的事件[6]。

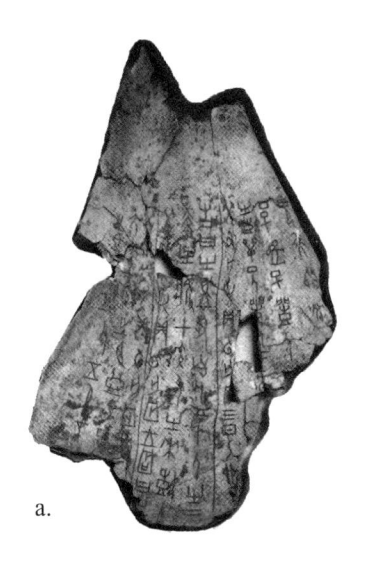

a.

b.

---

[1] 毛卫民：《材料与文明》，高等教育出版社2019年版，第120—137页。
[2] 吴静霞：《商周青铜器铭文的制作工艺和西周颂鼎复制》，《文物保护与考古科学》2008年第4期。
[3] 苗利娟：《全国出土商代有铭铜器概述》，《殷都学刊》2009年第3期。
[4] 连秀丽：《两周铭文与中国古代文体发源》，《齐鲁学刊》2019年第6期。
[5] 何振鹏：《何尊铭文中的"中国"》，《文博》2011年第6期。
[6] 田率：《中国国家博物馆藏"大盂鼎"》，《书画世界》2018年第11期。

图 2.12　古中国书写汉字的载体　[国]
a. 商代骨板的甲骨文　b. 西周早期的大盂鼎　c. 大盂鼎内壁的铭文

三　联合国官方文字

目前，全世界各地流行着各种文字。其中有些文字对应的语言是特定人群使用的母语语言，且人口数量非常庞大，分别是英语、法语、西班牙语、俄语、阿拉伯语、汉语，同时这六种语言也是联合国的官方语言。这六种语言对应的文字分别为英文、法文、西班牙文、俄文、阿拉伯文、中文。根据上述描述，简略归纳这六种文字的兴衰演变与相互联系[1]后可发现（表2.1）：前五种文字不同程度呈现某种内在联系，且均涉及早期美索不达米亚的楔形文字和古埃及的象形文字，而只有中文是独立发展起来的文字。

---

[1]　毛卫民：《材料与文明》，高等教育出版社2019年版，第112页。

表 2.1　世界各地主要文字体系兴衰演变与今天联合国官方文字的联系

地区	文字类型	公元前 2000 年以前	公元前 2000 年以后	过渡成现代文字的中间载体	今天联合国官方文字
欧洲	拼音文字	未发现系统性文字	公元前 850—前 750 年创造出希腊文，随后拓展成拉丁文，成为各种西方文字的前身	腓尼基拼音文字： 1. 是约公元前 850—前 750 年希腊文的基础； 2. 作为基础之一，于 475—622 年逐渐演变成标准阿拉伯文	英文、法文、俄文、西班牙文
西亚	楔形文字/象形文字	约公元前 3500—前 3200 年出现、成熟、衰弱	逐渐消失		阿拉伯文
北非	象形文字	约公元前 3200—前 3100 年出现、成熟	约公元前 1 世纪衰弱、逐渐消失		
东亚	象形文字	公元前 6000 年出现苗头、长期演变	成熟并延续至今		中文

资料来源：作者根据相关资料整理而得。

第三节　中西方铜器时代的差异

一　大型铜器的对比

在新石器时代聚落中生活的人们虽然有不同的分工，且一些人还承担着首领职责，但人与人之间还是倾向于尽量保持相对平等的关系。进入铜器时代后，随着频繁爆发的战争，部落首领的职责越来越重要，尤其在决策激烈战斗的时刻，只有首领迅速地独断专行才有取得胜利的机会。在劳动成果消费有余的情况下，首领更多、更高水平的付出往往会得到更多的回报。由此，部落联盟或"方国"的领导层渐渐地获得了一定的特权，成为可享用优厚待遇的贵族，最终演变成贵族阶级。部族间的战争结束，取胜的部族有可能在兼并落败部族时，也给予其成员与本部族成员类似的待遇。如果战争是经过激烈仇杀或实力相差悬殊的征服，打败敌对部落并俘获大批战败者后，就不会再平等对待俘虏。此时，一个人的劳动成果若已明显超过自己的消费所需，则获取俘虏也会涉及经济利益。这种利益的驱动可使战胜方不再给俘虏任何权利，并强迫其进行无偿劳动。俘虏因而变成奴隶或奴隶阶级，战胜者变成奴隶主、贵族或称奴隶主阶级，由此也形成了不同的阶级。奴隶除了劳动和维持最低生存所需外，没有任何权利，包括他们的后代也保持奴隶身份。贵族和奴隶主等统治阶层把奴隶通过劳动积累的财富完全攫取并据为私有，且享受越来越富裕的生活。由此，底层贫困与上层奢华的两极分化越来越明显。随着国家的建立和国家机器的强化，这种等级差别逐渐得到了当时制度和法律的确认和保护，使人类进入了阶级社会和私有制社会。同时，阶级社会的这些特征也会不同程度地在当时制造的铜器里反映出来。

从欧洲古希腊和中国商周时期考古发掘的成果来看，到了铜器时代的中晚期，人们已经可以制造各种外形合理、结构精巧的大型实用铜器。在物质生活被满足的同时，上层阶级也越来越多地发展和追求精神方面的生活。在铜器制作上出现了非实用目的的人物形象，包括周围的人物、宗教形象、极为精美的王国君主头像等。

中国 3000 多年前的铜器时代是一个经济持续发展的时代，尤其在其后期，经济能力及生活的富足程度均达到非常高的水平，由此也促进了青铜器文化的发展。此时，各种青铜器分类细腻、名目繁多、层出不穷。如饮食器具方面，有现代人熟知的盘、盆、壶、盂、釜、鼎；在水容器或食物炊饮器方面，有瓿、鬲、匜、簠、鬲、甗、盨、豆等；在专门盛酒饮酒的器具方面，有彝、觚、尊、觯、罍、觥、卣、爵、角、斝、盉等。饮酒不是生存的必要环节，如此多的酒器名称表明当时生产力强大、经济繁荣、铜器制造业发达、制铜技术普及、铜器资源丰富，以致铜器的使用可广泛覆盖到许多日常生活的细节。对比中西制作铜器的文化和艺术水平则可发现，在铜器时代，铜质器具的制作和使用方面，欧洲的铜器整体上明显表现得过于简单和欠发达。

锅、釜是人们放在灶台上用火煮饭的必要用具。如果在锅底安上几个支撑腿以起到灶台的作用，即制成铜鼎，可以直接在底部烧火做饭，也正因如此，使得铜鼎在世界各地非常普及。图 2.13 和图 2.14 尝试以铜器时代中国和欧洲大致同时期的大型同类铜器大铜鼎为例进行比较。中国的铜鼎比希腊的铜鼎更加厚实、沉重，显然用料更多，且艺术价值更高，有些属用于礼仪或祭祀的礼器；而希腊的铜鼎简单质朴，都属于实用器。这种差异在其他大型同类膳食铜器或盛液体容器的相同比较中也存在，甚至更加突出。如果查遍中国和欧洲各地的考古博物馆则会发现，中国各地许多博物馆铜器时代的商周铜器多得可以说是堆积如山，而欧洲的铜器则相对比较稀缺。[1]

---

[1] 毛卫民：《材料与文明》，高等教育出版社 2019 年版，第 138—144 页。

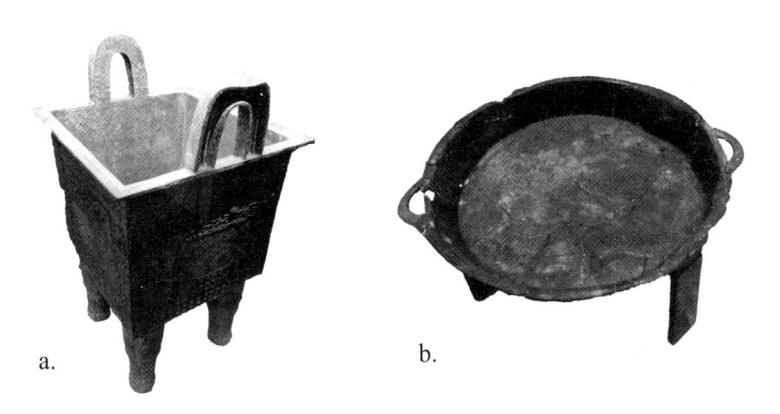

图 2.13　中西方铜器时代较早期的大铜鼎

a. 约公元前 1500 年河南省郑州市出土的杜岭 1 号方鼎［国］　b. 约公元前 1350 年希腊迈锡尼铜鼎［希］

图 2.14　中西方铜器时代略晚的大铜鼎

a. 约公元前 1200 年龙纹扁足鼎［沪］　b. 约公元前 1200 年希腊大铜鼎［希］

二　制造和使用铜器的差异

1. 中西方铜器制造技术的差异

在中西方铜器时代，这些大型铜器的另一个重要差别是中国几乎全是将铜高温熔化后通过铸造方式制造而成；而欧洲则是通过低温块炼铜技术获得铜原料后，借助锻打加工制造而成。当时欧洲制作大型铜器时需要先设计并制作多个铜器件，再通过锻打焊接或铆焊合成。这种对比结果显示，至少在铜器时代早期，欧洲尚未广泛掌握铸造铜器必需的足够高的高温技术，这个结果与第一章表 1.1 所列的中西方烧陶所能达到高温的发展趋势相符。当时的欧洲依靠块炼铜技术只能逐个制作小件铜器，且很难制成厚重铜器，锻打焊接或铆焊支撑件的连接特性尚未满足大尺寸铜件对整体连接应有的要求。只有借助高温熔化技术才能更好地把很多铜矿石产出的铜熔合在一起，制成厚重的大铜器，而且在铸模过程中可以把美丽的图案、字符、铭文刻画在铸模壁上，最终铸在大型铜器的表面，成为精美的文化艺术品。

可借助图2.15把约公元前1200年中国高温铸造技术与希腊低温块炼铜技术制作的铜鼎或铜锅进行比较。中国河南省出土的后母戊鼎重832千克（图2.15a），为礼器；公元前1000年以前，即铁器时代之前，古希腊现存最大的铜釜重几十千克（图2.15b），为实用器。前者只要把足够多的熔化铜液注入事先做好的铸模里，等到冷却后即可获得厚重且表面纹饰精美、器型非常复杂的铜器；而后者则需要取得许多块炼铜块，反复加热、反复锻打成多个大薄片以及釜把手等若干其他形状部件，然后逐步锻焊和铆焊，制成外形简单、连接不太牢靠、尺寸有限的铜件。后母戊鼎这样巨大的铜器不仅需要制造铸模的高超技艺，而且需要具有非常大的冶铜设备，或需要许多冶铜设备同时开动，互相调度协调以便按时间顺序合并炼成的铜液，并连续完成浇铸，这些都是同时期的欧洲所不具备的。中国在商代至西周时期进入了青铜铸造的全盛期。商周时期对精美青铜器的追求同时也极大地推进了中国古代文化艺术、科学技术以及文明的发展。

图2.15 约公元前1200年中国高温铸造技术与希腊低温块炼铜技术制作铜锅的比较
a. 河南省安阳市出土的后母戊鼎 [国] b. 希腊当时最大铜釜 [希]

2. 中国铜制品的不断丰富

到西周晚期，中国铜器的制作不仅越来越精美，而且大量制造用于礼仪的礼器、祭器、随葬品等非实用器。曾国是战国时期面积不大且不起眼的侯国，约公元前430年，其国君曾侯乙去世，在墓中放置了大量的铜器随葬品。1978年在湖北省随州市擂鼓墩曾侯乙墓出土的大量文物中包含了由65个大小青铜编钟组成的曾侯乙编钟（图2.16），总重达2567千克。另外，其放置建鼓的铜座和放置酒樽的铜盘都制作得极为精美，显示了墓主人生前钟鼓馔玉、富贵豪华的生活。

同时，春秋战国是战争频发的年代，铜质兵器的制造量非常巨大，从战国时期的燕下都就挖掘出了大量铜戈。约公元前210年建成的秦始皇兵马俑坑中的随葬品包括大量的铜器，统计显示有四万多件铜质兵器，如大量的铜镞（图2.17）。虽然那时中国已开始普遍使用铁器，但多用于农业生产[①]。秦始皇因拥有大量铜器，而靠铜兵器统一了中国。

图2.16　约公元前400年湖北省随州市擂鼓墩曾侯乙墓总重2567千克的编钟［鄂］

[①] 毛卫民：《材料与文明》，高等教育出版社2019年版，第163—170页。

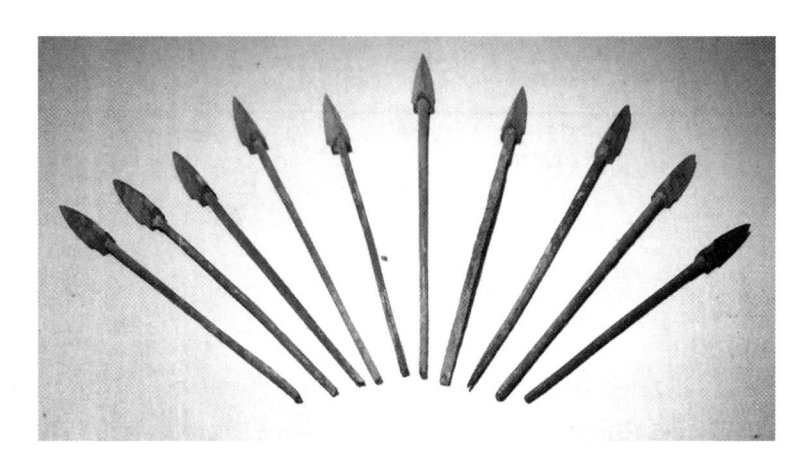

图 2.17　约公元前 210 年秦始皇兵马俑坑内大批铜镞 ［秦］

3. 西方铜制品的发展

通过在欧洲考古发现的约公元前 5000 年最早的人工冶铜痕迹[1]，可以说明欧洲较早地开始了铜器的制作。但由于当时的铜器在欧洲极为罕见，因此欧洲并未进入铜器时代，且铜器也未对欧洲经济发展产生实际意义。与中国铜器时代铜器的生产和使用相比，欧洲的铜器发展始终不尽如人意。根据欧洲铜器时代铜器生产的研究显示[2]，"随着青铜时代古代文明的发展，铜的需求量不断增加。由于碳酸和氧化铜矿只存在于很薄的地层内，并且越来越枯竭，古金属学家们把注意力集中在表层氧化矿下方发现的富集硫化物矿石上。公元前 2500 年左右，由于冶金技术的重大进步，硫化矿冶炼新技术得以发展。"这里说的碳酸和氧化铜矿指分解温度比较低或容易分解的铜矿石，而硫化矿则是指分解温度高或难以分解的铜矿石。该研究随后指出："此后，诸如东地中海盆地、小亚细亚、奥地利、西班牙和爱尔兰等地区的铜产量显著增加。"并给出估计："在青铜时代晚期（公元前 2000—前 700 年），这

---

[1] Miljana Radivojević, Thilo Rehren, Ernst Pernicka, et al, "On the origins of extractive metallurgy: new evidence from Europe", *Journal of Archaeological Science*, Vol. 37, 2010. pp. 2775-2787.

[2] Sungmin Hong, Jean-Pierre Candelone, Michel Soutif, Claude F. Boutron, "A reconstruction of changes in copper production and copper emissions to the atmosphere during the past 7000 years", *The Science of the Total Environment*, Vol. 188, 1996. pp. 183-193.

些地区的累积铜产量约为 50 万吨","这使得平均产量约为 400 吨/年。"虽然这些定量数字当然并不精确，但显示出欧洲高温技术的滞后确实对铜器的生产有所影响。根据湖北省铜绿山一个矿区几百万吨的炼渣量估算，商周时期仅该矿区生产的铜就可达到几十万吨的水平[1][2]；与之相比，西亚欧洲广大地区的上述估计数据实在是微不足道。

另外，通过比较中国与古埃及的考古文物可发现，公元前 1800 年，古埃及社会虽然已经在各个方面使用了铜器（图 2.18），但形体均比较简单，且尺寸有限。2018 年蒙特利尔博物馆展出了公元前 1255 年去世的著名古埃及法老拉美西斯二世的王后奈菲尔塔利的墓葬。展品中虽然有木乃伊（图 2.19a）、碑刻、精美字画等大量随葬品，但鲜有铜器出现。可见，作为当时社会最高统治阶层的成员，她日常生活中频繁接触并喜爱的物品不是铜器。与之形成鲜明对照的是，约公元前 1200 年的商王武丁的王后妇好的墓中出土了大量的随葬品，其中共有 468 件青铜器，总重超过 1600 千克，其中最大的铜器为 117.5 千克精美的司母辛铜方鼎，以及重型铜器三联甗（图 2.19b）。奈菲尔塔利与妇好属于同时期人物，如此对比不仅可体现出当时中国铜资源的丰富以及西方铜资源的稀缺，也显示出当时中国高超的制铜技术。

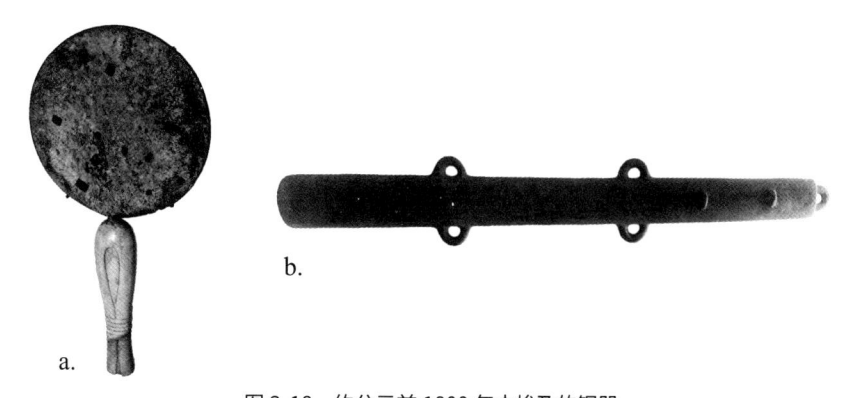

图 2.18　约公元前 1800 年古埃及的铜器
a. 贵族妇女使用的铜镜［加］　b. 桅杆的铜尖顶［希］

---

[1] 欧远方：《铜陵古采矿遗址和中国文明史》，《江淮论坛》1997 年第 3 期。
[2] 毛卫民、王开平：《欠发达铜器时代孕育的西方文明及其早期价值观念的特征》，《金属世界》2021 年第 5 期。

图 2.19　中国与埃及古墓随葬品比较

a. 公元前 1255 年古埃及王后奈菲尔塔利墓中的木乃伊像［加］　b. 约公元前 1200 年商代妇好墓中的青铜三联甗［国］

4. 铜兵器对中华文明形成过程的影响

　　新石器时代末期，虽然各部落人群之间难免会因利益矛盾而导致对峙和冲突，但根据规模和持续时间来判断不过是争斗或械斗。进入铜器时代以来，人们制造出一种专门用于冲突的工具，即兵器（如前图 2.4），进而出现了善于争斗的军队组织，自此，战争成为部族之间交往或处理关系的一种重要形式。大量使用铜兵器及相应的大规模战争是进入铜器时代的重要标志之一。初期的战争可看作是刚刚进入文明时期，不同人类社会集团中大批量人群之间通过大规模使用铜制兵器所进行的较为激烈和较长时间的流血冲突。据历史记载，公元前 3000—前 2000 年，中国五帝时代发生于黄帝集团与蚩尤集团之间的逐鹿之战、黄帝集团与炎帝集团之间的阪泉之战，以及约公元前 1600 年商族部落联盟打败夏桀的鸣条之战等，通常都是大批兵丁借助大量铜制兵器进行的激烈而较持久的战争[1]；而那时欧洲最初克里特文明所在的克里特岛上仅十几万人口[2]，因而难以出现像当时中国那样的由众多成员参与的、大规模借助铜兵器的战争。公元前 1046 年，周武王出兵讨伐商纣王，在商王朝军队主力东征不在场的情况下，双方仍能在牧野之战中投入二十几万的兵力作战[3]，可见当时战争规模之大；而那时古希腊正经历"黑暗时代"，雅典城邦和斯巴达城邦尚处于萌芽状态。秦始皇也是借助拥有大量铜兵器的强大军队统一了中国，建立了强大的中央政权。因此可以说，中华文明是借助发达的铜器技术而强盛起来的文明[4]。欧洲

---

[1]　郭泳：《夏史》，上海人民出版社 2015 年版，第 7—13 页。
[2]　刘家和、王敦书：《世界史古代史篇》上卷，高等教育出版社 2011 年版，第 60—62 页。
[3]　白立超：《牧野之战》，《文史天地》2019 年第 4 期。
[4]　毛卫民、王开平：《金属与中西方文明的崛起》，《金属世界》2020 年第 6 期。

大规模的战争基本都出现在公元前1000年之后的铁器时代，由此也可以看出在中西方文明形成之初，铜器使用规模存在显著差异。

三 公元前1000年以前的铜矿资源与铜器时代特征

分析发现，公元前1000年以前，中西方铜器时代铜矿资源存在明显差距。根据湖北省博物馆的资料及全国各省级博物馆堆积如山的商周时期馆藏铜器可发现，当时中国各地很可能遍布超大型、大型和中型铜矿，小型铜矿更是不计其数。分析显示[1]，公元前1000年铁器时代以前，欧洲、西亚、北非各地可利用的铜矿数目比较稀少。由此可见，与高温技术滞后相比，可利用铜矿资源的稀缺是更为核心的，造成西方铜器时代铜器不够充沛的根本性客观原因[2]。

根据现有文献对欧洲铜器时代铜器资源及铜器制造技术发展情况的描述，并参照中国铜器时代的发展情况，可以对中西方铜器使用量的变化做一个粗略的对照，如图2.20所示[3]。文献记载欧洲于公元前5000年出现了人工冶铜技术[4]，早于中国的公元前4700年[5]，因此欧洲早期应在中国之前有一个铜器生产发展期。随后至公元前2500年之前，由于欧洲分解温度比较低或容易分解的铜矿石资源枯竭，导致欧洲冶铜生产出现了一个衰退期。约公元前2500年，由于欧洲掌握了冶炼分解温度高或难分解铜矿石的技术，因而进入了一个起伏发展期。但由于其总体铜矿资源的局限[4]，因此[6]至公元前700年铁器时代到来之前，欧洲的铜器生产始终处于低迷状态（平均约400吨/年[7]）。在铜器资源不能满足生产需求的情况下，西方社会不得不

---

[1] Johan Ling, Zofia Stos-Gale, Lena Grandin, et al, "Moving metals II: provenancing Scandinavian Bronze Age artefacts by lead isotope and elemental analyses", *Journal of Archaeological Science*, Vol. 41, 2014. pp. 106—132.
[2] 毛卫民、王开平：《中西方铜器时代差异分析》，《金属世界》2019年第4期。
[3] 毛卫民、王开平：《铁器时代演变与工业革命》，《金属世界》2019年第2期。
[4] Miljana Radivojević, Thilo Rehren, Ernst Pernicka, et al, "On the origins of extractive metallurgy: new evidence from Europe", *Journal of Archaeological Science*, Vol. 37, 2010. pp. 2775—278.
[5] 金正耀：《二里头青铜器的自然科学研究与夏文明探索》，《文物》2000年第1期。
[6] Johan Ling, Zofia Stos-Gale, Lena Grandin, et al, "Moving metals II: provenancing Scandinavian Bronze Age artefacts by lead isotope and elemental analyses", *Journal of Archaeological Science*, Vol. 41, 2014. pp. 106—132.
[7] Sungmin Hong, Jean-Pierre Candelone, Michel Soutif, Claude F. Boutron, "A reconstruction of changes in copper production and copper emissions to the atmosphere during the past 7000 years", *The Science of the Total Environment*, Vol. 188, 1996. pp. 183-193.

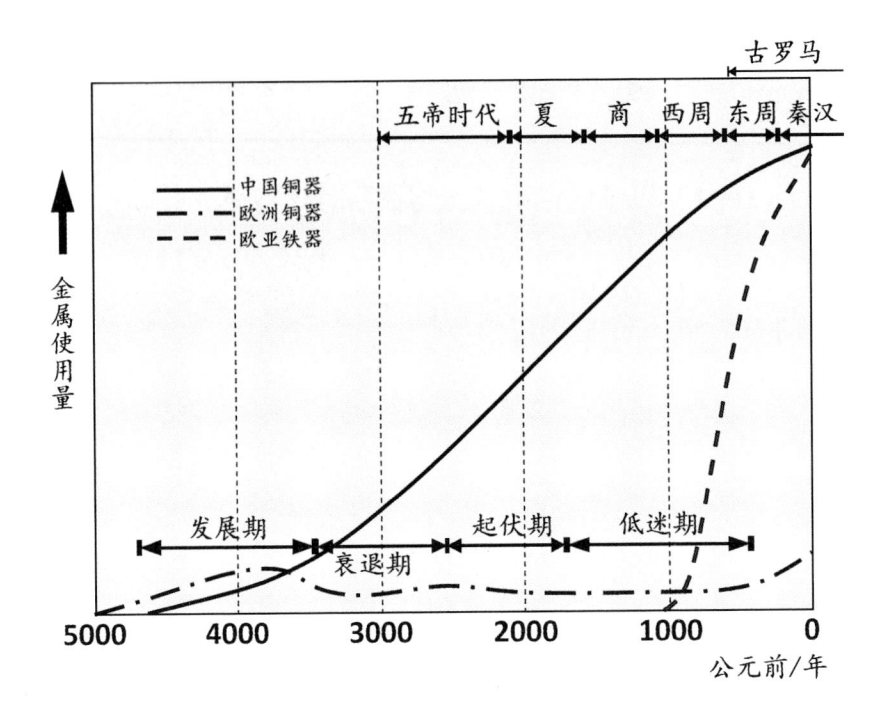

图 2.20　中西方铜器使用量发展变化的差异[①]

持续地大量使用石质工具，因此西方历史学和考古学特别强调欧洲存在铜石共用时代或金石共用时代[①]。实际上，在铁器时代到来之前，欧洲可能从未出现过像中国那样的铜器时代；相比之下，由于较好的高温技术及较充分的铜矿资源，中国铜器时代的铜器一直处于稳定发展的状态。尽管铜器时代中国仍一定程度使用石器，但春秋战国时期极大规模的铜兵器作战（参见前图 2.17）以及极其奢华的铜器使用（参见前 2.16）都说明中国并不缺少铜器。中国进入铜器时代的初期，随着铜器逐渐取代石器，从逻辑上来说会存在一个铜器与石器并用的阶段。但中国良好的高温技术与丰富的铜矿资源会使这个阶段非常短暂，这完全不同于欧洲。如果基于欧洲的历史学观点，在中国恐怕找不到欧洲那种长期的铜石共用时代。

中西方铜矿资源的差异与两地先民的主观愿望和自身努力无关，只是由于大自然原本的差异性资源分布。但由此却导致了中西方铜器时代的不同发展，也造成了不同的铜器使用历史现实。因此需要注意的是，不宜把中西方根据各自材料发展历史规律而产生的观点和认知简单地互相套用。

---

① 刘家和、王敦书：《世界史古代史篇》上卷，高等教育出版社 2011 年版，第 59—60 页。

第三章　从铜器时代到铁器时代初期
——中西方文明的萌生与崛起

约公元前3000年中华文明形成之初，虽然制铜技术已经成熟，但人类社会经济能力超过温饱的水平并不显著，因此各族群间争斗时损伤大而获益少，导致中华文明具有融合而非争斗的特征。约1000年后西方文明产生时，其经济能力已明显超过温饱水平，但由于欧洲客观环境呈现铜器少而分布不均匀的特点，因此争斗获胜的族群可得到显著的利益，且掌握较多铜兵器的族群在争斗时损伤也明显较低，由此逐渐形成强盛族群主动征服和奴役弱势族群，以获取最大利益的文明特征。中华文明借助繁荣的铜器时代和统一战争而崛起；西方文明则随后从保有先发铁器优势的南欧地区通过大范围扩张而崛起。

本章尝试客观地观察中西方文明差异的形成，以及这些差异是否与当时材料技术和材料生产的客观状态有某种内在联系，借以思考中西方文明中某些差异形成的原因。

虽然在新石器时代中国已经出现了零散的且最终演化至今的文字，但尚未发现存在文明早期阶段对历史的直接记录。今天能够获得的中国早期文献资料大多来自于先秦的文献及后来历朝历代间接的文字记录或描述。笔者在阅读这些文献的过程中有时出现一些困扰。比如，神话虚幻与真实历史混杂在一起、前后文献描述同一事件互相矛盾、同一个事件多种不同的表达、阐述历史过程存在逻辑缺陷、不同历史文献有互相否定的现象等问题，因此往往很难把先秦文献或之后的文献对早期历史的某一个描述完全当作真实的历史。所幸的是，在历史研究领域长期有大量学者不图虚名、潜心研究、细致分析、反复考证，他们清除虚神、解理矛盾、去粗取精、疏通逻辑、辨伪存真，逐渐剥离出许多真实的历史面目以展现给世人。加上近些年来不断涌现的考古发掘和研究新成果，持续地证实、更新或确认了许多历史学观点。虽然目前仍有不少历史悬案有待研究或商榷，但通过综合整理众多学者的已有研究成果并加以简述，仍有可能使我们对关心的文明特征的形成过程有一个大致的了解。对于公元前3000—前1600年这段没有太多直接文字记载的中国历史，尤其需要借助考古成果补充和说明。

在中外文明的形成过程中，人类先经历了铜器时代，随后又进入了铁器时代。铁器在铜器之后成为主要物质基础的一类新的材料，在世界文明差异的形成过程中也发挥了重要作用。

第一节　中华民族的形成与融合的文明

一　中华文明来临时的物质基础

许多学者认为，中国约有五千年的文明发展历史，即中国的文明始于公元前3000年左右。那么，公元前3000年或更早一些时候的新石器时代末期，中国的实际状况如何呢？

新石器时代末期，中国的东北地区、黄河流域、长江流域、珠江流域等到处都有人类生活的遗迹，各处都分布着不同的部族和聚落。如第二章第二节所述，当时中国各地已经有文字出现和使用。考古发现了约公元前4300年湖南省澧县城头山中国最早的古城[1][2]，该古城被护城河围绕，内部面积约9万平方米，城内有城门、城垣、房屋建筑、道路、制陶作坊、祭祀和墓葬遗迹、稻作遗迹等，所制作的典型器具已经相当成熟（图3.1），呈现出开始进入文明时期的迹象。

图3.1　约公元前4300年湖南省澧县城头山古城使用的器具［湘］
a. 石凿　b. 陶釜　c. 三联陶罐

---

[1] 张之恒：《长江流域史前古城的初步研究》，《东南文化》1998年第2期。
[2] 韦宝婧、胡希军、陈存友、曹盼：《湖南澧县城头山古城祭祀园林探究》，《古建园林技术》2019年第1期。

约公元前 3400 年处于新石器时代末期的安徽省含山县凌家滩聚落遗址，总面积达 160 万平方米，类似一个古城镇①。该遗址内出土的石器器具的制作技术已经相当成熟（图 3.2），并有制作精美的玉器，如玉龙（图 3.2c）。值得注意的是，与这个玉龙非常相似的玉器在同时期的约公元前 3000 年辽宁省凌源市牛河梁遗址中也有发现（图 3.3a），而且这两地出土的玉人的体貌与四肢形体也非常相似（图 3.3b，图 3.3c）。约公元前 3800 年内蒙古自治区翁牛特旗赛沁塔拉出土的玉龙（图 3.3d）被称为中国最早以龙的形态出现的玉器，也是中华文明重要的文化符号，与图 3.2c 和图 3.3a 所示的两个玉龙在形态上也与之有神似、形似之处。这种现象表明，新石器时代末期，中国各地的聚落人群已经有了文化和思想的交流。安徽省含山县凌家滩与辽宁省凌源市牛河梁相距 1400 多千米，但当时能出现跨越如此长距离的交流，说明当时的部落上层可能有过人员往来，或者各聚落之间已经有了很长时间的交往，以致各种文化得以进行远距离的传播和融合。

图 3.2　约公元前 3400 年安徽省含山县凌家滩遗址器具 [皖]

a. 石锛　b. 陶鬹　c. 玉龙

---

① 赵春燕、吕鹏、朔知：《安徽含山凌家滩与韦岗遗址出土部分动物遗骸的锶同位素比值分析》，《南方文物》2019 年第 2 期。

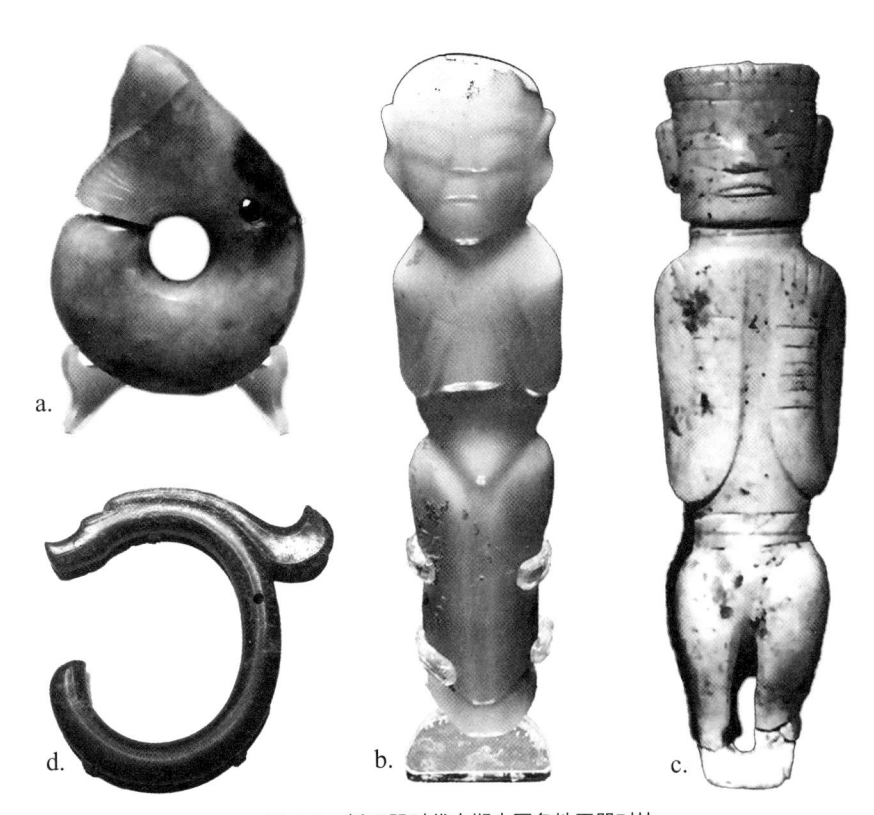

图 3.3　新石器时代末期中国各地玉器对比

a. 约公元前 3000 年辽宁省凌源市牛河梁遗址碧玉猪龙［辽］　b. 约公元前 3000 年辽宁省凌源市牛河梁遗址玉人［辽］　c. 约公元前 3400 年安徽省含山县凌家滩遗址玉人［皖］　d. 约公元前 3800 年内蒙古自治区翁牛特旗赛沁塔拉玉龙［国］

在约公元前 3800 年的河南省三门峡市庙底沟遗址发现的仰韶文化中期的彩陶（图 3.4a）已经达到了很高的艺术水平。在浙江省杭州市余杭区发现了始建于约公元前 3300 年的良渚古城[①]，该古城面积约 300 万平方米，外城更达 800 万平方米，估计需上万人建造若干年，可供上万人居住，且该城管理的周边范围至少也有 800 平方千米，因此可以说，良渚古城应该具备了国家的形态[①]。考古人员在良渚古城附近的墓地中发掘出了数千件玉器（图 3.4b），并可通过墓地的等级差异看出当时人们已经出现了明显的贫富分

---

① 赵辉：《良渚的国家形态》，《中国文化遗产》2017 年第 3 期。

化。考古研究还发现，约公元前 3000 年中国出产的成熟铜器已明显增多（图 3.5）。

图 3.4　中华文明形成之前发达的石器文化
a. 约公元前 3800 年河南省三门峡市庙底沟遗址彩陶钵［豫］
b. 约公元前 3000 年浙江省杭州市余杭区良渚瑶山玉琮［浙］

根据如上列举的湖南省、安徽省、辽宁省、内蒙古自治区、河南省、浙江省、青海省、甘肃省等中国各地社会的一些客观情况，以及各地越建越大的古城规模，可说明当时集中的经济区域和经济能力已不断强化，且出现了摆脱农畜经济的其他社会分工。人与人之间明显的贫富分化以及大量非生产生活必需的精美玉器和彩陶的出现，显示出当时人们的生产能力已经相当充足，超过支撑温饱生活所需。从材料技术发展的角度看，磨光石器的制作已经非常精良（参见前图 3.1a、图 3.2a）、陶器制作技艺已超出生活必需（参见前图 3.1c、图 3.2b），尤其铜器制作和使用已经开始普及（图 3.5），再加上各地部族聚落已有大范围的文化交流，由此基本可以断定：大约公元前 3000 年时，中国广大区域已经开始逐步进入文明时代。

图 3.5　约公元前 3000 年在中国出现的铜刀
a. 青海省同德县宗日［青］ b. 甘肃省东乡县林家［国］

二 最初的中华民族

1. 中华民族的基本族群

新石器时代末期的中国古代部族众多，其中有三个非常重要的基本族群，他们居住地辽阔、人口体量庞大，称为"夏族""戎族"和"胡族"[1]。其中夏族所涉及的地域和人口更广泛，因此是主干族群；戎族包括了夫余、高句丽、秽貊（濊貘）、商族等多个分支部族；胡族包括了匈奴、蒙古、鲜卑、周族等众多历史上出现过的部族。但在历史发展过程中夏族、商族、周族等都因不断吸收其他族群而不再具备单一的血缘。考证显示[2]，夏族起源于甘肃省东部的陇山地区，已经较早地掌握了人工冶铜技术（参见前图 3.5）。可能因人口增长及自然环境和资源局限等原因，约公元前 3000 年时，夏族在部族首领黄帝和炎帝的带领下，逐渐向东扩展，并向黄河中下游迁移。自此，中国开始了自约公元前 3000 年至约公元前 2000 年的五帝时代，即中国最初的文明时代。分析显示[1]，古代戎族主要分布于东北松花江上游流域及渤海、黄海沿岸与山东半岛等地，在很长一段时间内不断向朝鲜半岛以及燕山南北迁徙。其间起源于吉林省哈达岭一带的商族先民向南迁移、扩展至太行山东麓。同期起源于内蒙古与宁夏自治区交界处、黄河沿岸的周族先民也向南迁移、扩展到泾河中上游。这一时期，由于较大部落或族群的迁移，导致五帝时代经常出现某地兴旺发达的部落或古城会因某些原因突然衰败或消失。例如，约公元前 2200 年，面积达 120 多万平方米、可居住数万人的湖北省石家河古城或因气候剧变及北方部族入侵而突然衰落，之后当地出现了北面中原地区的文化遗迹[3]；同样在约公元前 2000 年，良渚古城或缘于海侵洪水、瘟疫、战争等原因突然衰落[4]；面积为 400 万平方米的陕西省石峁石砌古城或因气候变化、经济凋敝而突然衰落[5]；面积为 270 万平方米的山西省陶寺古城或因外侵、内乱而突然衰落[6]。不论因何种原因，古城衰落后当地的部落族群都需要向他处迁移。

---

[1] 张肇麟：《夏商周起源考证》，科学出版社 2018 年版，第 i—ii 页。
[2] 张肇麟：《夏商周起源考证》，科学出版社 2018 年版，第 314 页。
[3] 吴立、朱诚、李枫等：《江汉平原石家河谭家岭遗址新石器时代环境考古》，《地球环境学报》2016 年第 2 期。
[4] 宋建：《天行健勉于学——宋建先生访谈录》，《南方文物》2018 年第 4 期。
[5] 吕卓民：《石峁古城：人类早期文明发展与环境选择》，《中国历史地理论丛》2016 年第 3 期。
[6] 李旻：《重返夏墟：社会记忆与经典的发生》，《考古学报》2017 年第 3 期。

2. 华夏族的形成

五帝时代，中国中原地区及周边范围内先后出现过若干大的部落联盟集团，大致包括黄帝集团、炎帝集团、东夷集团、三苗集团等，但历史文献对此记录得比较杂乱。虽然这些集团之间在历史发展过程中也存在种种联系和复杂的渊源，但若干大部落联盟集团并存的现象总让首领们无法获得安定的感觉，且部落联盟集团太大，很难轻易臣服于他人，于是由此引发战争。黄帝和炎帝统领的夏族在向东扩展过程中必然会与沿途聚落部族接触、交流，虽然这些接触未必都是以和平的方式进行，但由于夏族庞大的人口和先进的冶铜技术，所以各部族难以阻挡夏族的东扩。他们或与夏族和平相处并协商相处办法，或曾尝试对抗却力不可敌而示臣服，或迁离远去。现有记录较多的就是黄帝集团与蚩尤率领的东夷集团之间的战争；虽然蚩尤集团也掌握了先进的冶铜技术[1]，而且能征善战，但最终黄帝集团及其后续集团仍旧打败了其他所有集团，以更大部落联盟集团的形式统一了中原及周边广大地区；且在当时黄帝集团管制能力范围内不再有具备威胁力的集团。

根据历史文献有限的记载显示，夏族在东扩过程中并没有显著的动力和必要去驱赶或灭除其他部族，而是要与其他部族融合，形成实力超强的炎、黄两个巨大部落联盟集团。进入文明社会的人们在满足生活温饱之后，会积蓄满足温饱水平以外的财富，部族之间会因利益不同而出现争议。形成巨大部落联盟集团有助于集聚足够的力量以对抗其他部族的侵害，部落联盟集团的首领还能够随时调动联盟内部整体的力量以对抗自然灾害。根据现有文献推断，在长约千年的五帝时代，部落联盟集团的首领是由各部落首领基于大致平等的原则，并借助上层民主制度推选出来的。部落集团内部的各部落虽然相对独立，但之间会发生交流与融合，主要体现在非主干部族逐渐接受主干部族的语言文字、姓氏制度、社会政治制度、价值观等。在这个过程中，商族、周族等均与夏族密切接触，并经过几百年而逐渐融入夏族[2]，融合后的整体被称为华夏族。

---

[1] 郭泳：《夏史》，上海人民出版社 2015 年版，第 9 页。
[2] 张肇麟：《夏商周起源考证》，科学出版社 2018 年版，第 v—vi 页。

3. 其他部族的发展

在当时黄帝集团涵盖的地理范围之外还有各种边远部族，被称为"蛮""夷""戎""狄"，这些部落族群虽不是夏族，但也是正处于融入夏族过程中的"戎""胡"等族群。其实，由于夏族以往存在的内部矛盾，使得一些不得势的夏族也会被迫进入这些地区，成为边远部族[①]。

各个部落统一之后虽形成了部落联盟集团，但各个大的部落联盟或部族经过各种迁移和变动后会在稳定下来的领地内、在自己首领层的领导下，仍延续相对独立的生产、生活方式。各个部落联盟或部族领导层的代表人物在一起组成部落联盟集团的决策层，他们每人负责集团事务的一个方面，并负责推选集团最高领袖、决定重大事项，从而体现出部落联盟之间一定的平等；日常的事项则由各部落联盟或部族自行处理。例如，尧就是历史文献中经常讲述的五帝时代末期被部落联盟集团决策层推选出来的最高领袖。当时，商族首领契在舜时被任命为司徒，主管教化；而周族首领弃，则被任命为后稷，主管农业[②]。

4. 原始的部族政治体制

然而，在尧的时代早已存在初期私有制，部族内部人与人之间在财富分配和政治权力上并不平等，即便是部落联盟集团决策层的成员之间，可能也不是完全平等的。虽然当时仍存在上层民主协商的温情，但是至少其话语权与其所代表部族的实力有一定关系。例如，尧舜禹时期推行的禅让制应该是基于部落联盟集团决策层对继任者的工作能力和所做出贡献的评价。《史记·五帝本纪》中曾记载，舜在继承尧位之前曾先推举尧的儿子丹朱继承尧位，自己避居于南河之南；禹在继承舜位之前也曾先谦让给舜的儿子商均继承舜位，自己避居于阳城。虽然他们是在这两个推让行为遭到部落联盟集团决策层反对后才去继位的，但这两个推让行为本身就说明当时已经普遍存在世袭继承的思维倾向，同时也表明确实仍存在部落联盟集团决策层的协商民主制。

---

① 张肇麟：《夏商周起源考证》，科学出版社 2018 年版，第 148 页。
② 郭泳：《夏史》，上海人民出版社 2015 年版，第 50—51 页。

三　最早的王朝：夏

1. 大禹治水与中华民族的凝霜

禹属于夏族黄帝后裔的一个分支，称为"夏后氏"，其家族为夏后氏的首领层。在舜的时代，各地洪水泛滥达到高峰，成为集团内所有部落无法逃避而必须共同面对的自然灾害。禹负责组织部落联盟集团范围的治水工作，他为组织各部落战胜洪水灾害，先后花费13年时间，走遍部落联盟集团各水患之地组织抗灾，最后终于战胜了洪水，赢得了声誉。《庄子·杂篇·天下》中记载墨子夸赞禹说："昔禹之湮洪水，决江河而通四夷九州也。名川三百，支川三千，小者无数。禹亲自操橐耜而九杂天下之川。腓无胈，胫无毛，沐甚雨，栉疾风，置万国。"当时部落联盟集团内部的结构并不是很紧密，稳定性也不高，会发生某些部落渐行渐远，最终脱离集团的现象。在共同抗击洪水的过程中，禹走遍天下，使各部族得以亲见禹的工作成效。治水的成功也增加了整个集团的凝聚力。如今，四川省汶川县视汶川为大禹故里，禹为羌族祖先；河南省禹州市还保留大禹治水遗址；据说大禹死后安葬在今天浙江省绍兴市会稽山的禹王陵。虽然这些记载未必都属实，但是当年禹在如此大的范围内辛苦奔波十数年，确实很大程度上推进了以夏族为中心的中华民族的凝聚和融合，使原来较松散的部落联盟集团变得更加紧密和稳定，这也促使中华民族形成过程中的第一次大规模融合开始走向高潮。

2. 夏王朝的物质基础

禹继承舜位并随后建立夏王朝之初，整个部落联盟集团其实并没有发生本质的变化，只是集团不再推举首领，而改成了世袭制；部落首领间仍存在一定程度的上层协商民主。禹继位后做了三件事[①]：一是基于以往奔赴各地治水而积累起来的经历和认知，将管辖的王朝范围划分成冀州、兖州、青州、徐州、扬州、荆州、豫州、梁州、雍州九州，建立了"九州攸同"的政治原则，即不论哪个部落或氏族的人都

[①] 郭泳：《夏史》，上海人民出版社2015年版，第59—70页。

需认定为九州人。二是建立了一年一贡的"禹贡制度",即各州可以拿地方土特产作为贡物提供给夏王朝中心。因为禹有自己的领地和收入,并不依靠禹贡,所以"禹贡制度"实施之初只具备臣服的象征意义,但夏后期的禹贡有所累加。三是组织九州地方用自产的铜分别铸造出九个大鼎,即九鼎,存放于夏王朝中心。这也说明夏时各地的制铜生产已经非常普及[①],已涉及铜工具(图3.6)、铜用具(图3.7)、铜兵器(图3.8)、铜容器(图3.9)等各个方面[②]。禹在位初期的"定九州""定禹贡""铸九鼎"等举措都增强了王朝内各地方与王朝中心的融合力和归属感,同时也加强了各部族之间的交流。虽然夏王朝期间存在各地方部落吞并周围部落增强自身势力、扩大直接管辖范围的现象,但各部落仍遵守夏王朝的统一领导。期间出现过有穷氏部落首领后羿短期夺取夏王朝领导权,随后夏后氏又恢复掌权等。夏王朝末期,夏王桀腐化暴虐,引起多数部落联盟的不满。当时虽仍有比较亲近的部落支持,但桀已很难维持其王权。

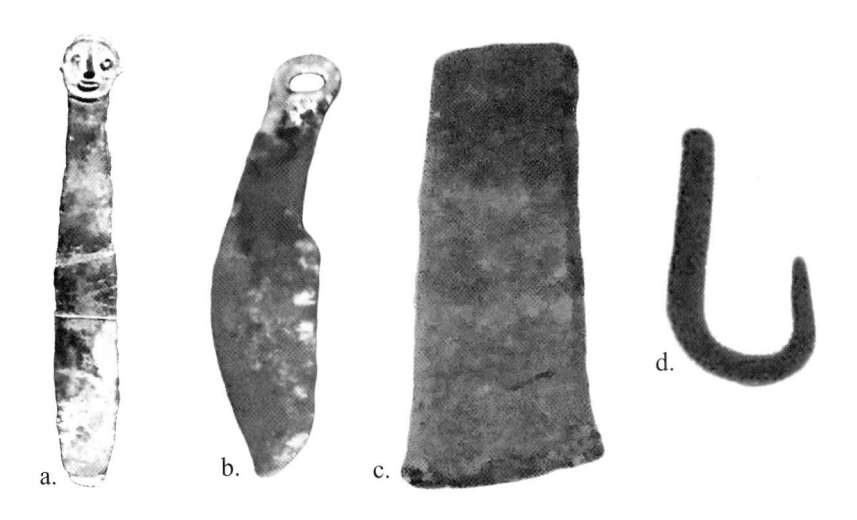

图 3.6　公元前 2070—前 1600 年夏王朝时期的铜工具

a. 约公元前 1700 年甘肃省临洮县辛甸人头柄铜匕[甘]　b. 约公元前 2000 年甘肃省康乐县塔关村曲背铜刀[甘]　c. 约公元前 2000 年河南省洛阳市二里头铜凿[洛]　d. 约公元前 2000 年河南省洛阳市二里头铜鱼钩[洛]

---

① 毛卫民:《材料与文明》,高等教育出版社 2019 年版,第 127—130 页。
② 毛卫民、王开平:《繁荣的铜器时代与中华文明融合统一的特征》,《金属世界》2021 年第 6 期。

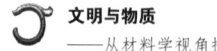

图 3.7　公元前 2070—前 1600 年夏王朝时期的铜用具

a. 约公元前 1800 年安徽省庐江县大墩孜铜铃［皖］　b. 约公元前 1800 年前辽宁省北票市康家屯城址铜环［辽］　c. 约公元前 2000 年甘肃省齐家文化铜镜［津］

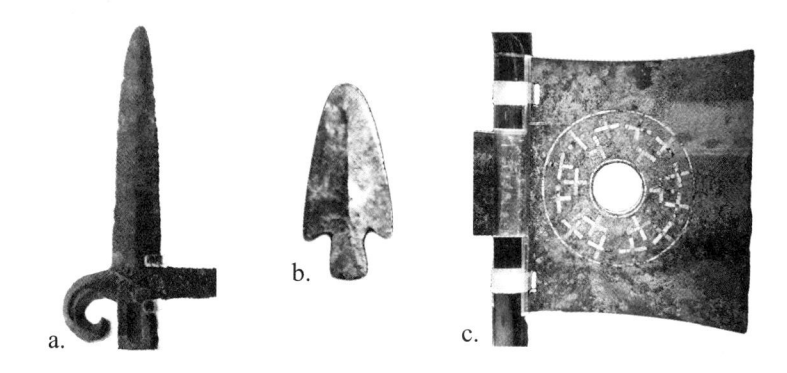

图 3.8　公元前 2070—前 1600 年夏王朝时期的铜兵器

a. 约公元前 1800 年前辽宁省锦州市水手营子铜戈［辽］　b. 约公元前 2000 年青海省乐都县柳湾铜镞［青］　c. 约公元前 1800 年河南省洛阳市偃师二里头铜钺［沪］

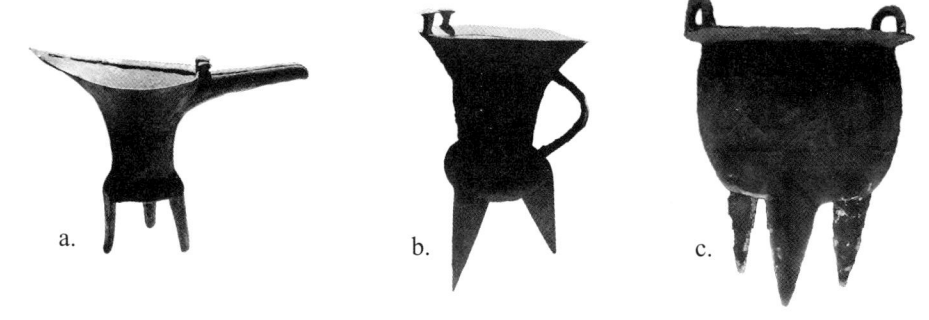

图 3.9　公元前 2070—前 1600 年夏王朝时期的铜容器

a. 约公元前 1800 年河南省洛阳市偃师二里头铜爵［豫］　b. 约公元前 1800 年河南省洛阳市偃师二里头铜斝［豫］　c. 约公元前 1800 年二里头方格纹铜鼎［洛］

四 商、周王朝

1. 商王朝的建立与灭亡

约公元前 1600 年,商族部落联盟首领汤率军打败桀,推翻夏朝并自此建立了商王朝[①]。这种王朝的更迭把夏后氏家族世袭制王朝的传承体系变换成了商族的汤家族,王朝的管理仍保留了类似夏王朝的那种部落联盟集团的特色。商王朝早期,部落联盟间仍具有一定的原始平等、民主性质。《史记·殷本纪》中曾记载商王汤对各部落首领宣称"欲左,左。欲右,右",给了诸方国部落很大的自由,让他们自主决定将来左、右如何行为。早商时期,部落联盟间经济上平等互利,不像后来那样大量征收赋税、摊派徭役,也允许被征服者以联盟成员身份平等地加入商王朝[②]。到了商晚期,商王对各部落联盟的管理方式逐渐转变为主人身份的支配者,原始平等、民主的方式也逐渐减少。例如,向各地方部落征收物品、调集人力等。商王武力征服其他部落时,被征服的部落直接并入商的版图,也不再拥有以成员身份平等加入王朝的机会。至末代,商纣王更加暴虐,引起周围部落的不满和反抗。公元前 1046 年,位于商王朝西部周族的周武王乘商纣王把主要军事力量派到东部征讨东夷部落的时机,出兵伐纣,攻陷商都,建立周王朝,商王朝灭亡[③]。

2. 周王朝的建立与中华民族第一次融合高潮

历史上的商族、周族融入夏族后,都自称是夏族以继承禹的传统。如《商颂·殷武》有"设都于禹之续",《周颂·思文》有"陈常于时夏"[④]。建立周王朝的周族虽已融入夏族,但与夏族、商族相比仍是一个比较小的族群。对于周族来说,以其当时的体量和能力去管制更庞大的夏族、商族等众多部落,会非常吃力。因此,周王朝初期,周武王仍采用夏、商的管理方法,只是让过去依附于商王朝的夏、商以及南北各地部落族群改为依附周王朝,尤其对商族的遗民比较宽容,并无大肆贬

[①] 郭泳:《夏史》,上海人民出版社 2015 年版,第 113—118 页。
[②] 晁福林:《夏商西周的社会变迁》,中国人民大学出版社 2010 年版,第 70—71 页。
[③] 晁福林:《夏商西周的社会变迁》,中国人民大学出版社 2010 年版,第 111—115 页。
[④] 张肇麟:《夏商周起源考证》,科学出版社 2018 年版,第 111 页。

压的做法①。灭商以后，《史记·周本纪》称周武王"乃褒封神农之后于焦，黄帝之后于祝，帝尧之后于蓟，帝舜之后于陈，大禹之后于杞"。周武王不仅优待神农、黄帝、尧、舜、禹的后裔部落族群，而且还把原来商王畿的一部分地方封给纣的儿子武庚。公元前1040年，平定了一些贵族联合武庚发动的叛乱后，以周公为代表的周王朝上层从根本上改变了传统的治理模式，转为分封制，不再与各部落联盟上层实行民主协商制度，自此原始平等消失。

西周所采用的分封制，是指将周王朝管辖范围划分出大量称为诸侯国的不同领地，并排除原来的部族首领层，把大批的周王室的贵族分封到这些领地作为国君，同时把原商王朝大量的商族遗民分批调整或迁移到各国领地，使他们分散开，由各地国君监督管理，由此，彻底解决了较小的周王朝族群如何管理大批商族遗民的问题。同时也有少量的周王姻亲和伐商功臣被封为国君，如反对纣王暴政的纣王兄微子被封为宋的国君，以进一步稳定商族遗民②。诸侯对于周王的职责则包括捍卫王室、镇守疆土、朝觐述职、缴纳贡物、奉命征伐等③。这些分封制的措施在后续发展中进一步促进了原本不同族群的通婚、融合，弱化了族群差异，基本完成了自五帝时代以来中华民族的第一次融合高潮④。

在分封制的基础上，周王朝还进一步建立了宗法制度，严格区分周王室和各诸侯国内宗亲的嫡、庶关系，规定只有嫡长子才可以继承周王和诸侯国君的位置，以固定贵族的内部秩序；嫡长子以下的宗亲可封为大夫、士。另外，这一时期还出现了庶人、工、商等阶层，由此产生了严格的社会等级。这些制度的建立，使得原来人口众多的夏、商族按照宗法制度转化为各诸侯国内的宗族势力，夏、商、周及其他族众不论大小逐渐融为一体。

在农业经济方面，西周采取了井田制，即国君需拿出一部分土地作为贵族或上层阶级的"公田"；底层的农夫们虽然也有供自己耕种的"私田"，但须先无偿地料理好"公田"，才能耕作自己的"私田"；农夫虽遭到剥削，但因保有一定的土地使

---

① 晁福林：《夏商西周的社会变迁》，中国人民大学出版社2010年版，第118页。
② 朱凤祥：《周朝宋国与王室关系刍议》，《中原文化研究》2017年第3期。
③ 晁福林：《夏商西周的社会变迁》，中国人民大学出版社2010年版，第17—18页。
④ 张肇麟：《夏商周起源考证》，科学出版社2018年版，第112页。

用权而有积极劳动的意愿。完成于约公元前6世纪至前8世纪的《诗经·小雅·甫田》中，在一段描述西周时期农夫在公田劳动的文字中说道："曾孙来止，以其妇子。馌彼南亩，田畯至喜。攘其左右，尝其旨否。禾易长亩，终善且有。曾孙不怒，农夫克敏。"大致意思是周贵族和夫人、孩子带食物到田间，田官招呼农夫们来吃饭；周贵族看庄稼长势良好、丰收在望，心里高兴，也夸奖农夫们的勤勉。这段描述虽然未必能反映西周田间场景的全貌，但一定程度地显示出当时西周社会的阶级矛盾并不尖锐[①]。

虽然不少学者认为中国夏商周时期并没有形成奴隶社会，但中国夏商周时期确实存在过奴隶，且不少史料也记录了当时一些人的地位低下到类似于奴隶，如那些随即被直接屠杀或用作人祭的战俘，或从事低下繁重劳动且没有人身自由的人。但是存在奴隶与存在奴隶社会是两个不同的概念。因为奴隶社会是表示奴隶在人口中的比例较大、奴隶劳动产生的经济成果是构成支撑社会经济的重要部分，因此除了像藏族、彝族等少数民族地区确实曾出现过奴隶制社会外，在以融合为主要特征的中原地区恐很难证实存在过类似欧洲古希腊、古罗马那样的奴隶社会。

五 中华文明的崛起

因不断向外分封土地和统治失策等原因，西周末期王朝中心的实力明显下降。公元前771年，西周被犬戎族攻破京城镐京后迁都洛邑，称为东周。此时大批独立诸侯国的实力远超东周王朝，周天子不再受到尊重。春秋战国时期，尽管都是源自融合而成的同一种族人，但各诸侯国仍开展兼并争夺的战争。这时中国已经进入了铁器时代，并开始使用铁质兵器（参见前图3.16、图3.17）。公元前221年，秦始皇借助以铜兵器为主要装备的武力打败了其他各诸侯国，统一了中国[②]，结束了长期割据的局面，建立了中国历史上第一个中央集权的帝国——秦。秦朝统一了全国的度量衡、货币、文字等，全面贯彻郡县治理的行政制度，不再实行分封制，所有权力

[①] 晁福林：《夏商西周的社会变迁》，中国人民大学出版社2010年版，第224页。
[②] 毛卫民：《材料与文明》，高等教育出版社2019年版，第131—137页。

集中在秦始皇手中。秦统一中国后,秦国的平民并没有获得优于其他六国平民的权利[1],各国民众都源自同一个融合的华夏民族,均被平等对待。大一统的中央集权专制国家体制全面实行了郡县制管理后,财政收入主要来自各郡县的税收;中央政府承担各郡县的管理费用和官员的薪酬。自此,中华民族的庞大基础族群已初具规模。

完全依靠武力统一中国的方式导致秦朝政权极为专制。沉重的赋税和徭役、连年的战争、严苛的刑罚等导致民不聊生。仅十几年后,秦朝于公元前207年被反叛势力推翻。后经多年争战,具有建立统一帝国思想的刘邦战胜了仅满足于做"西楚霸王"的项羽,于公元前202年建立了西汉帝国。西汉之初,刘邦虽然把对建立西汉帝国有功且势力强大的韩信、彭越、英布等封为异姓王,但至公元前195年又将其全部撤除,以确保西汉不被分裂。为防止各地同姓诸侯国壮大并对抗中央,公元前127年,汉武帝颁布"推恩令",让诸侯王的所有子孙均继承封地,以分化诸侯王势力;公元前122年,再推"左官律"和"附益法"[2],管制诸侯王官吏的任用并杜绝朝官与诸侯王的联系,从而削弱了同姓王的权力,强化中央集权。

夏王朝灭亡以后,夏族除留在中原外,部分族人向北迁徙,与当地族群融合成为匈奴[3],因此《史记·匈奴列传》载"匈奴,其先祖夏后氏之苗裔也"。秦汉以来,以游牧为主的匈奴擅长骑射,因地处灾害常现的苦寒地区,而觊觎中原物产,长期向南侵扰。西汉初时国力有限,对匈奴多采取忍让、纳贡、开放双边贸易等政策[4],还经常把宗室公主嫁给匈奴单于。随着匈奴的频繁侵扰和西汉国力的逐渐强盛,汉武帝决心把强大的经济力转为军事力量,解决匈奴边患。公元前133年汉武帝策划马邑之谋伏击匈奴虽然失败,但从此结束了汉匈和亲。随后汉武帝分别于公元前127年、前121年和前119年对匈奴发动漠南、河西、漠北三大战役,并都取得了胜利,其间大量匈奴族众归附汉朝,并被接纳,剩余匈奴大多向北退去,自此大体消除了匈奴的直接威胁。公元前130年,西汉中郎将唐蒙出使夜郎(今贵州省内),厚赐礼品并与之交流,促使夜郎及周边部族归汉。公元前111年汉朝在夜郎及周边地区设

---

[1] 刘家和、王敦书:《世界史古代史篇》上卷,高等教育出版社2011年版,第280页。
[2] 马育良:《西汉六安国史实钩沉》,《安徽史学》2008年第6期。
[3] 晁福林:《夏商西周的社会变迁》,中国人民大学出版社2010年版,第46页。
[4] 朱桂香:《西汉初期与匈奴和亲政策评述》,《商》2015年第12期。

牂牁郡，下辖17县[1]。相传周武王灭纣时，纣的叔叔箕子率众退回商族起源地吉林、朝鲜一带落地生存，后被周武王封为朝鲜侯，延续至西汉；公元前128年该地秽貊首领南闾率28万人归汉，汉朝即在此设沧海郡[2]。为共同抗击匈奴，西汉政权曾多次联系西域各国，建立友好交往的关系。公元前60年前后，汉宣帝在乌垒城设西域都护府[3][4]，负责西域各国国王和官吏的册封、调解各国矛盾、征调各国军队、观察西域地情、整合汉朝驻西域的各种力量等，即把西域三十六国纳入汉朝版图管理。

自汉武帝以来，中国历史进入了一个强盛时期，其版图经融合扩张达到了一个历史的高位。从那时起，华夏族因朝代的名称而改称为汉族[5]，随后逐渐形成以3000年融合而成的汉族为主体，与其他多民族共存的中华民族。

---

[1] 陈瑜、陈奇：《司马相如与西汉王朝的夜郎开发》，《兰台世界》2014年第9期。
[2] 杨军：《高句丽建国史研究》（上），《地域文化研究》2017年第2期。
[3] 张瑛：《汉代西域都护设置的时间及其职责相关问题考辨》，《西北民族大学学报》（哲学社会科学版）2019年第3期。
[4] 张华瑞：《浅谈汉代西域都护府的遗址》，《文物鉴定与鉴赏》2019年第14期。
[5] 张肇麟：《夏商周起源考证》，科学出版社2018年版，第118页。

第二节 铁器时代的来临

一 铁器的优点

铁是一种比较活泼的金属。虽然铁在含氧的地壳内很难以纯铁的形式存在,而只能存在于铁的化合物中,但铁头可以在没有氧气的地球大气层以外的太空之中存在。从地球以外穿过地球大气层时,未被大气层摩擦烧毁的流星会坠落到地球表面成为陨石,其中很多的陨石中含有非常多的铁元素。铁含量超过 80% 的陨石即为铁陨石或陨铁。全世界各地时常都可以在地表找到大小不同的陨铁。在新疆维吾尔族自治区青河县银牛沟发现了中国境内最大的陨铁,重量超过 30 吨,其含铁量达到 88.7%(图 3.10)。

图 3.10 新疆维吾尔族自治区青河县银牛沟陨铁[矿]

铁除了具备良好的延展性外,其密度比铜低,用铁制作同样体积的工具会比铜质工具减重约 15%;铁质工具比铜质工具明显更加坚硬且强韧,也能够承受更大的作用力或更高的载荷而不改变形状；用铁磨出刀具的刃部会比铜刃更加锋利、耐久，因此，更加轻便、坚硬、强韧、锋利、耐久是铁器相对于铜器的突出优势。由于纯铁的熔点大约是 1535℃，比纯铜高很多，因此人类很难在掌握冶铜技术之前掌握冶铁技术，其难度的要点之一仍在于相应的高温技术需达到更高的水平，这与之前同样需要高温烧陶和冶铜的技术水平密切相关。铁比铜更容易生锈，因此古代的铁器很难完好地保留至今。

在未掌握冶铁技术的情况下，人类可以偶尔捡到陨铁。如果将其像制作铜质工具那样做捶打加工、改变形状，即可制成铁质器具，并很快可以发现其性能明显优于同类器型的铜器。在埃及就发现了约公元前 1340 年的陨铁匕首[1]。中国最早的陨铁制品是约公元前 1400 年在河北省藁城台西发现的一把铁刃铜钺[2]。铁刃铜钺的制作方法为先制成铜钺，再在其刃部区前沿切出一个狭缝，把事先打制好的一小条陨铁放在这个狭缝中，用两侧钺体的铜夹住陨铁条，再锻打焊合，之后磨出铁刃使用。由此可见，制作者已经知道了铁器坚韧、锋利的优点。约公元前 1400 年的铁刃铜钺在山西省灵石县旌介村（图 3.11）和北京市平谷区刘家河村均被发现[3]。在河南省浚县和三门峡市的西周墓中还发现有中国商末至西周时期的陨铁刃铜戈、铜柄陨铁削刀、铜銎陨铁锛等[4]。

图 3.11　约公元前 1400 年山西省灵石县旌介村陨铁刃铜钺（右端为铁刃）[晋]

---

[1] James B. Pritchard, *The Ancient Near East in Picture*, Princeton University Press, 1969, p. 55.
[2] 钺是类似于斧的一种中国特有兵器或礼器，其刃部多用于进行砍伐。
[3] 陈建立、杨军昌、孙秉君、潘岩：《梁带村遗址 M27 出土铜铁复合器的制作技术》，《中国科学：E 辑》2009 年第 9 期。
[4] 张国硕、汤洁娟：《中原地区早期冶铁问题分析》，《中原文物》2017 年第 2 期。

相对于铜的种种优点，铁质工具具有更高的工作效率，铁质兵器具有更高的杀伤效能，因此铁器的广泛使用必然会进一步推动社会发展和文明进步。同时，只有人类掌握了人工冶铁技术，并大规模生产铁器，才会迎来铁器时代。但从自然界捡得陨铁仅仅是偶然事件，且总量极为有限，因此陨铁的使用既不可能广泛，也无法明显促进文明进步。与铜的有限蕴藏量不同，地壳中蕴藏了大量的铁，铁通常集中蕴藏在各种铁矿石中（图3.12）。据估算，地壳全部质量中铁矿石的份额可达到约6%—7%的水平，因此人类很容易接触到铁矿石。

图 3.12　铁矿石（赤铁矿）[徽]

如果用铁矿石制作炉灶的砌石、陶坯的支架，或将铜矿石中混入了铁矿石，那么在800℃—1000℃的高温下，炭火中的一氧化碳气体就会逐渐把铁矿石中的铁化合物还原成铁。此时，一块坚实的铁矿石的形态会变成类似于疏松的海绵或蜂窝，虽然仍保持固体状态，但无法继续用作砌石或支架。观察后会发现其具备金属延展性，捶打加工后可制成性能优于铜器的工具。于是人类发现了这种原始的人工冶铁、制铁的方法，并将其称为块炼铁。

铜器时代末期，冶铜炉的温度不断提高。约公元前1000年，中国冶铜炉的温度可以升高至1300℃[1]。虽然这一温度足以用于生产块炼铁，但尚不能冶炼出液态的铁。块炼铁技术只能小规模、小批量地制作小件铁器。据历史文献记载，约公元前1600年，西亚的赫梯人最先发明了块炼铁技术，并制成了铁质兵器[2]。西亚地区的冶铁技术逐渐向西扩散，经希腊、意大利传向欧洲其他地区。中国目前发现最早采用人工冶铁技术制作的铁器是在甘肃省临潭县磨沟遗址出土的、约公元前1400年经人工冶铁制作的铁条[3]。由于人类比较容易在居住地附近获得铁矿石，所以只要发展出适当的高温技术就可以不断地生产各种铁器，这也促使人类迅速进入了铁器时代。

---

[1] 刘云彩：《中国古代高炉的起源和演变》，《文物》1978年第2期。
[2] 王鸿生：《科学技术史》，中国人民大学出版社2011年版，第34—35页。
[3] 陈建立、毛瑞林、王辉等：《甘肃临潭磨沟寺洼文化墓葬出土铁器与中国冶铁技术起源》，《文物》2012年第8期。

二 铁工具

在铁器时代初期,农业生产仍然是社会的经济命脉。铁器会大量地被用于制造农具,以开垦荒地、翻土、耕作、播种、除草、收割、渔猎等。虽然各种农具的形状和分类大体延续了新石器时代磨光石器和铜器时代铜器的主要特征,如图 3.13 所示的铁镰、铁叉等,但也有一些农具体现了铁器轻便、强韧、锋利的特征。

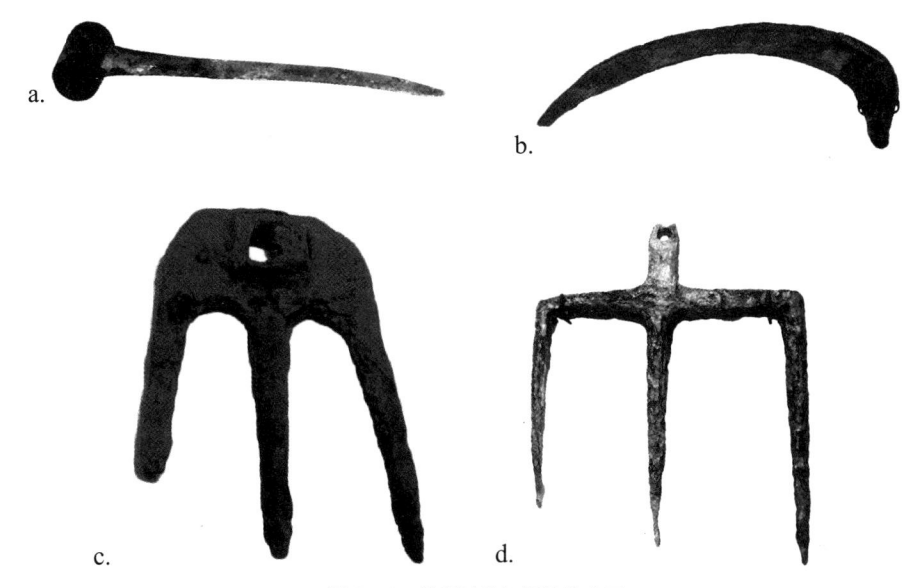

图 3.13 铁器时代初期的铁农具

a. 约公元前 100 年云南省江川县李家山镰［云］ b. 约公元初前后德国党石泰坦镰［弗］
c. 约公元前 300 年河北省易县燕下都遗址三齿锸［冀］ d. 约公元初前后德国党石泰坦三齿叉［弗］

铁器时代初期,在建房和木材加工工具方面,铁斧(图 3.14a、图 3.14b)、铁凿(图 3.14c、图 3.14d)、铁锤、铁锛取代了同类的铜质工具。锤、凿、斧、锛的形态虽然没有太大变化,但改进了工具的强韧性和锋利耐磨特征[①]。同时,铁锤还更多被用于金属加工,尤其是对铁器自身的锻打变形加工。作为用于木材精细加工的工具,铁锯、铁锉、铁锥等也取代了同类铜质工具。这一时期,人类还制作出了更为锋利耐磨的各

---

① 毛卫民:《材料与文明》,高等教育出版社 2019 年版,第 163—174 页。

种类型铁刀（图 3.15a、图 3.15b），以满足各种复杂的应用需求。随着人类智力、劳动能力的提高和社会需求的多样化发展，在铁器时代初期还出现了名目繁多的铁叉、铁刮铲、铁剪、铁钳、铁钩、铁马衔（图 3.15c、图 3.15d）等各类铁质工具。

图 3.14　铁器时代初期的铁质工具
a. 约公元前 300 年河北省易县燕下都遗址铁斧［冀］　b. 约 300 年德国上莱茵地区铁斧［弗］
c. 约公元前 300 年河北省易县燕下都遗址铁凿［冀］　d. 约公元前 100 年德国阿尔腾堡铁凿［弗］

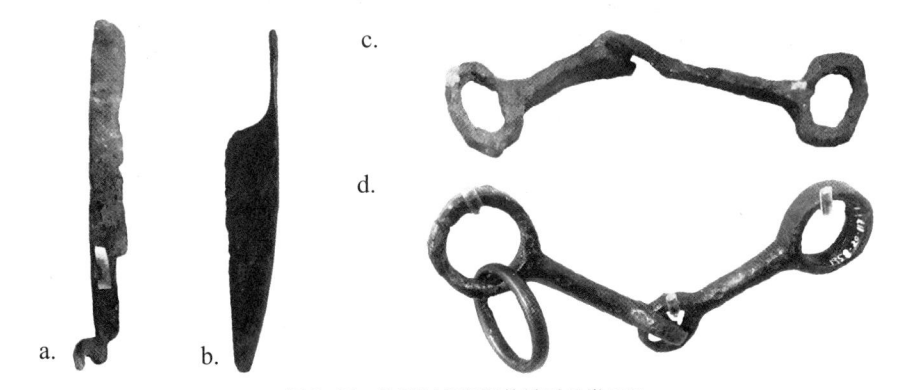

图 3.15　铁器时代初期的铁质日常用具
a. 约公元前 300 年河北省易县燕下都遗址铁刀［冀］　b. 约公元前 100 年德国阿尔腾堡铁刀［弗］
c. 约公元前 300 年河北省易县燕下都遗址铁马衔［冀］　d. 约 150 年德国回芬根铁马衔［弗］

三　铁兵器

铁器的大量使用以及生产力的显著提高，使人类积累财富的能力和速度也得到大幅提高。由于利益的驱动，铜器时代导致战争的原因不仅在铁器时代仍然存在，而且发生战争的频率和规模都在上升。战争不仅需要大量兵器，而且也需要不断改进兵器、提高兵器搏杀效率。铁器时代早期出现的铁质兵器与铜质兵器相比，虽然在形式上往往没有本质差别，但铁器轻便、坚硬、强韧、锋利、耐久的特点增加了铁质兵器的战争能力和搏杀效果。这一时期，长矛（图3.16a、图3.16b）、刀剑（图3.16c、图3.16d）仍是主要的单兵武器。另外，中国特有的戈、戟也被制成铁质[①]。由于中国拥有充足的铜产量，因此在铁器产量不足，但需发挥铁器优势的时候，还曾出现过像铁刃铜钺（图3.11）那样的铁刃铜戈。锋利、轻便的铁箭镞（图3.16e、图3.16f）不仅穿透能力强，而且飞行距离远，大幅提高了远程的杀伤能力。这一时期的铁兵器是由人工冶铁制成的。

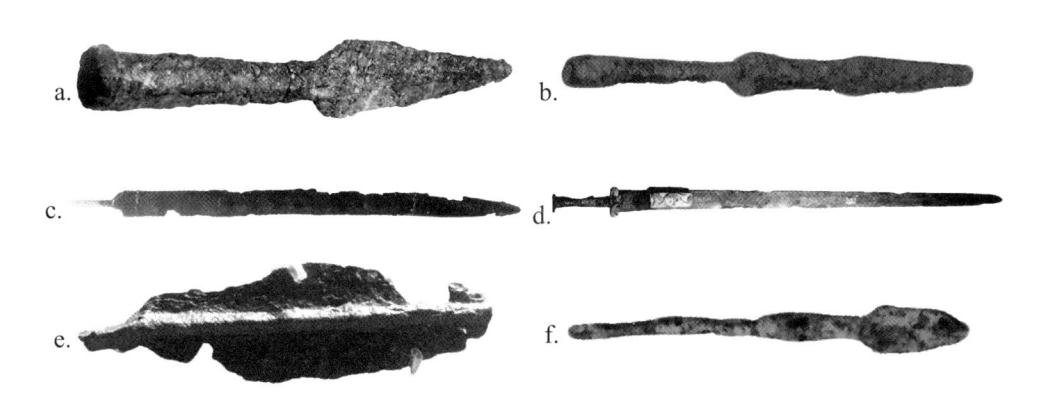

图3.16　铁器时代初期的铁质兵器

a. 约公元前900年希腊铁矛［卫］　b. 约公元前300年河北省易县燕下都遗址铁矛［冀］
c. 约公元前400年德国铁剑［弗］　d. 约公元前300年湖南省楚式铁剑［湘］
e. 约公元前480年希腊德摩比利铁箭镞［希］　f. 约公元前300年河北省易县燕下都遗址铁镞［新］

在铁兵器杀伤能力明显增强的情况下，铁器时代的人们进一步提高了对作战士兵保护装备的重视。在原有头盔、护甲的基础上，人们利用铁轻便、强韧的特性制作了铁胄（图3.17a）、铁护甲、铁锁甲、铁盾牌（图3.17b）等强力保护装备[①]，这些保护装备的出现无疑会增加战争的持续性和残酷性。

---

① 毛卫民：《材料与文明》，高等教育出版社2019年版，第163—174页。

图 3.17 铁护具
a. 约公元前 300 年河北省易县燕下都遗址铁胄［冀］ b. 约公元前初年德国党石泰坦铁盾牌［弗］

　　如前所述，与石器相比，铜器更加精巧、轻便、耐久、不易损坏、可反复使用和反复再回收；与铜器相比，铁器更加轻便、坚硬、强韧、锋利、耐久，且可广泛获取矿石原料。因此通过对石器、铜器、铁器的顺序观察可以发现，每一种新型材料的出现及广泛应用都会推动人类社会的发展出现一个质的飞跃。铜器与石器相比有一个代差的优势，铁器与铜器相比也有一个代差的优势。从兵器角度考虑，由于石器时代并不存在大规模的石质兵器，只有石质狩猎工具，因此无法与铜兵器对抗；同样，铜兵器也很难与铁兵器对抗。当石质狩猎工具遭遇铁兵器时，就如同手无寸铁的民众遭遇军队一样无从对抗。

　　根据以上描述以及前图 3.13 至前图 3.17 的对比展示可以看出，虽然中国人工冶铁技术及使用铁器的时间整体上可能略晚于西亚区域，但中北欧地区及欧洲腹地的人工冶铁技术及铁器使用到公元初期前后才逐渐多起来，明显晚于中国及希腊等南欧地区。需要注意的是，由于铁的本质决定了铁器比铜器耐自然腐蚀的能力差很多，如果没有遇到密封、干燥等难腐蚀环境，许多古代铁器，尤其是早期的铁器很难保留到今天，所以我们只能根据当今可获得的、十分有限而不完整的残留铁器来探索早期铁器时代的人类文明生活。

第三节 欧洲文明的形成与拓展

公元前3000年以前,虽然欧洲大部分地区居住的各族群已经广泛发展了农业和畜牧业,但鲜有掌握冶铜技术、发明文字的较大规模的古代城邦的考古发现[①]。而公元前3000—前2000年的欧洲文明痕迹多集中在希腊及周边、西亚美索不达米亚和北非古埃及文明邻近的南欧地区,且存在着当地人口与周边地区人口的交互迁移。因此,在欧洲文明的形成和发展过程中,不可避免地会受到西亚、北非地区各种更早期文明的影响,而无法形成像中华文明那样独立发展的文明。

一 古希腊文明及其逐利特征

1. 克里特文明的形成

约公元前3000年以后,一些西亚移民来到爱琴海域的克里特岛与当地居民混合,自此,克里特岛逐渐进入铜器时代,铜器的使用也逐渐增多。在西亚美索不达米亚的苏美尔和北非古埃及这两个世界上最早文明的影响下,爱琴海地区逐渐形成了早期文明,主要是地中海上希腊克里特岛上的克里特文明,或称米诺斯文明(图3.18a,约公元前2200—前1400年)和后来以希腊半岛迈锡尼为中心的迈锡尼文明(图3.18b,约公元前1500—前1200年)。由于希腊以多山地和多丘陵为特点,不太容易发展传统农业,因此早期的居民多聚集于沿海可农耕的狭窄平原地带。克里特岛位于东地中海,北面是希腊大陆和小亚细亚,东面和东南面是文明发达的西亚两河流域和北非的埃及。由于这些地区间的陆上联系曲折而艰难,因此爱琴海的海上交通是当时这些地区交往和贸易的重要通道,而克里特岛正是这个通道的中心联络

---

① [英]多米尼克·拉思伯恩:《古代文明大百科》,王晋等译,电子工业出版社2016年版,第132—133页。

点。大量的海上贸易使克里特的经济得以繁荣发展。约公元前 2000 年，克里特出现了最初的国家，并建有大型城堡及王宫，首都克诺索斯有数万居民，加上周边人口共约 10 万人①。克里特的文化受西亚和北非的影响，在约公元前 1700—前 1600 年逐渐成为爱琴海地区的一个文化中心。约公元前 1450—前 1400 年，克里特全岛上的王宫和建筑遭受毁灭性破坏，文明衰亡，具体原因不详。

图 3.18　早期爱琴海文明的考古文物

a. 约公元前 1800 年克里特文明彩涂陶罐［肯］　b. 约公元前 1350 年迈锡尼文明大铜碗［希］

2. 迈锡尼文明的形成

希腊半岛南部的迈锡尼文明出现于约公元前 1500 年，该文明区域内存在初期的私有制，王公贵族与平民的土地分配明显不均；存在手工业者和商人阶层，且已出现奴隶劳动。与克里特文明的地理位置类似，迈锡尼文明所在地域不仅位于希腊半岛，与西亚和北非邻近，而且西面还可联通西西里岛和意大利半岛。各地不同的物产和频繁的贸易促成了迈锡尼的经济繁荣。约公元前 1200 年，西亚政局变动导致贸易受到打击，海上劫掠频发导致北非货物贸易中止，再加上以多利亚人为主的外来族群的入侵浪潮，最终毁灭了该地区的迈锡尼文明②③④⑤，当地居民沦为奴隶。其间，国家和城市毁灭、经济衰败、文字丧失，使希腊地区进入了一段约 300 年的封闭而贫困的时期，后被称为黑暗时代。这些侵入的多利亚人也正是后来创造希腊古典文明的希腊人③。

---

① 刘家和、王敦书：《世界史古代史篇》上卷，高等教育出版社 2011 年版，第 62 页。
② 刘家和、王敦书：《世界史古代史篇》上卷，高等教育出版社 2011 年版，第 100 页。
③ ［英］尼古拉斯·G. L. 哈蒙德：《希腊史——迄至公元前 322 年》，朱龙华译，商务印书馆 2018 年版，第 vii 页。
④ 周启迪：《世界上古史》，北京师范大学出版社 2016 年版，第 182 页。
⑤ ［英］彼得·克里斯普：《探索：古希腊史》，苏扬等译，科学普及出版社 2012 年版，第 30 页。

3. 冶铁技术的传入与古希腊文明的形成

约公元前 900 年，西亚地区的冶铁技术逐渐传入希腊和意大利等地[①]，于是越来越多的铁器被用于希腊各地的农业、手工业和房屋建设，促进了当地的经济发展和社会结构演变。约公元前 825 年，由传入的腓尼基字母衍生出了希腊字母，自此希腊开始出现保留至今的希腊文文献记录。在黑暗时代，外来的多利亚人以亲缘家族聚合而成的大部落形式侵入并征服希腊各地，建立村落；相邻村落的进一步联合构成了初期的城邦，且以被征服者为奴隶，构成奴隶社会。尽管各城邦居民属于同样的民族，且有相同的文化、风俗、语言等，但因希腊半岛山地和丘陵对各地的阻碍以及爱琴海上岛屿密布的地理特点，使得所形成的城邦式部落联盟一时很难达到超大规模——大的城邦有几十万人，小的有几万人，甚至还有几千人的小城邦，只相当于一个大型氏族部落。虽然当时城邦众多，但规模最大且对希腊历史进程有关键影响的主要是斯巴达和雅典两个城邦，其他城邦往往归附于大城邦或加入大城邦领导的联盟。各城邦允许外来的自由民居留，但不给予公民权。

位于希腊半岛南部最大的城邦斯巴达起源于三个血缘部落，并于公元前 8 世纪先后征服了周边地区，俘获大批奴隶或令被征服地纳税。城邦人口曾达到 40 万人，其中有奴隶 20 多万人，外来自由民 10 多万人，城邦公民有 4 万多人，能行使公民权的男性接近 1 万人[②]。最发达的城邦之一——雅典（图 3.19）由 4 个相对独立的部落统一而成，其人口曾接近 40 万人，其中约 20 万奴隶，外邦人 3 万多人，公民 16 万多人[③]。希腊其他各城邦的征服能力较弱，其奴隶的人口占比会低一些。斯巴达城邦从两个王族中选出两个世袭且具有同等权力的国王，形成了"双王制"。"双王"与 28 名 60 岁以上的公民组成终身制元老会，成员由各部族推选，基本为贵族；然后经公民大会确认。"双王"并无太多特权，主要以元老会成员的身份发挥作用。公民大会由 30 岁以上男性公民组成，负责以欢呼的形式通过或否决议案。由于所有议

[①] Tilde de Caro, "The ancient metallurgy in Sardinia (Italy) through a study of pyrometallurgical materials found in the archaeological sites of Tharros and Montevecchio (West Coast of Sardinia)", *Journal of Cultural Heritage*, Vol. 28, 2017. pp. 65–74.

[②] 周启迪：《世界上古史》，北京师范大学出版社 2016 年版，第 190—192 页。

[③] 刘家和、王敦书：《世界史古代史篇》上卷，高等教育出版社 2011 年版，第 175 页。

案只能由元老会提出，因此实权掌握在贵族手中。

图 3.19　古希腊雅典卫城

雅典城邦最初规定只有贵族才能担任国王或执政官，并设有贵族议事会，其他公民只参加公民大会。经公元前 594 年的梭伦改革，由城邦的 4 个部落各选 100 人组成 400 人会议，负责提出议案交给公民大会通过或否决，从而大幅度限制了贵族的权力。

希腊所有城邦都有公民大会，尽管公民大会上不发言、不讨论，只是以呼声置可否，但仍一定程度上体现了西方文明初期"人人平等"的民主权利。需要指出的是，这里提到的"人人平等"的"人"并不是今天理解的一般意义的"人"，而是指当时希腊城邦中的成年男性公民，即一部分可掌握一定数量奴隶命运的城邦本地人，或称奴隶主。从城邦的人口结构看，这种排除了超过一大半以上适龄人口的平等和民主是非常有限的，这种有限性所涉及的范围不仅与人的阶级地位和地域来源有关，而且即使在公民内部的平民和贵族之间也存在。

平等和民主是西方文明发展的重要特征，而其有限性同样是西方文明发展的重要特征。这种有限性后来还反映在公民财富积累水平的差异上，乃至涉及与不同种族、国家、文化、宗教人群的交往过程，并影响着后期西方文明发展的方向。它不是一时的不完美，而是历史上西方文明的核心和精髓之一。如果没有这种有限性，西方文明也不会发展到如今的形态和强势地位。

4."军备竞赛"与战争掠夺

公元前 6 世纪中期,西亚地区的波斯帝国逐渐强盛起来,征服了小亚细亚地区的希腊邦国。由于雅典出兵的干涉,触发了希波战争。公元前 492 年,波斯大军开始进攻希腊。希腊各城邦以斯巴达和雅典为主组成了联盟,共同抗击波斯的进攻。战争几经反复,持续 40 多年,其间,波斯军队于公元前 480 年一度攻陷并焚毁雅典卫城。战争期间波斯出现过内乱,希腊联盟也不稳定,致使战争难以继续持续,双方于公元前 449 年签订协议,宣告希波战争结束。以往希腊各城邦之间就常因利益冲突而发生战争,且普遍使用铁兵器(图 3.20)。希波战争之后,各邦国之间的战争继续频发,且常表现为以斯巴达和雅典为中心的两个邦国联盟之间的对峙,各邦国还时常与波斯帝国勾结,战争各有胜负。战败方除了居民被虐杀和奴役外,通常还须以赔款、削减军备、放弃某些权利等方式结束战争。在这些混战中,各邦国互相消耗力量,导致经济衰退,而且始终未能出现一个超强的、能控制所有邦国的力量,直至马其顿王国的兴起。

图 3.20　约公元前 600 年古希腊的铁制兵器 [希]

a. 剑(残段)　b. 标枪头　c. 双刃斧头

马其顿王国位于希腊北部,原来是一个比较落后的部落联盟,虽然国王可世袭,但其权力受各部落制约。公元前 359 年,老国王去世后幼子继位,权力由其叔叔摄政王腓力掌控。腓力随即平定内乱、废黜幼王,并自立为马其顿国王。他采用各种手段加强王权、控制部落、建立常备军、加强武装,尤其关注重装骑兵建设。公元前355年,腓力借口平定混战,派兵控制了希腊中北部地区。雅典随即组成反马其顿联盟。公元前338年,马其顿打败雅典联军,希腊各城邦遂接受了马其顿的领导地位,马其顿军进驻希腊一些战略要地。鉴于波斯帝国以往的入侵,腓力决意要对波斯开战。公元前336年,腓力遇刺身亡,其子亚历山大继位,并迅速平定各地出现的反叛。公元前334年,亚历山大的远征军开始了对波斯的征战。至公元前333年,亚历山大多次打败波斯军队,占领了巴勒斯坦和埃及,于公元前331年,进入两河流域彻底击溃波斯军队。公元前330年,占领波斯都城波斯波利斯,大肆掠夺后将其焚毁,波斯遂灭亡。公元前326年,亚历山大渡过印度河继续向印度进军,但因疲惫不堪的部下反对而停止东征,沿印度河南下后,于公元前325年返回巴比伦。东征期间亚历山大夺得了大量财富和奴隶,自己也曾和上万随征将士一起与波斯女子通婚,并尊重波斯习俗,尝试与各地部族接触融合。公元前323年,亚历山大突然病故,他所领导的庞大帝国很快发生动乱,并迅速解体,分裂成多个独立的国家。至公元前2世纪,马其顿及希腊全境先后陷入罗马人的统治。

二 罗马王政与共和国时期的奴隶制社会

1. 先进的金属加工技术与罗马城的建立

虽然地中海把西亚、北非、南欧三个大陆从地理上分隔开,但又同时把北非的埃及文明、西亚地区的多个民族及其文明,以及南欧的希腊人和意大利人联系在一起。在文明初期的历史进程中,这些民族互相联系、互相影响,同时在文明逐渐成熟的过程中又各自走向了不同的发展道路。约公元前2000年,印欧语部落人群越过阿尔卑斯山进入意大利,随后也有其他地区的移民迁入意大利各地[1]。公元前1000年以后,冶铁技术较早地从西亚传入意大利[2]。公元前8世纪,意大利社会出现了阶级

---

[1] 刘家和、王敦书:《世界史古代史篇》上卷,高等教育出版社2011年版,第202页。
[2] Tilde de Caro, "The ancient metallurgy in Sardinia (Italy) through a study of pyrometallurgical materials found in the archaeological sites of Tharros and Montevecchio (West Coast of Sardinia)", *Journal of Cultural Heritage*, Vol.28, 2017. pp.65-74.

差异。公元前7世纪，罗马地区的金属加工技术水平先进，产业快速发展。罗马地区早期曾出现过若干以血缘和亲戚关系为基础的氏族村落，随着经济发展，该地区的人口日渐稠密，并通过与近邻村落的联合和归并，出现了早期的城市国家形态。公元前754—前753年，罗马人开始建造罗马城。

2. 贫富分化对罗马政体的影响

国家形态出现后，早期的罗马政体称为"王政时代"，这是罗马从氏族社会到阶级社会的转变时期[1]。从公元前753—前510年罗马先后出现了7位国王。到王政后期，罗马的奴隶制得到发展，阶层划分和阶级社会的特征越来越明显，政治体制逐渐完善，氏族血缘影响随之消失。罗马社会管理结构主要包括国王、元老院和公民大会三部分。国王终身任职，但不世袭，新国王由元老院推选产生；传统上元老院由氏族领袖或长老组成，新成员由氏族或前任推荐，也可世袭或国王委任；公民大会是全体成年男性公民平等组成的有限民主机构，只是以是或否的态度对国王的决策或意见给予通过或否决，不能设立议题[2]。可以看出，由这三个部分组成的国家很类似于希腊城邦的相应结构，且元老院在权力结构中会发挥关键作用。虽然当时还有人数众多的外来平民，但罗马制度对他们很排斥，不给予其任何公民权利。到王政后期，平民数量增加，征战获得或购入的奴隶人数增多，且公民结构贫富出现明显分化。在新形势下，罗马基于对外扩张过程中对人力的大量需求，改革了有限平等的公民大会制度。打乱原氏族部落的划分，把罗马划分成若干行政区域，以行政区登记公民，原来的公民和所有平民都可以登记为公民；根据公民的财产数量把公民划分成五级，一级财产最多，以此类推。虽然所有公民在新组建的公民森都利亚大会上均有表决权，但其表决权重与其财产级别对应，表决权重共计为193，一级公民的表决权重为98。因此只要一级公民意见一致，其他级别公民的意见就不起作用了，由此弱化了原来的公民大会，使有限的平等民主制进一步受到公民财产的限制。另外，原有的元老院组成机制导致贵族阶层逐渐垄断元老院，因而国家权力更倾向于服务贵族和富裕阶级[3]。

---

[1] 刘家和、王敦书：《世界史古代史篇》上卷，高等教育出版社2011年版，第206页。
[2] [德]特奥多尔·蒙森：《探索：罗马史》，李稼年译，商务印书馆2017年版，第80—82页。
[3] 刘家和、王敦书：《世界史古代史篇》上卷，高等教育出版社2011年版，第208—209页。

罗马"王政时代"最后一个国王独断专行，他打击贵族势力并加重平民负担，从而激化了社会矛盾。公元前510年，贵族和平民联合推翻了王政，继而建立了所谓的共和国制度。其中国家大权由两名任期一年、互相制约的执政官掌管。执政官由前任提名、森都利亚大会通过、元老会批准、公民大会在形式上授权。军事紧急情况下，元老院可任命一名任期半年、掌握全权的独裁官。由于这种短期执政的权力结构导致实际权力掌握在元老院和贵族手中，平民的实际利益受损，最终引发了反对和抗争。后经妥协，罗马设置了由平民选出保民官的制度，并适当提高了能更多代表平民利益的公民大会的作用，由此一定程度协调了贵族与平民的关系[1][2]。王政结束后，罗马的公民人数约为12万人。虽然设法满足平民的诉求有利于罗马团结一致地对外扩张，但元老院始终处于权力的中心，致使罗马基本为贵族共和国[3]。

3. 战争掠夺与罗马帝制时代的形成

公元前477—前396年，罗马经历三次征战，攻陷其北面的维爱城，确立了在周边拉丁地区的霸主地位，并屠杀维爱居民。公元前343—前296年，罗马再通过多次战役征服了意大利中部广大地区，由此走上军事强国的道路。至公元前272年，罗马征服了意大利南部地区，掌控了除意大利北部少数地区外的意大利全境。公元前264—前146年，罗马通过三次布匿战争战胜了在北非建立了迦太基殖民地的腓尼基人，迦太基城被夷平。公元前215—前168年，借助三次马其顿战争，罗马征服了马其顿及其附属城邦，洗劫了希腊北部伊庇鲁斯70个城市。公元前146年，罗马镇压了希腊南部的反抗，摧毁科林斯城。公元前2世纪初—前133年，罗马先后征服了意大利北部，西班牙的东部、南部和西部，最后攻陷努曼提亚城，将其焚毁。公元前132年，罗马吞并了小亚细亚西北部的帕加马王国[4][5]。至此，罗马基本征服了环地中海所有地区，成为跨越南欧、北非、西亚的霸权国家[6]。可以看出，罗马那些

---

[1] 刘家和、王敦书：《世界史古代史篇》上卷，高等教育出版社2011年版，第210页。
[2] 周启迪：《世界上古史》，北京师范大学出版社2016年版，第257—259页。
[3] 周启迪：《世界上古史》，北京师范大学出版社2016年版，第261页。
[4] 刘家和、王敦书：《世界史古代史篇》上卷，高等教育出版社2011年版，第232页。
[5] [英]彼得·克里斯普：《探索：古罗马史》，苏扬等译，科学普及出版社2013年版，第14—19页。
[6] 周启迪：《世界上古史》，北京师范大学出版社2016年版，第262—263页。

有限的平等和民主一旦超越罗马的边界就消失了,有的只是征服和利益攫取。有限的平等和民主则非常有利于罗马获取对其他地区更加不平等的优越地位。

持续的扩张不仅使罗马获得巨大的即时经济收益,而且还借助捕获并贩卖奴隶进一步确保军队的利益。例如,公元前256年,罗马在北非虏获2万余名战俘;公元前241年第一次布匿战争中,罗马先后捕获7.5万俘虏;公元前209年攻占意大利南部他林顿俘获3万居民;公元前177年占领地中海撒丁尼亚俘获8万多人;至公元前167年在希腊北部伊庇鲁斯掳掠15万人;公元前146年在北非俘获5万迦太基居民等,其中绝大多数都被贩卖为奴隶。另外,公元前212年,罗马迫使位于其东南的卡普亚市投降,公元前146年攻占科林斯城,公元前133年攻陷努曼提亚城等,这些城市的居民都沦为被贩卖的奴隶。据统计,公元前225年意大利地区的自由民与奴隶的比例约为440万比60万,而到公元前43年,该比例变为约450万比300万,可见,罗马的人口结构发生了巨大变化,奴隶社会特征愈加鲜明[1][2]。大量的奴隶甚至被驱赶去相互拼杀,以供罗马人娱乐、消遣(图3.21)。中国历史上的人口结构中绝无像古希腊和古罗马这样高的奴隶占比率。

图 3.21 意大利古罗马斗兽场

---

[1] 刘家和、王敦书:《世界史古代史篇》上卷,高等教育出版社2011年版,第234—235页。
[2] 周启迪:《世界上古史》,北京师范大学出版社2016年版,第264页。

不断的扩张和频繁的战争不仅加重了意大利各地的财税负担，而且还需要调动各地兵源协助罗马军队作战，因此，排斥非罗马人的政策遭到越来越大的反抗。意大利各地出现要求获得罗马公民权的呼声和抗争，甚至发动了起义。基于稳定局面和保障扩张政策的需要，公元前1世纪前后，罗马执政当局逐渐放宽了授予罗马公民权的限制，先授予与罗马关系密切地区的平民以公民权，随后扩展至意大利全境，推进了意大利各地与罗马的融合和罗马化[①②]。在掠夺财富以及捕获和贩卖奴隶获利之外，随着统治领域的扩大，罗马还广泛地以行省制度治理被征服地区。公元前241年，第一次布匿战争获胜后，罗马在西西里建立了第一个行省[③]，此后行省数目不断增加，至征服版图鼎盛时期达到五十几个行省，后期甚至划分成上百个行省[④⑤]。罗马在各行省驻扎军队，并委派总督统治以每年收取大量的赋税，且各行省还要提供大量徭役以支撑罗马统治和对外扩张[⑥]。公元前83年，罗马政局出现动荡，掌权的苏拉自任无限期独裁官，独揽大权，直接冲击了罗马的共和体制。公元前45年，恺撒在持续的内部纷争中获胜，次年被任命为终身独裁官，掌握一切权力，但随即遇刺身亡。罗马的内部纷争再起，直至公元前31年屋大维掌握罗马权力，创建了集权的"元首制"。公元前23年，屋大维被元老院授予"奥古斯都"尊号，并确保了其终身的执政权。公元前14年"奥古斯都"病殁，其继子继位，至此共和体制消亡，罗马进入帝制时代。此后，罗马元首大多为前任指定或世袭，少部分在内乱中被杀害[⑦]。

三　西方文明的崛起

1. 冶铁技术对西方文明的影响

地中海以东的西亚地区是世界上使用铁器最早的地区，世界各地的铁矿资源分

---

① 刘家和、王敦书：《世界史古代史篇》上卷，高等教育出版社2011年版，第211—213页。
② 周启迪：《世界上古史》，北京师范大学出版社2016年，第273页。
③ 宫秀华：《罗马行省建立的历史动因》，《东北师大学报》（哲学社会科学版）2001年第4期。
④ 朱景文：《古代中国的朝贡制度和古罗马的海外行省制度——中华法系和罗马法系形成的制度基础》，《法学杂志》2007年第3期。
⑤ 徐国：《行省→省（郡）→总督区→军区——罗马帝国行政区划的变迁及其意义》，《苏州大学学报》（法学版）2014年第1期。
⑥ 宫秀华、孙敏：《略论罗马国家对行省的盘剥》，《东北师大学报》（哲学社会科学版）2004年第2期。
⑦ 上海文博论丛编辑部：《罗马帝国的皇帝们》，《上海文博论丛》2004年第2期。

布广泛,并不稀缺,因此在掌握了足够高的高温技术的条件下发展冶铁业并非难事。公元前 12 世纪,西亚开始较大范围使用铁器,冶铁技术也开始向周边扩散。约公元前 10 世纪,冶铁技术开始传播到希腊和罗马地区,公元前 8 世纪左右,铁器在该地区逐渐得到广泛使用。北非的埃及到公元前 6 世纪左右才开始使用铁器,中欧和北欧地区开始使用铁器的时间更晚。铁器不仅可以用于农业生产,而且在军事上也具有极为重要的价值。一些出现古老文明的地区虽然在经济和文化上具有某些先发优势,可一旦后发民族率先把冶铁、制铁技术推广应用到农业生产和军事装备,就会对古老文明造成重大威胁[1]。约公元前 17—前 15 世纪,两河流域的赫梯人最早发明了人工冶铁技术并用于兵器制造[2][3]。约公元前 1285 年,埃及与赫梯因争霸而爆发卡迭石战役[4],具有古老文明的埃及战败,并震惊于赫梯人大量使用的铁兵器[5]。公元前 10 世纪以后,西亚两河流域的亚述帝国强盛起来[6],这个以对外战争和暴力为核心竞争力的奴隶制国家具有先进而发达的冶铁业和铁兵器制造技术[7],并于公元前 8 世纪末期在对埃及的战争中轻而易举地征服了手持青铜战斧的埃及法老军队[8]。当时罗马具备了欧洲最先进的冶铁及铁兵器制造技术,在战争中普遍使用铁质兵器[9],包括铁剑、铁标枪、铁盾、铁弩箭发射装置、铁链、扒城钩,铁镞头等[10]。军队中还配备铁匠[11],可随时维修和制作铁质兵器。面对冶铜制铜业从未兴旺,且冶铁制铁技术尚处于初期阶段的中、北欧广大地区,罗马军队完备的铁质兵器系统使其展现了更为显著的军事优势,促进其扩张战争的顺利推进。

---

[1] 刘家和、王敦书:《世界史古代史篇》上卷,高等教育出版社 2011 年版,第 225 页。
[2] 田长生:《科学技术发展史》,科学出版社 2012 年版,第 16 页。
[3] 陈吉明:《科学技术简史》,科学出版社 2015 年版,第 25—26 页。
[4] 徐焰:《金字塔民族的衰亡》,《军事文摘》2017 年第 17 期。
[5] 亓佩成:《古代西亚文明》,山东大学出版社 2016 年版,第 294—299 页。
[6] 徐焰:《暴力的艺术——亚述帝国的兴亡》,《军事文摘》2017 年第 19 期。
[7] 徐榕:《亚述帝国的军事扩张》,《阿拉伯世界》1999 年第 2 期。
[8] 王鸿生:《科学技术史》,中国人民大学出版社 2011 年版,第 35—36 页。
[9] 孙玲:《论手工时代中西方冷兵器的工艺差异》,《东方技术》2017 年第 S1 期。
[10] 朱文涛:《古罗马与中国汉代武器构造设计的比较分析》,《装饰》2010 年第 5 期。
[11] 何立波:《大国崛起视野下的古罗马兵器文化初探》,《学理论》2014 年第 12 期。

2. 铁器优势与罗马帝国的兴衰

公元前 58—前 48 年，恺撒指挥罗马军队继续向社会经济结构尚比较落后的欧洲腹地，包括法国东北部、比利时、瑞士、德国多瑙河和莱茵河以及不列颠等地扩张。罗马军在作战中还使用了木质结构且可移动的盾车和木塔等进攻器械[1]：盾车为带有轮子、类似坦克的防护车，可在外壳防护下向敌方射箭并进攻；木塔为带有轮子用于直接翻越高墙的高耸攻城战车。这种木质器具原本很容易在对抗中被焚毁，但罗马军队在这些器具外围包上自己独有的铁皮护甲，轻便而耐火焚，攻无不克，甚至在法国北部作战时，敌方看到这些装备立即不战而降。屋大维时期的罗马继续扩张，先控制了西亚的亚美尼亚，于公元前 19 年完全征服西班牙北部山区，并进军多瑙河上中游地区，占领大片领土；公元前 12 年越过莱茵河，向易北河方向拓展[2]。到 41—54 年克劳狄时期，罗马征服了西北非毛里塔尼亚，以及希腊、保加利亚与土耳其交界地区，随后把不列颠东南部地区纳入罗马版图[3]。98—117 年，图拉真时期，罗马于 106 年征服罗马尼亚地区，至 116 年控制了包括叙利亚、伊拉克、伊朗和阿拉伯半岛北部的广大地区，直至波斯湾[4]，至此，罗马帝国的版图基本达到顶峰。虽然低迷的铜器时代并未使欧洲地区出现强大的文明，但西方文明却借助发达的铁器技术强盛起来[5]。

伴随着罗马的不断强大，其非人的奴隶制度和残暴统治遭到奴隶们忍无可忍的反抗，奴隶暴动和起义不断：公元前 198 年，迦太基的奴隶就试图暴动；公元前 196 年，意大利地区奴隶暴动成功；公元前 186 年南意大利奴隶发动起义；公元前 137 年西西里的奴隶发动起义，队伍迅速扩大到 20 万人；公元前 104 年西西里奴隶再次发动起义，并发展到 3 万人；公元前 73 年发生了著名的斯巴达克奴隶起义，最高发展至 12 万人。到了罗马帝国中、后期，奴隶起义仍是接连不断。这些起义都遭到了罗马统治当局的残酷镇压——6000 多名被俘的斯巴达克起义奴隶都被钉死在通往罗

---

[1] 杜平：《古罗马将领恺撒的军事统帅艺术》，《湖南科技学院学报》2006 年第 10 期。
[2] 刘家和、王敦书：《世界史古代史篇》上卷，高等教育出版社 2011 年版，第 258 页。
[3] 陈可风：《罗马对不列颠的征服——从恺撒到克劳狄乌斯》，《世界历史》2004 年第 3 期。
[4] 张晓校：《论图拉真的军事征伐》，《学术交流》2013 年第 1 期。
[5] 毛卫民、王开平：《铜器与中西方文明的萌生》，《金属世界》2020 年第 4 期。

马的大路旁[1][2]。遭受终身压榨而反抗无望的大量奴隶只能寻求精神安慰和寄托，于是为基督教的发展奠定了广泛的基础。基督教产生于 1 世纪，源于受压迫的犹太民众。2 世纪建立耶稣基督救世说而成为基督教。基督教在有限的范围内体现了跨越族群和阶级的平等理念，对信徒没有民族和阶级的限制，在罗马帝国的版图正达到顶峰时期，基督教在统一管理的帝国范围内迅速蔓延和普及。基督教的发展初期目的在于反对罗马当局的残暴统治，希望突破罗马的有限平等制度，以打破公民与奴隶之间的不平等，追求朴素的平等，因此，被罗马当局实施严厉打击。在基督教的广泛传播和影响日益增强的过程中，教徒的成分也变得多元化，各种上层和富裕阶层的人群也开始信教，并向基督教组织捐献财物，这便使教徒聚会和举办活动的形式和组织结构越来越复杂。随之出现了教会、教堂和专门的神职人员负责教会事务和传教。教徒成分的多元化也逐渐影响教义发展方向，教会财产的增多使得财势对教会的影响和控制增强，这些变化使教会对统治者的态度日益温和，在平复教徒思想的同时，叛逆精神逐渐消退，并尽力靠近和迎合执政当局以期获得合法身份。教会的这种转变起到了稳定社会的作用，也促进大量上层人士，甚至君主亲属在政治动荡时期因需安抚各种内心困惑而加入教会。3 世纪，基督教约有 600 万教徒，约 1800 多个教堂分布于罗马各地。313 年，罗马帝国当局宣布基督教获得合法地位。323 年，各地 318 名主教开会统一了教义和教会组织。392 年，基督教被罗马皇帝认定为国教，禁止其他异教活动[3]。此时罗马帝国仍坚持维护奴隶制度，相对于初创期，基督教已发生了质的改变。

罗马帝国时期为维护统治和扩张等耗费需要收取高额的税赋，导致社会底层负担沉重，上层公民生活却日益腐朽，社会贫富分化严重。1 世纪时，罗马的节庆日为每年 66 天，2 世纪增到 123 天，4 世纪则增到 175 天[4]。为缓解矛盾，罗马当局于 212 年宣布所有罗马平民均获得公民权。自 2 世纪末以来，罗马的政局经常处于动荡和

---

[1] 刘家和、王敦书：《世界史古代史篇》上卷，高等教育出版社 2011 年版，第 248 页。
[2] 周启迪：《世界上古史》，北京师范大学出版社 2016 年版，第 275—276 页。
[3] 刘家和、王敦书：《世界史古代史篇》上卷，高等教育出版社 2011 年版，第 294 页。
[4] 刘家和、王敦书：《世界史古代史篇》上卷，高等教育出版社 2011 年版，第 284 页。

混乱状态，国家元首常死于非命①。323年，君士坦丁在混乱中夺取帝国政权，把帝国分成东、西两部分，分别以拉丁文化和希腊文化为特征，由他的两个儿子分别治理。君士坦丁死后，罗马分裂成为东罗马帝国和西罗马帝国。4世纪末，在来自中亚的匈奴人的打击下，逃亡的西哥特人经罗马帝国的允许，渡过多瑙河进入西罗马帝国，后因受到不公正待遇而反叛，410年，在当地奴隶帮助下攻破并洗劫了罗马城，然后进入西班牙②。西班牙的汪达尔人在西哥特人的打击下迁移到北非，占据了罗马帝国的迦太基地区。452年，匈奴大军进攻到罗马城下，随后双方议和；455年，汪达尔国王率军从迦太基渡海而来，攻破并再次洗劫了罗马城③。其间，欧洲北部的不同民族分别占据了西罗马帝国的不列颠、北海沿岸、莱茵河流域，以及法国、德国部分地区。罗马城也被北方日耳曼人控制，西罗马帝国已经四分五裂。476年，西罗马帝国的最后一位君主被日耳曼人领袖奥多亚塞废黜，西罗马帝国灭亡，由此也结束了罗马帝国的辉煌历史。西罗马帝国疆域很快被分裂成多个不同的国家，而统一的基督教却以跨越国家疆界的形式保留了下来，成为西方文明重要的组成部分。

---

① 上海文博论丛编辑部：《罗马帝国的皇帝们》，《上海文博论丛》2004年第2期。
② 杨邦兴：《西哥特人入侵罗马帝国》，《历史教学》1986年第5期。
③ 郑志清：《论匈奴冲击下的中西文明》，《衡水师专学报》2001年第2期。

第四节　西汉帝国与罗马帝国对比

一 "损利比"对初期文明的影响

1. 如何理解"损利比"对初期文明的影响

为了方便思考中西方文明的差异与材料技术的发展是否可能存在联系的问题，可先粗略地引入"损利比"的观念。"利"表示借助努力或争斗所要争取的利益；"损"表示努力或争斗时可能带来的损伤或损失，"损利比"即表示"损"与"利"之比。这只是一个用作比喻的定性表述，以方便问题的探讨。石器时代一个人去捕猎一只野兔可获得肉食，但捕猎时人可能受到的损失几乎为零，因此"损利比"很低；但当他去猎杀一只猛兽时，很可能会受到伤害，甚至丧命，因而"损利比"大幅提高。若集体捕猎猛兽则显著降低受伤的可能，虽需分享收获，但仍会降低"损利比"。两个实力相当的成年人手持石器为争一块领地而对峙时，对双方来说，"损利比"都会很高；如果双方手持的是铜兵器，则"损利比"会进一步大幅提高，因为在收获不变的情况下可能受到的损伤却明显增加，此时双方都会慎重掂量是否真的要去争斗；当一方手持粗笨的石块而另一方持有锋利的铜兵器时，"损利比"的平衡就会被打破，甚至胜负已定，因为持铜兵器一方的"损利比"会明显低于对方。自然界中能力相近的同类相互争斗的"损利比"都会很高，因此较弱势的一方会尽早选择放弃或逃逸。自然界也存在你死我活的非理性争斗，但总体上比较少，因为那样易导致自身的消亡。人类所积累的理性会自然地导向尽可能避免过高的"损利比"。

2. "损利比"与中华民族的温和逐利文明特征

公元前 3000 年，中国各地虽已有越来越多的铜器出现（参见前图 3.13），但整体生产力还未能过多超越维持基本温饱的水平。考证研究显示[①]，分别起源于甘肃省、内蒙古自治区、宁夏回族自治区、吉林省的远古夏族、商族、周族，在漫长的岁月中逐渐向中原地区迁移。当时人口的增长、气候的变化、地质灾害、自然资源枯竭、农耕土地的贫化等诸多原因都会引起早期各部族向周边地区扩散或迁移。这种变故不一定是一次性长途跋涉型的征战，而可能是缓慢的蔓延过程。由于同样的原因，相邻且相熟的部族可能会结伴迁移。在先进铜制工具比较普及而生产力较低的情况下，不同部族因利益冲突而对峙时（图3.22a），就会涉及"损利比"的权衡。就当时情况看，双方借助争斗所能获得的成果并不很丰厚。略强势一方若不顾己方较高的损失而暴力制胜，则杀戮对方的行为于己方并无利处；若俘获对方用于奴役，但因生产力尚低下而无利可图，则二者都会有很高的"损利比"。只有双方协商合作，分享利益或融合在一起共同生存和迁移，才是共同利益所在（图3.22b）[②]。与希腊地区沿海狭小的农耕区不同，中国当时地广人稀，存在足够的共同发展空间。若发生双方强弱分明的对峙，弱势一方或很快屈服，或很快失利而结束争斗，并不会提高"损利比"；强强对峙时，坚持争斗的部落会因很高的"损利比"难以为继，几次争斗后就会被快速削弱，因此协商合作应该是当时处理部落间关系的主流方式，由此也推进了各部落的相互融合，形成越来越强大的部落联盟及最终的部落联盟集团。

历史上能够记录的战争大多发生于部落联盟集团之间，因为此时集团整体的利益过于庞大而难以妥协，这类战争往往旷日持久，如黄帝集团与蚩尤集团持续数年的铜兵器大战[③]。铜兵器大战结束后失利方部分外迁，其余仍惯性地融入战胜方，直至早商时期，被征服的部族仍能以联盟成员的身份加入商王朝[④]。这应该是在中国主体民族的历史上虽有过奴隶，但并未形成大规模的奴隶群体和奴隶社会的主要原因，也是中华民族早期温和逐利且更倾向于融合的主要原因。

---

① 张肇麟：《夏商周起源考证》，科学出版社2018年版，内容简介。
② 毛卫民、王开平：《铜器与中西方文明的萌生》，《金属世界》2020年第4期。
③ 郭泳：《夏史》，上海人民出版社2015年版，第9页。
④ 晁福林：《夏商西周的社会变迁》，中国人民大学出版社2010年版，第70—71页。

第三章 从铜器时代到铁器时代初期——中西方文明的萌生与崛起　105

图 3.22 "损利比"对初期文明的影响[1]

a. 公元前 3000 年，生产力低、铜器多、"损利比"高　b. 融合、共赢、温和逐利特性
c. 公元前 2000 年，生产力高、铜器少、"损利比"低　d. 征服、盘剥、积极逐利特性

---

[1] 毛卫民、王开平：《铜器与中西方文明的萌生》，《金属世界》2020 年第 4 期。

3. "损利比"与西方的积极逐利的文明特征

人类社会生产力发展上千年后,即约公元前 2000 年,在西方出现了早期的克里特文明。该地区当时的生产力已经发达到不仅本地物产丰富,而且可进行频繁的地区间商品贸易[1]。但因客观资源的局限,导致该地区铜器的应用显著滞后于中国(前图 2.20)。克里特地区整体生产力明显超越维持基本温饱且达到富富有余并有所积累的水平,这为掠夺敌方已积累的财富并俘获敌方人员用作奴隶提供了驱动力;而铜石并用时代只有较落后的兵器(前图 3.22c),则会降低掠夺战争所造成的损伤和阻力。这两点会明显降低战争的"损利比",并导致族群间的奴役(前图3.22d)[2]。当公元前 12 世纪因大量多利亚人入侵迈锡尼地区导致迈锡尼文明毁灭时,欧洲的奴隶社会得到迅速发展[3]。欧洲少数铜矿区之一的拉夫里翁(Lavrion)铜矿区位于希腊的阿提卡地区[4],在其西南方通过狭小通道与之相连的就是迈锡尼文明中心地带的希腊半岛区。当多利亚人自铜矿区方向通过相连通道涌入迈锡尼地区时,很可能装备了更多且更精良的铜兵器,这会进一步助推其实现奴役迈锡尼地区、建立奴隶秩序的目的。当罗马军队向处在铜石并用时期且铁兵器尚不发达的欧洲腹地推进时,其先进而强大的铁兵器系统也帮助罗马帝国顺利实现了其扩张的野心,并表现出积极逐利的文明特征。由此可以看出,材料技术的不平衡发展对文明演变和历史进程的重要影响。

二 平等与民主的有限性

1. 中西方不同发展方式对民主构建的影响

在以往人类历史演变的漫长社会实践中从未出现过人人平等的阶段,这里的人指的是人类学、生物学所定义的所有人。在古猿阶段,一个族群内的所有成员不会存在人人平等的现象,首领会有更大的决策权并分享更多的利益,同时也承担更大的责任。在旧石器时代和新石器时代,人类的族群中仍会存在普通成员和族群领导

---

[1] 刘家和、王敦书:《世界史古代史篇》上卷,高等教育出版社 2011 年版,第 60—62 页。
[2] 毛卫民、王开平:《铜器与中西方文明的萌生》,《金属世界》2020 年第 4 期。
[3] [英]尼古拉斯·G. L.哈蒙德:《希腊史:迄至公元前 322 年》,朱龙华译,商务印书馆 2018 年版,第 148 页。
[4] Johan Ling, Zofia Stos—Gale, Lena Grandin, et al, "Moving metals II: provenancing Scandinavian Bronze Age artefacts by lead isotope and elemental analyses", *Journal of Archaeological Science*, Vol.41, 2014. pp.106-132.

层之间的差异。观察中西方历史进程和文明发展可见,在不同族群或氏族共处,乃至形成部落联盟、部落联盟集团、邦国、城邦等社会结构时,都存在过上层社会的协商民主制度,如中国五帝时代的协商决策、禅让制度,西方的元老院、公民大会制度等。观察斯巴达城邦的"双王"、雅典城邦的国王或执政官、罗马"王政时期"的国王或共和国时期的执政官等可发现,其职能与千年之前五帝时代的黄帝、尧、舜、禹有相似之处;黄帝、尧、舜、禹时期部落联盟集团的首领会议与斯巴达的元老会、雅典的贵族议事会、罗马的元老院也有类似之处。希腊、罗马时期的公民大会是基于奴隶制的产物,当时中国不存在类似的奴隶社会,自然没有这种机制。何况这种公民大会在多数情况下只具有象征意义,很难展示出更大作用。中国部落联盟集团内的各部落联盟采用的管理制度很可能也与集团管理制度类似,即联盟的首领类似于欧洲的国王,各部落首领会议相当于欧洲的元老会。欧洲的城邦规模与中国部落联盟集团内的一个部落联盟相当:斯巴达、雅典等城邦只有几千平方千米的面积和几十万人口,罗马城则更小[1];而五帝时代末期所管辖的人口约1000万人[2],面积超过百万平方千米。通过对比可见,扩张后的罗马对其他地区表现为征服者,这在本质上与中国部落联盟集团内相对平等的关系有所不同。

2. 中西方铜器技术的发展对民主构建的影响

早期发达的铜器技术推进了中华民族自五帝时期至夏商周时期完成的第一次民族融合。之后,西周建立了宗法制社会结构,西周中央政府掌握最高权力,而各诸侯国可在规定的框架内自由行事,这种结构原则上排除了任何平等的协商机制,自此,中国的上层民主制度基本上消失了。而在欧洲,铜器技术明显滞后于经济发展速度的客观现实,导致形成了欧洲的奴隶制和奴隶社会。由此,欧洲原始的上层民主制度逐渐演化成排除奴隶和外区域人群的有限民主制,其要点在于控制和管理大规模的、被排斥在民主之外的奴隶,以便更好地维护并拓展公民,即奴隶持有者的利益。在公民中的平民和贵族之间,这种有限民主制往往更多倾向于贵族的利益诉

---

[1] 周启迪:《世界上古史》,北京师范大学出版社2016年版,第187页。
[2] 张肇麟:《夏商周起源考证》,科学出版社2018年版,第129页。

求。由此可见，在人与人的关系上，中西方都展示出相对平等的特征：中国绝大多数普通民众与少数上层首领或决策层是不平等的，即绝大多数与少数人的不平等，但绝大多数普通民众之间却基本是平等的；欧洲国家人与人的不平等主要表现在不同地域的人之间，尤其是不同阶级的人之间，即一大部分人与另一大部分人是不平等的。

大规模奴隶和强大奴隶社会的另一个产物就是形成了作为欧洲地区统一宗教的基督教，从而表现出奴隶阶层对平等的追求。中国五帝至夏商周时期曾存在过各种少量的鬼神信仰，但这往往表现为一些族群的习俗，如商王朝就比较热衷占卜，周王朝时期占卜就不那么流行了。中国春秋时期出现了被西方称为儒教、道教的儒学、道学等，其思想体系中没有超自然的神，不具备明显的宗教性质，大多涉及人生哲理、世界观或行为规范，类似于古希腊时期苏格拉底、柏拉图、亚里士多德等哲学家、思想家所创立的思想体系或学派。在中国历史上曾出现过多种创世的神话，包括西汉之后、三国时期《三五历记》中才开始描述的"盘古开天辟地"。但战国时期的诗人屈原在他的《天问》中曾写道："圜则九重，熟营度之？惟兹何功，熟初作之？"还说："遂古之初，谁传道之？上下未形，何由考之？"屈原实际表现出并不知道世界是如何创造、如何传续的[①]。由此可见，当时的中国对于整个世界的形成与发展并没有成熟而统一的认识，也不存在成熟的宗教。当时中国的阶级矛盾没有欧洲那么突出，没有强烈追求平等和产生统一宗教的基础，因此也无法形成遍布全国的统一宗教。

三　中西方两大帝国的比较

在中西方文明发展的进程中都形成了强大的专制帝国，即西汉帝国和罗马帝国。但这两个帝国除了存在一些相似处之外，还存在多种本质的差异。

西汉帝国实行统一行政、皇权至上、中央集权的郡县制管理，全国以长期融合而成的汉族为主体，并与边陲地区的少数民族和平相处，尊重习俗，不断融合。各郡县按照中央的统一政令管理地方，向中央支付赋税和徭役，官员从中央领取俸禄。

罗马帝国实行元首专制制度，地方管理以各种类型的行省制为主，各行省须支付赋税和徭役，帝国中心不做任何支付，其余事宜自行管理。帝国范围内各种民族

---

① 龚书铎、刘德麟：《图说中国史：传说时代夏商西周》，四川人民出版社2019年版，第8页。

众多，相对独立，没有大幅度的相互融合。多数情况下，罗马帝国不仅盘剥大量奴隶，而且对各行省表现为征服者的姿态；对各行省严格统治、不断攫取利益，且不承担太多责任，仅在矛盾激化时进行协调妥协。同时，罗马帝国还利用其平等民主制度的有限性获益，特别注意发挥和确保自身铁器装备技术的先进性和军事优势，以便能以较低"损利比"推行征服战略，从而确保利益来源的持续性。

表3.1对罗马帝国与西汉帝国的情况进行了一系列对比。通过对比可以看出，在文明初步成型的历史时期，欧洲和中国形成了罗马和西汉两个大帝国，虽然时间相差不到200年，且人口和面积相差不大，但在行政管理模式、阶级结构、民族状态和宗教信仰方面已存在很大差异。罗马帝国以奴隶制经济为主要支撑，以扩张掠夺过程为帝国发展的主要形态，并以此建立行省制管理，同时出现了全帝国蔓延的基督教，帝国区域内各民族在地方经营上相对独立，导致各民族语言文字相对独立发展，民族间未出现广泛融合，且各个行省对罗马帝国没有强烈的同质感和归属感。

表3.1　　　　　　　　　　罗马帝国与西汉帝国的情况对比

	罗马帝国	西汉帝国
年代	约117年	约公元前60年
北部边缘	不列颠、荷兰[1][2]	吉林省、巴尔喀什湖[3]
南部边缘	毛里塔尼亚、埃及[1]	南海、越南[2]
西部边缘	大西洋[1]	新疆维吾尔族自治区以西[2]
东部边缘	美索不达米亚、亚美尼亚[1]	东海、朝鲜[2]
面积（平方千米）	约600万[4]	约600万[5]
人口（人）	约6000多万[6][7]	约6000多万[4][8]

---

[1] ［英］彼得·克里斯普：《探索：古罗马史》，苏扬等译，科学普及出版社2013年版，第8—9页。

[2] Xaviec Rubio-Campillo, Jean-Marc Montanier, Guillem Rull, et al, "The ecology of Roman trade. Reconstructing provincial connectivity with similarity measures", *Journal of Archaeological Science*, Vol.29, 2018. pp.37-47.

[3] 侯仁之等：《中国综合地图集》，中国地图出版社1990年版，第177页。

[4] 韩强：《丝绸之路与历史上的十个超级大国》，《河北地质大学学报》2019年第3期。

[5] 宋学文：《中国地方行政层级体制的历史嬗变规律辨析》，《理论与改革》2015年第3期。

[6] Willem M. Jongman, Jan P.A.M. Jacobs, Geertje M. Klein Goldewijk, "Health and wealth in the Roman Empire", *Economics and Human Biology*, Vol.34, 2019. pp.138-150.

[7] Taco Terpstra, "Roman technological progress in comparative context: The Roman Empire, Medieval Europe and Imperial China", *Explorations in Economic History*, Vol.75, No.101300. Sept. 2020.

[8] 张肇麟：《夏商周起源考证》，科学出版社2018年版，第129页。

续表

	罗马帝国	西汉帝国
支撑经济的主要劳力	奴隶①②	自耕农③④
行政划分	行省制，55个行省⑤	郡县制，103个郡⑥
财役管理特征	征税赋徭役	征税赋徭役，边疆纳贡，支付地方财政
行政管理方式	中央专制	皇权至上，中央集权，边疆区自治
主要宗教	基督教	尚无统一宗教
主要语言文字	拼音文字，同源不同形	象形文字，同源同形
民族	多种民族相对独立发展	融合成的主体汉族及少数民族

资料来源：作者根据相关资料整理而得。

西汉帝国以自耕农的农耕经济为主要支撑②③，各族群相互融合，以武力安定边防，以与边疆民族互相交流沟通的方式来稳固帝国。主体汉族内原各族群已在语言、文字、姓氏制度、生活习俗、经济模式、价值观诸方面深度融合。大部分领域的汉族地区实行中央集权的郡县制治理，在边疆少数民族地区也适当采用有利于融合的交流、纳贡与地区自治的管理模式。奴隶不是西汉帝国及以往社会的主流组成，因此阶级矛盾不是很突出，也未形成大规模的宗教。各郡县由中央财政维持，基层民众大体相互平等，因此各地民众对中央有一定的归属感，边疆少数民族也逐渐对帝国中央形成了一定的向心力。

初步强盛期的中西方文明中所存在的差异对各自文明的后续演变会产生至关重要的影响。自从西汉帝国和罗马帝国强盛之后，中国和欧洲的各族人们已经不再有其他完全自由的选择，只能在已有的基础上，继续推进各自文明的发展，也就是说，未来文明发展的道路已经蕴藏着某些必然性。

第四章 传统铁器时代后期中西方文明的拓展

在中华文明初期融合特征和西方文明初期征服特征的基础上，中西方文明不可避免地走上了差异化发展道路。本章以中西方铁器制作的发展和差异为背景，简述了中华文明在融合的基础上追求统一特征的形成，以及对外的交流与融合；介绍了西方文明在积极逐利的基础上对内追求平等、对外积极扩张的特征。随后，对比探讨了中西方社会在治理理念和治理方式上的异同，以及对爆发工业革命的影响。中华文明持续深入的融合形成了大一统中央集权政体的强烈倾向，这种倾向呈现出对内追求统一和相应的意识形态；对外则呈现平等交往、合作共赢的意愿。在西方文明圈内，形成了统一基督教覆盖下，多个政体共存的局面，对内追求有限平等和相应的意识形态；对外则继续呈现扩张、征服和追求利益最大化的意愿。在这一时期，西方文明特有的有限平等也成为其日后对待西方文明圈内外事务采用双重标准的根源。

第一节 中西方冶铁能力的发展与差异

自公元前 1000 多年前，世界各地发明人工冶铁技术并逐渐推广使用铁器，至 20 世纪，人类一直处于广义的铁器时代，包括工业革命前炼铁、制钢的传统铁器时代，乃至其后以现代技术生产优质钢材的后铁器时代，或称钢铁时代。如第三章第一节所述，由于人类还不能实现足够高的加热温度，所以人类最早的冶铁技术为块炼铁技术。当人类掌握的冶铁温度达到 1300℃以上，并冶炼出液体金属铁时，就可以生产出铸造铁，也由此突破了块炼铁技术对铁器尺寸的限制。

早期的人工冶铁技术主要包括冶铁和制钢两个重要环节，前者主要涉及块炼铁和高温冶铁；后者主要涉及锻打加工。我们可以简单地把冶铁过程理解为把天然铁矿石转变成含有很多杂质的生铁；制钢过程大致为通过锻打加工去除部分杂质，改善铁器性能，获得最终铁器形状的加工过程。

《左传·昭公二十九年》记录有"遂赋晋国一鼓铁，以铸刑鼎"，即中国在公元前 513 年已经出现高温冶铁及铸铁[1][2]。在中国出现高温冶铁技术后的很长时间内，欧洲仍以块炼铁技术为主。因此国内外学者普遍认为中国广泛使用的高温冶铁技术比欧洲早了一千多年，这一认知也不断被冶金考古所证实[3]。高炉是高温冶铁的关键设备，高炉的冶铁体积越大，生产量和生产效率就越高，因此高炉技术是冶铁水平和能力的标志。考古发掘显示，公元前 5 世纪，中国湖南省、湖北省、江苏省、山西省、河南省、甘肃省等地均出现了以竖炉或高炉为基本设备的高温冶铁技术，由此

---

[1] 刘云彩：《中国古代高炉的起源和演变》，《文物》1978 年第 2 期。
[2] 北京科技大学冶金与材料史研究所：《铸铁中国——古代钢铁技术发明创造巡礼》，冶金工业出版社 2011 年版，第 98 页。
[3] 刘培峰、李延祥：《"铸铁中国"溯源——以"最早炼出生铁"为中心》，《自然辩证法研究》2017 年第 1 期。

可以把铁水直接浇铸成型，制成生铁铸件。欧洲到公元 14 世纪才出现类似的技术[1]。高炉技术的出现使得一次冶铁量得以明显提高，为制造大型铸件提供了便利。在中国传统铁器时代中期，最大的铸造铁器为 953 年后周时期重约 40 吨的沧州铁狮"镇海吼"[2]，这样的尺寸和重量对于块炼铁技术来说是难以想象的（图 4.1）。到西汉时期，中国的高炉技术已经相当成熟，出现了体积约为 50 立方米的较大高炉[3]，比欧洲提前出现一千多年，而且所铸造的铁器体积也更大[4][5][6]。

在高炉冶铁发展的过程中，为了节省冶铁时间和提高生产效率，需要加快高炉内空气的流动速度，因此，中国在公元前 4—前 5 世纪发明了用皮橐人工鼓风的设备，并在高炉中设置专门的送风通道以提高炭火的温度和加热效率[7][8]。1 世纪，中国出现了水力驱动鼓风技术，17 世纪出现了活塞式风箱鼓风技术；而欧洲则分别在公元 4 世纪和 18 世纪出现相关技术[1]。10 世纪，中国开始把煤用于冶铁，16 世纪，把热能更高的焦炭用于冶铁；而欧洲到 17 世纪才在冶铁中使用这些更高热

图 4.1 沧州铁狮（沧州市复制）

---

[1] 北京科技大学冶金与材料史研究所：《铸铁中国——古代钢铁技术发明创造巡礼》，冶金工业出版社 2011 年版，第 28 页。
[2] 李秀辉：《沧州铁狮》，《金属世界》1996 年第 4 期。
[3] 朱寿康：《略论我国有色金属生产的起源和发展》，《有色金属工程》1980 年第 1 期。
[4] 北京科技大学冶金与材料史研究所：《铸铁中国——古代钢铁技术发明创造巡礼》，冶金工业出版社 2011 年版，第 99 页。
[5] Nerantzis Nerantzis, Nikolaos A. Kazakis, Ioanna K. Sfampac, et al, "An integrated approach to the characterization and smelting sites in Macedonia, Greece", *Journal of Archaeological Science: Reports*, Vol.16, Oct. 2017. pp.65-72.
[6] 李建军：《中国古代先进的钢铁冶炼术促成近代钢铁工业的辉煌——访文化人类学家民俗学家林河》，《中国民族》2004 年第 2 期。
[7] 刘云彩：《中国古代高炉的起源和演变》，《文物》1978 年第 2 期。
[8] 朱寿康：《略论我国有色金属生产的起源和发展》，《有色金属》1980 年第 1 期。

量的燃料[1][2]。

中国在制钢方面的许多关键环节曾出现过一些领先于世界的重要技术，如在春秋战国时已经出现将铸铁件进行再次加热以明显降低所制铁器的脆性；而欧洲到17、18世纪才出现类似的技术[2]。东汉时以较硬的冶炼铁条为原料，经过反复加热、锻打，可加工制成钢条。其反复加工的次数可为30次、50次，甚至百次，称为"三十炼钢""五十炼钢""百炼钢"，统称为"百炼钢"技术（图4.2）。据宋《太平御览》记载，东汉时曹操命负责制造兵器的官员制作"百辟"宝刀。其子曹植的《宝刀赋》述称："乃炽火炎炉，融铁挺英，乌获奋椎，欧冶是营。"大意为：在炽火旺盛的炉中加热铁以制钢，强壮的工匠奋力捶打以制成宝刀，由此衍生出"千锤百炼""百炼成钢"等成语。百炼钢刀坚韧、锋利、经久耐用。欧洲于6世纪才出现类似技术。约公元前2世纪，中国还出现了一种炒钢技术。1世纪，东汉的《太平经》中就曾经记载过炒钢技术，即采取对生铁水鼓风搅拌，促使铁水中的碳烧损氧化，以使生铁变成钢。

图4.2　112年东汉利用炒钢技术和"百炼钢"技术制作的钢刀　[国]

现代炼钢可看作液态制钢过程。在现代钢铁生产流程中通常会把冶铁与炼钢连接在一起，从而实行连续作业。中国是世界上最早实现冶铁与炼钢连续作业的国家，比欧洲国家早了几百年[1]。明朝宋应星于1637年出版的《天工开物》一书中《生熟炼铁炉》图就描述了冶铁与炼钢连续作业的过程（图4.3）[3]：用风箱鼓风冶炼出生铁水后，可以直接浇铸成铸件，也可以将高碳铁水继续导入一个方池，用长杆搅拌，

---

[1] 李建辉：《中国古代先进的钢铁冶炼术促成近代工钢铁工业的辉煌——访人类学家民俗学家林河》，《中国民族》2004年第2期。
[2] 北京科技大学冶金与材料研究所：《铸铁中国——古代钢铁技术发明巡礼》，冶金工业出版社2011年版，第28页。
[3] （明）宋应星：《天工开物》，上海古籍出版社2016年版，第161页。

即"炒"铁水，使其与空气混合，铁水中的杂质被氧化并最终被去除。中国在西汉时就知道在冶铁过程中加入石灰石，以清除铁矿石中夹带的许多杂质[①]；炼钢时投入石灰石之类的清除剂可以与杂质结合并浮，以提高钢液质量。图 4.3 中左侧炼钢阶段有向方池中"洒潮泥灰"的环节，这种泥灰很可能就是类似的清除剂，经清除剂作用后杂质会上浮到钢水表面便于最后清除。图 4.3 所示的炼铁、炼钢连续流程已经包含了现代钢铁生产原理中最主要的技术环节，而欧洲到 18 世纪才形成类似的流程[②]。

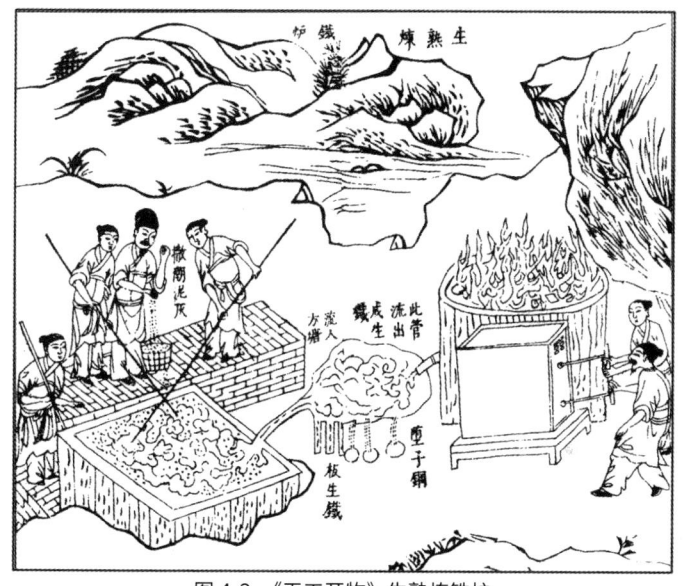

图 4.3 《天工开物》生熟炼铁炉

11 世纪初的北宋时期，中国冶铁制钢技术达到了顶峰。据估算，当时铁的年产量已达到约 15 万吨的水平[②]；而直到 18 世纪初，工业革命发源地英国也仅生产了不到 2 万吨铁[③]，表 4.1 归纳了中国与欧洲冶铁制钢技术发展对比的一些实例。总之，自进入铁器时代至欧洲工业革命之前，中国在冶铁制钢方面不仅技术全面领先于欧洲，而且产能也远高于欧洲。

---

① 刘云彩：《中国古代高炉的起源和演变》，《文物》1978 年第 2 期。
② 葛金芳：《两宋工艺革命述论》，《中国社会经济史研究》1991 年第 3 期。
③ 费罗：《论英国工业革命前后社会阶级结构的变化》，《湘潭师范学院社会科学学报》1987 年第 4 期。

表 4.1　　　　　　中国与欧洲冶铁制钢技术发展差异举例

冶铁制钢技术	中国出现时间（公元）	欧洲出现时间（公元）
竖炉冶铁（高炉）、铸铁	前 5 世纪	14 世纪
高温改进铸铁	前 4 世纪	17 世纪
炒钢	前 2 世纪	17 世纪
百炼钢	1 世纪	6 世纪
水力驱动鼓风	1 世纪	4 世纪
活塞式风箱鼓风	17 世纪	18 世纪
燃煤冶铁	10 世纪	17 世纪
烧焦冶铁	16 世纪	17 世纪
冶铁与炼钢连续作业	15 世纪	18 世纪

资料来源：作者根据北京科技大学冶金与材料史研究所：《铸铁中国——古代钢铁技术发明创造巡礼》，冶金工业出版社 2011 年版，第 28 页资料整理而得。

第二节　中华文明延续的特征与郑和下西洋

一　中国的统一与深度融合

1. 秦汉至南北朝时期的统一与第二次民族融合高潮

公元前 221 年，秦始皇嬴政统一了中国，建立秦朝并成为中国历史上第一位皇帝。至 1911 年清朝最后一个皇帝，即宣统帝爱新觉罗·溥仪退位，中国经历了两千多年中央集权的皇权专制时期。在此期间，虽然中华文明仍越来越显著地展现出强大的融合能力，但其融合特征却发生了一定变化。

为了联合西域[①]地区诸国共同抵御北方匈奴的侵扰，公元前 138 年，汉武帝派遣张骞出使西域。张骞历经 12 年克服了匈奴的重重阻挠到达西域大宛、康居、大月氏等国，并于公元前 126 年返回长安。公元前 116 年张骞第二次出使西域，到达大宛、大月氏、乌孙、康居、大夏等国，顺利与之建立友好关系[②]。自此，中国内地与西域地区建立了长期的交流和贸易往来，并设立西域都护府以便进行管理。约公元前 3500 年，中国已经有了制作丝绸的技术[③]，在与西域各国的交流与贸易中，丝绸产品开始传输到西域各国，甚至辗转到达欧洲罗马，受到极大欢迎。1877 年，德国人李希霍芬著书，把汉朝与西域间开通的贸易通道称为"丝绸之路"。公元前 105 年，汉武帝将细君公主嫁给乌孙王和亲，使"丝绸之路"更加畅通。随后"丝绸之路"经常被匈奴阻断。73 年，东汉政府派班超出使西域 36 国，再次打通"丝绸之路"，并在西域居留近三十年[②]。那时班超距离古罗马帝国的东部边界已经很近了，他也曾遣使去罗马，但因路程阻隔未能抵达。自此，中国与西域各国乃至欧洲开展长期交往。

[①]　中国历史上常提到的西域泛指从甘肃省敦煌市的阳关、玉门关向西至帕米尔高原之间的广大地区。
[②]　鲍音、鲍兴诺：《丝绸之路综述》，《内蒙古民族大学学报》（社会科学版）2015 年第 5 期。
[③]　赵翰生：《一段飘逸的历史——漫谈桑蚕丝绸史话》，《生命世界》2005 年第 2 期。

169 年，罗马派使团由海路到达东汉首都洛阳。西汉中央设西域都护府管理西域时，并未过多干预西域各国的内部事务，也未对各国大肆盘剥；同时，西域各国与西汉中央保持了和平交往的关系，其各民族没有整体地融入汉族。

在中原地区发达文明的影响下，继夜郎与周边的部族及高丽地区秽貊族归附汉朝后，48 年又有南匈奴归附汉朝，这些归附的民族后来很多都融入了汉族。三国时期 225 年，诸葛亮率军打败了西南少数民族叛乱和侵扰，安抚西南民族并促进民族交流，但并未在当地驻军，而是由地方少数民族化的汉人及汉化的少数民族以汉族制度进行管理[1]，这一举措促进了当地农耕经济，为当地输送了先进的农业和种植茶业技术，使经济得到快速发展，不再生乱。随后，这些少数民族虽仍保留下来，但与汉族有了很融洽的关系。东汉以来，西北方的匈奴、羯、氐、羌、鲜卑五个少数民族向汉族地区迁移，这些民族对儒学的理解已经相当深入[2]，也不同程度地从游牧经济向农耕经济过渡。316 年，西晋被以匈奴为主的势力灭亡后，中原地区进入了"五胡十六国"的混乱时期。鲜卑游牧民族的北魏太武帝拓跋焘吸收中原的文化和习俗，提拔重用汉臣，积极发展儒学，重视发展农业[3]。经过多年经营，拓跋焘于 439 年灭亡北凉政权，统一了中国北方。471 年，自幼深受汉文化教育的北魏孝文帝拓跋宏继位，并大力实行汉化改革，政治制度全部汉化，实行均田法推动农耕经济[4]。493 年，孝文帝率 30 万军队以及满朝大臣离开旧都城大同，迁都至汉文化中心的洛阳，自娶汉妻，规定汉语为官方语，着汉服。他把自己的姓氏拓跋改为元，且强制百余鲜卑姓氏改为汉姓，由此极大地推动了鲜卑族的汉化。534 年，北魏分裂成东魏和西魏，随后分别演变为高氏的北齐和宇文氏的北周。分裂之初，北齐卑化、歧视排挤汉族等政策，进而引发国力衰落和内乱[5]。而北周在疆域面积和人力物质等方面都远不如北齐，但北周积极发展农耕经济，采取汉制管理，促进鲜卑族与汉族的融合，受到汉族的认同和拥护。577 年，北周灭掉北齐，重新统一了中原地区。从西晋灭亡国家分裂到 589 年

---

[1] 向文斌：《诸葛亮南征对云南的影响》，《乐山师范学院学报》2010 年第 7 期。
[2] 张肇麟：《夏商周起源考证》，科学出版社 2018 年版，第 114 页。
[3] 王庆宪：《拓跋焘的用人之道及其统治时期北魏社会经济的发展》，《内蒙古大学学报》（人文社会科学版）1998 年第 3 期。
[4] 前进编辑部：《推动汉化的北魏孝文帝》，《前进》2019 年第 1 期。
[5] 孔令洁：《试论北朝时期国家政策的变革及其影响》，《重庆师范大学学报》（社会科学版）2019 年第 1 期。

隋朝再度完成统一的二百多年间，中国经历了自夏商周以来的第二次民族融合的高潮。在这个融合过程中，有西汉时弱势少数民族的被动融合，有东汉和蜀汉少数民族形式上保持独立而实质上显著的融合，也有南北朝时期强势的少数民族主动的融合。由于汉族人口众多、生活地域广大、经济发达、文化先进，这些融合过程基本是单向的少数民族向汉族的融合，但同时也使得汉文化中新增了各少数民族的一些特色。

2. 唐至元时期的统一与第三次民族融合高潮

唐朝建立初期，北方的东突厥分别于 621 年、625 年、626 年向南侵扰，629 年唐太宗李世民率军打败东突厥，数万突厥族众来降。唐太宗在今陕西、内蒙古地区划出地域和行政区用于安置归附的东突厥人，任命突厥人为各级官员乃至"京官"，以安抚东突厥[1]。北方东突厥安定后，唐朝努力疏通丝绸之路，重点治理西域。对阻塞西域通路、对唐朝有所侵扰的少数民族仍采取与对东突厥类似的策略——扰则平定、和则通好。619—626 年在甘肃、青海省一带的吐谷浑不断侵扰唐朝的西部边境，634 年唐军讨伐并打败吐谷浑。635 年吐谷浑降，王族仍被封为郡王，管理原有地域。随后，龟兹、吐蕃、高昌、女国、石国、高丽、新罗、西突厥、吐火罗、康国、安国、波斯、疏勒、于阗、焉耆、林邑、昆明相继遣使朝贡[2]。与西域各国交往中，唐朝引进了琵琶、葡萄酒等。唐朝与吐蕃也多有纷争。630 年松赞干布统一吐蕃。641 年唐太宗基于中华、夷狄"爱之如一"的民族平等理念[3]，把文成公主嫁给吐蕃松赞干布，随嫁 600 多人，包括铁匠、瓦匠、木匠、农艺师、酿酒师、厨师，携带物品有佛像、布匹、纺织工具、农具、种子、乐器、金银器、绸缎，以及大批典籍等。这些带去的大量先进文化和技术，对促进民族融合、推动吐蕃发展发挥了重要作用。随后，许多吐蕃贵族子弟到长安学习。738 年，南诏国首领皮罗阁统一周边六诏后归附唐朝，被册封为云南王[4]。繁荣和自信使唐朝长期保持对外持开放、包容、欢迎多样

---

[1] 刘海霞:《从"封"与"授"的四次转化看唐与东突厥关系之嬗变》，《中国边疆史地研究》2016 年第 3 期。
[2] 曹李海:《隋唐时期西域治理人物、事件、关系以及军事制度回应的梳理》，《兰州大学学报》(社会科学版) 2015 年第 1 期。
[3] 李燕捷、王振良:《唐太宗处理民族关系的一条原则》，《历史教学》1995 年第 10 期。
[4] 金石:《南诏德化碑》，《中央民族学院学报》1985 年第 1 期。

文化的心态，先后接待各国留学生3万多人。由于唐朝与日本、朝鲜半岛频繁往来交流，儒学逐步向东传播。这一时期，朝鲜半岛的新罗人可以来中国学习并考取进士。日本自公元630年多次派遣唐使来中国，从多方面学习中国的文字、文化和制度[1]。可以看出，唐朝与周边少数民族地区和国家的融合行为主要以平等的交往和交流为宗旨。

916年，辽太祖耶律阿保机统一了契丹各部，国力迅速强大。耶律阿保机一向推崇中原文化，发展农耕经济，要求契丹贵族广泛学习汉文化和儒学，大批启用汉族官员，对区域内的汉人以汉制管理，与宋朝经对抗而签约，保持了百余年的南北稳定关系[2]。1038年，党项族首领李元昊称帝，建大夏国，即西夏。1048年，西夏的毅宗李谅祚继位，他酷爱汉文化，成年后废除了以往的本民族礼制而用汉仪，进一步重用汉臣，而且全面采用科举制、吏制等，这些政策随后被长期沿用[3]。1115年，女真族首领完颜阿骨打建立了金王朝，1126年灭北宋其间曾试图对统治区的汉人实行奴役政策，但遭强烈反抗而放弃[4]；随后改革，采用汉臣、接受汉式教育，吸收中原制度文化。虽然辽、西夏、金等政权都曾参照汉字创造了本民族的文字，但因邻接过于强势的汉文化，这些文字最终都没有长期延续。1219年，西征中的成吉思汗身体不适，经身边汉臣推荐邀请山东全真教掌教丘处机来访，咨询长生之道。年过七旬的丘处机携弟子经两年多的时间，行程万里来见成吉思汗，提出健康、修身、养生的理念，并劝"恤民保众"[5]。成吉思汗听后有所触动，从此杀戮和苛政有所减少。1251年，成吉思汗之孙忽必烈受命负责漠南汉地事务，他任用汉臣、尊儒、施汉法、拓展农耕；1260年承汗位；1264年在汉地士绅支持下平定蒙古内乱；1271年建立元朝；1276年灭亡南宋，建立中国第一个少数民族统治的全国性政权[6]。忽必烈在元朝建立之初和平定内乱的过程中，由于深感制度汉化对其在蒙古内部增强竞争力及统治广大中原地区的重要，因此继续深入推行任用汉臣、尊儒、施汉法、拓展农耕

---

[1] 李家男：《唐物与遣唐使》，《学理论》2019年第5期。
[2] 雷家宏：《辽太祖耶律阿保机对民族融合的贡献》，《华中师范大学学报》（哲学社会科学版）1989年第5期。
[3] 魏淑霞：《辽、西夏、金民族政权的汉化探讨》，《西夏研究》2015年第4期。
[4] 刘海泉：《金王朝建立初期的一个国家多种制度》，《黔东南民族师专学报》1998年第4期。
[5] 董妙霞、肖翔、张立东：《丘处机西行贡献考》，《内蒙古医科大学学报》2019年第S1期。
[6] 吴柏春：《试论忽必烈的"汉法"政策》，《内蒙古民族大学学报》（社会科学版）2002年第1期。

等政策。由于统治广大汉族地区的蒙古族人口在体量上非常弱小，表面汉化的速度赶不上疆土扩张和思想的转变，因此，元政权虽然实施的是"表面汉制、内心蒙制"的方针，但实际上采用了"四等人"的不平等制度[①]，且在施政时经常流露出不适合农耕文化的游牧民族特征[②]，从而受到被统治区人民的抵制和反对。在其内部种种矛盾的促发下，元朝延续不到百年，于1368年灭亡。由于这个时期各少数民族政权不同程度地向汉族文化学习，与汉族地区交往，促进了民族间思想文化，甚至族群的融合，形成了中国历史上第三次民族融合高潮。

3. 清统治者的汉化与第四次民族融合高潮

1636年，爱新觉罗·皇太极在沈阳宣布建立清朝，1644年，其子定都北京。清军进入山海关之前，清统治者就长期注意吸收汉文化、效仿汉政权制度、提倡儒学[③]，并联合蒙、汉等民族协助组建军事力量。建立全国政权后，清统治者汲取元朝统治的教训，逐步弱化游牧民族特性，深入适应农耕文化，在明朝官僚体制基础上继续改革吏治和决策机制，推崇儒学、稳定社会。如清早期的康熙皇帝自幼饱读儒学，深知儒学对稳定统治的重要性，亲赴曲阜孔庙祭拜，行三跪九叩礼[④]，推动满汉民族的融合，由此使清王朝得以延续近三百年。与元朝对比，满族在清朝晚期时虽然保持民族名称的独立，但与汉族融合之深，以致满汉的民族差异已所剩无几。自北宋以后，大量的少数民族不论其民族是否仍独立存在，都与汉族在文化、思想、经济、政治方面进行了全面的融合，中国出现了第四次民族融合高潮。经过五千年、四次民族融合所形成的中华民族[⑤]，融合与合作已成为中华民族的特质。中华民族内虽然有众多民族，且各有特点，但却能以不同方式的互相深度融合凝聚在一起。当今中国各民族之间的交流合作形式已经与历史上的传统模式大不相同，但中华民族

[①] 蒙古人为最高的一等人，契丹等西域人为二等人，汉人为三等人，最后被征服的南宋地区人为四等人。
[②] 全春花：《元朝"四等人制"概论》，《世纪桥》2008年第8期。
[③] 史革新：《清入关前对汉文化的初步吸收——以努尔哈赤推行的文化政策为例》，《徐州师范大学学报》(哲学社会科学版) 2009年第3期。
[④] 孔勇：《论清帝阙里祭孔与清前期统治合法性的确立》，《云南师范大学学报》(哲学社会科学版) 2017年第5期。
[⑤] 关汉华：《中国历史上的民族融合与社会发展》，《历史教学问题》2009年第2期。

仍期待着继续与世界各民族交流与合作，共同发展。

二 宗法制与皇权至上

周王朝建立时，采取了以宗法制为基础、把领土分配给各诸侯国的分封制。随着各诸侯国独立发展、实力日益强大，周王朝中央政权的影响和统治力随之下降。到东周时期，周王朝中央政权已经变得越来越无足轻重，无法号令诸侯，由此导致持续的争夺和战乱，社会变革和经济发展多服务于战争。至秦始皇统一中国后，历朝历代的统治者均主动汲取周王朝的教训，或很快被动地感受到周王朝的教训，因而非常避讳国家的分权治理及可能导致的分裂和混乱。西汉初年，汉高祖刘邦很快翦除了异姓王的势力。汉武帝刘彻也采取种种措施消除了同姓王的势力，保持了国家的统一。西晋时期，晋武帝司马炎灭掉魏蜀吴三国统一中国后，采用类似于周王朝的分封制度，为西晋王朝只有短命的50年埋下祸根。唐朝中晚期为加强边疆防卫而采取了藩镇制度，给予藩镇节度使兵权和财权，使其得以割据一方，最终导致了国家的分裂和唐朝的灭亡。清早期康熙帝果断消除南方三藩政权，避免了国家的分裂。两千年多年来，皇权统治者往往会尽可能保持中央集权、不分权的管理制度，虽然也存在一些封王现象，但多以没有太多实权的名誉称号为主。

然而，以宗法制和嫡长子世袭继承为基础的中央集权、皇权至上的制度，由皇帝一人掌握了全部决策权力，因而带来了先天的缺陷。首先，一切接近皇权的人和势力都会觊觎、夺取皇权，因此中国历史上反复上演着后宫干政、外戚专权、宦官乱政、权臣专制等多种形式的皇权旁落，甚至还导致了朝代的灭亡。其次，当皇权至上与嫡长子继承发生冲突时，后者会让位于前者，由此引发了频繁的储位之争或宫廷政变。最后，在皇权可指定继承人的情况下，常会出现、或故意制造嫡长子或被指定人年少无知，无法亲政的情况，以致皇权旁落。中国统一后是一个巨大的国家，需要具有非凡能力的人才能治理好，而世袭继承制无法保证继位的成年皇帝一定具有治理能力。他们或昏庸无能，或性情柔弱，或玩乐无度，或另有所好，或懈怠懒政，这都会导致国政混乱或皇权旁落。表4.2列举了历史上各朝代统一中国后在皇位更迭过程中出现的乱政现象，包括 21 起后宫、宦官、权臣、外戚导致的皇权旁落，以及 4 起因皇帝施政不当或懒政造成的混乱和朝代灭亡的情况。其中多数情况下是故意安排无亲政能力的年少皇帝继位而造成皇权旁落。由此可以看出中央集权、皇权至上制度的不稳定性。这种皇权混乱的情况在欧洲罗马帝国时期也曾出现。

表 4.2　　中国历史上统一状态下各朝代的乱政现象举例

朝代	继位时间（公元年）	皇帝	问题	后果
秦	前 210	秦二世胡亥	昏庸无能、宦官赵高乱政	秦灭亡
西汉	前 195	汉惠帝刘盈	性情柔弱、后宫吕后干政	吕氏外戚专权
西汉	前 87	汉昭帝刘弗陵	年少、权臣霍光专制	霍氏外戚专权
西汉	6	汉平帝刘衎	年少、皇权转给王莽	西汉灭亡
东汉	88	汉和帝刘肇	年少、后宫窦氏干政	窦氏外戚专权
东汉	106	汉安帝刘祜	年少、后宫邓氏干政	邓氏外戚专权
东汉	125	汉顺帝刘保	年少、宦官孙程乱政	梁氏外戚专权
东汉	146	汉桓帝刘志	年少、宦官单超乱政	朝政混乱
东汉	168	汉灵帝刘宏	年少昏庸、宦官曹节乱政	朝政混乱、农民起义
东汉	189	汉献帝刘协	年少、宦官张让乱政	董卓、曹操专权、东汉灭亡
西晋	290	晋惠帝司马衷	痴呆不能理事、后宫贾氏干政	八王之乱、西晋灭亡
隋	604	隋炀帝杨广	赋税和徭役沉重、频繁的战争	农民起义、隋灭亡

续表

朝代	继位时间（公元年）	皇帝	问题	后果
唐	649	唐高宗李治	健康不佳、武后同掌朝政	武后称帝、武氏外戚专权
唐	712	唐玄宗李隆基	后期享乐、懈怠懒政	安史之乱
唐	824	唐敬宗李湛	玩乐游戏无度、宦官王守澄乱政	朝政混乱
唐	873	唐僖宗李儇	年少、宦官田令孜专权	农民起义、唐灭亡
北宋	1100	宋徽宗赵佶	昏庸、喜书画、重用权臣蔡京等	农民起义、金兵破城、北宋灭亡
元	1333	元顺帝妥懽帖睦尔	早期年少、权臣伯颜专权	废科举、去汉制、元灭亡
明	1435	明英宗朱祁镇	早期年少、宦官王振专权	国库空虚、蒙古部俘获英宗
明	1505	明武宗朱厚照	玩乐游戏无度、宦官刘瑾乱政	农民起义、游玩患病而亡
明	1521	明世宗朱厚熜	后期长期懒政、权臣严嵩专权	蒙古部劫掠京郊、倭寇袭扰、葡萄牙占澳门
明	1572	明神宗朱翊钧	20年不理朝政	国政几乎停摆、明军被女真打败
明	1620	明熹宗朱由校	喜木工而不理政、宦官魏忠贤专权	政务混乱、女真政权坐大
清	1661	清康熙帝	年少、权臣鳌拜摄政	权臣专权、阻挠汉制
清	1861 1875	清同治帝 清光绪帝	年少、年幼、后宫慈禧干政	慈禧专权

资料来源：作者根据相关资料整理而得。

三 对统一的追求

  一个朝代的灭亡常会导致中国的分裂与混战，甚至是长期的政权分裂，如东汉灭亡之后几十年的三国分裂、西晋灭亡之后约两百多年的十六国南北朝分裂、唐灭亡后几十年的五代十国分裂、北宋灭亡后百余年南宋与北方政权的对峙等。分裂的结果就是导致长期的对峙和混战、巨大的经济损耗和社会的不稳定。因此中国历史上总是会出现有战略眼光和进取心的政治人物结束分裂而重新统一中国。表4.3列举了中华民族历史上分裂后努力再造统一的政治人物[①]。由于这些政治人物不懈努力，中国的分裂状态很难长期维持。

表 4.3　　　　为统一中国作出努力的中华民族历史人物举例[①]

朝代	历史人物	民族	原籍/出生地	年份（公元年）	统一结果
秦	秦始皇嬴政	华夏	陕西省/河北省	前221年称帝	秦朝统一
西汉	汉高祖刘邦	汉	江苏省	前202年称帝	西汉统一
东汉	汉光武帝刘秀	汉	湖北省/河南省	25年称帝	东汉统一
西晋	晋帝司马炎	汉	河南省	266年称帝	西晋统一
隋	隋文帝杨坚	汉	陕西省	581年称帝	隋朝统一
唐	唐高祖李渊	汉	甘肃省/山西省	618年称帝	唐朝统一
北宋	宋太祖赵匡胤	汉	河南省/河北省	960年称帝	北宋统一
元	元世祖忽必烈	蒙	漠北草原	1271年建元朝	元朝统一
明	明太祖朱元璋	汉	安徽省	1368年称帝	明朝统一
清	爱新觉罗·福临	满	辽宁省	1644年入主北京	清朝统一
曹魏	魏王曹操	汉	安徽省	220年殁	未成功
蜀汉	蜀丞相诸葛亮	汉	山东省	234年殁	未成功
东吴	吴大帝孙权	汉	浙江省	252年殁	未成功
前秦	宣昭帝苻坚	氐	甘肃省	383年败	未成功
北魏	孝文帝拓跋宏	鲜卑	山西省	495年败/497年胜	未成功
后梁	梁武帝萧衍	汉	江苏省	528年胜/529年败	未成功
南陈	陈宣帝陈顼	汉	江苏省	573年胜/577年败	未成功
北周	周武帝宇文邕	鲜卑	内蒙古自治区/陕西省	578年殁	未成功

唐朝建立时疆域大致处于统一状态，但634年击败吐谷浑的侵扰后，由于特别注意安定西域地区，因此根据民族、民俗特征推行了地方自治性质的羁縻府州制度，并同意自治的程度可根据具体情况而有所不同。唐朝中央在边疆设置管理羁縻府州的都护府，包括单于、安北、北庭、安东、安西、安南六个都护府。例如，安西都

---
① 毛卫民：《金属与战争陷阱》，《金属世界》2021年第2期。

护府设立后因吐蕃的侵扰而三度陷落，但唐朝三度恢复设立，体现了唐朝对巩固帝国完整统一的决心和意志[1]。1680 年，蒙古准噶尔部首领噶尔丹率 12 万骑兵横扫南疆地区，并谋取获得沙俄的支持，以与清政府分庭抗礼。感到严重威胁的清康熙帝自 1690—1697 年三次率军亲征并最终剿灭噶尔丹[2]。1755 年，清乾隆帝平息准噶尔部叛乱后，开始在新疆直接驻兵，至 1783 年在新疆各地建设有近四十座驻军用的"满城"，把新疆区全部纳入直接管辖范围[3]，花费一半以上的年财政支出用于平叛战争。1867 年，浩罕国军事首领阿古柏攻占了新疆大部分领土，宣布成立洪福汗国，并得到英国和沙俄的支持。1871 年沙俄出兵占领了伊犁。此时虽然清政府刚刚经历第二次鸦片战争和镇压太平天国战争，国力衰竭，但仍于 1875 年派左宗棠赴新疆平叛，于 1878 年全部收复新疆，随后沙俄也退出了伊犁[4]，由此可见清政府对新疆地区完整统一的执着追求。1247 年，吐蕃的宗教领袖萨迦班智达到达凉州，与蒙古统治者达成吐蕃归附协议，此后吐蕃正式纳入元朝中央管辖。元世祖忽必烈与萨迦班智达的侄子八思巴曾多次交往，封其为帝师，总管全国佛教[5]。之后，八思巴被派回西藏建立地方政权。1717 年，叛乱的准噶尔部出兵进攻西藏。清政府随即出兵，1720 年与藏军配合击败准噶尔部。随后清政府派军驻藏，开始主持西藏的地方管理。1726 年起清政府划定西藏行政区，任命地方官员，设立驻藏大臣办事衙门，随后颁行《钦定藏内善后章程》，创立金瓶掣签制，主持达赖、班禅、西藏各地大呼图克图的转世掣签、转世灵童中央认可等多方面事务。1791 年，受到尼泊尔地区的武装入侵，西藏地方政府请求清政府支援。1792 年，两广总督率清军入藏，击退了入侵者[6]，保证了西藏地区版图的完整统一。自三国、隋朝起，台湾与中国大陆就存在交往，至宋代开始密切，南宋开始在台湾驻兵[7]，元已有两岸商贸往来。1622 年，荷兰人进驻台湾开始殖民统治。1661 年，郑成功组织海军从厦门、金门出发，击溃荷兰援军，收

---

① 曹李海：《隋唐时期西域治理人物、事件、关系以及军事制度回应的梳理》，《兰州大学学报》（社会科学版）2015 年第 1 期。
② 马大正：《论噶尔丹的政治和军事活动》，《民族研究》1991 年第 2 期。
③ 苏奎俊：《清代新疆满城探析》，《新疆大学学报》（哲学·人文社会科学版）2007 年第 5 期。
④ 彭苏：《左宗棠收复新疆》，《同舟共进》2019 年第 4 期。
⑤ 薛正昌：《忽必烈与八思巴论》，《社会科学战线》2011 年第 5 期。
⑥ 董传奇：《清朝前期（1644—1840）治藏政策之嬗变》，《安阳师范学院学报》2014 年第 6 期。
⑦ 周运中：《南宋台湾毗舍耶人与谈马颜人新考》，《福州大学学报》（哲学社会科学版）2015 年第 1 期。

复台湾，随后荷兰投降，并于1662年签订《郑荷协议》退出台湾。1683年，施琅率水军攻占澎湖并劝降台湾，1684年，台湾纳入清朝版图，重现与大陆的统一[①]。

综上所述，自统一的秦朝建立以来，中华文明发展过程中长期保持着对各民族融合的倾向，且中华各民族在思想、文化、制度等方面以融入汉民族为主，甚至会出现民族整体融入汉族的现象。另外，因中央集权、皇权至上制度的缺陷导致了中国版图统一、分裂、再统一的反复过程，于是，保持完整统一和社会稳定便成为中华文明的另一个重要思想倾向和特征。这种融合和完整统一的特征并不以征服和奴役他人为基础，而是追求交流，提供帮助、合作、共赢。历史上明朝早期的郑和下西洋就是展示中华文明特征的一个典型例证。

四 郑和的海外交流与融合

1. 明朝时中国的航海能力

中国具有悠久的造船历史，很多道船技术在当时处于世界领先地位。339年，中国就出现了世界最早使用水密舱的八槽舰。417年，中国首次出现了以轮代桨的车轮船[②]。到宋代，海船的水密舱技术逐渐成熟与完善，显著提高了航海的安全性[③]。自东汉起，中国发展出来的船尾舵、升降舵及宋代的减摇龙骨等海船的设计与制作也领先于世界[④]。自东汉至宋代，中国各种类型舵的组合、多桅杆、多种类型组合风帆的设计与制造技术已经非常成熟[④]。南宋时，人们以指南针原理为基础制造出当时世界上最先进的计量航海罗盘，并掌握了按照海风的方向操作组合舵与组合帆的复杂配合技能。这些技术可以使航船在方向不是正顶风的任何方向航行[⑤]。北宋时所制造海船的排水量已经达到数百吨，船长可达30米以上，载员数百人；海船的锻打铁

[①] 李占才：《清朝统一台湾的曲折历程》，《文史天地》2012年第2期。
[②] 袁晓春：《漫话中国古船》，《中国港口》2017年第S2期。
[③] 杨熹：《中国木帆船建造技术简介》，《海交史研究》2009年第1期。
[④] 潘长学、查理：《中国船舶设计的古代造物智慧研究》，《包装工程》2019年第22期。
[⑤] 赵国珍：《两宋时期商业政策的转变及海外贸易成就》，《商业时代》2014年第18期。

锚（图4.4）可达500千克[①]。到明代，铸造的铁锚则可达几吨[②]。以上这些都为郑和的远洋航海奠定了基础。根据历史记载，郑和远洋船队的船只数目接近或超过200艘，每次出海的人员达到2.7万人左右，这些人中除各级各部门负责人外，还包括操船、导航、通讯、医疗、气象等方面的技术人员，文案、贸易、饲养、厨师、杂役等庶务人员，以及2万多人的军兵，并配备了各种先进的冷、热兵器[③]。根据历史记载，郑和船队大船的排水量或许会超过万吨，而现代最保守的分析则认为，至少已达到1200吨的水平[④]，可以说是当时世界上最大的海船。郑和率领出海的船队还装载了大量的瓷器、丝绸、茶叶、药材、铁制工具、金、银、名目繁多的各种工艺品、礼品等货物，以及明成祖颁发的各种敕令、诏书、印章等。

图4.4 《天工开物》锤锚图

2. 郑和下西洋的目的

郑和船队出海之前，明朝及以前的中国各朝代已经和东南亚许多国家有过长期

[①] （明）宋应星：《天工开物》，上海古籍出版社2016年版，第196页。
[②] 陈贞寿：《纵横驰骋越重洋——郑和王景弘七下西洋》，中国大百科全书出版社2018年版，第32页。
[③] 吕承朔：《震惊世界的壮举——郑和七下西洋》，商务印书馆2015年版，第41—47页。
[④] 陈贞寿：《纵横驰骋越重洋——郑和王景弘七下西洋》，中国大百科全书出版社2018年版，第27页。

交往。郑和也曾于1403年出使暹罗（今泰国）时仔细勘察了沿途的海岛、礁岩、风向、洋流等情况，并修订了之前的航海图[①]。明成祖朱棣于1403年在南京登基刚当了皇帝，就想继续向南及西洋地区拓展明朝的影响力，以稳固自己的统治。其父朱元璋在《谕中原檄》中曾说："如蒙古、色目，虽非华夏族类，然同生天地之间，有能知礼义，愿为臣民者，与中夏之人抚养无异。"从这句话中可以看出来朱元璋主张各民族平等相处的理念[②]。明成祖朱棣基于朱元璋的这种理念，在派遣郑和船队出海之前发布敕令，以君临天下的心态，要求郑和四处宣传中华文化、儒学理念和秩序，并表示："凡覆载之内，日月所照，霜露所濡之处，其人民老少，皆欲使之遂其生业，不至失所，今特遣郑和赍敕，普谕朕意：尔等祗顺天道，恪遵朕言，循礼安分，毋得违越，不可欺寡，不可凌弱，庶几共享太平之福。若有输诚来朝，咸锡皆赏。"由此表达出明成祖促进各国社会和谐安定、推动平等交流往来的愿望[③]。自1405—1433年，郑和带领其庞大的船队七下西洋，每次大多历时2—3年，前后共计28年，航线遍及东南亚、阿拉伯半岛、非洲东海岸，沿途往返访问了30多个国家[④]。所到之处以宗主国的身份对附属国宣读敕封诏书，授以诰印、服饰，以及大量赏赐和礼品，接受对方的贡物，并回访使团。随后在当地进行货物交易，购置当地土特产，举办佛事活动等。郑和使团虽然军力强大，但并不会主动干预各国事务。涉及各国之间矛盾或国内动乱时，郑和使团则以儒学的理念予以协调，平衡各国关系、稳定当地社会。通过郑和下西洋过程中几个事件，可以看出中华文明理念对郑和行为的影响和约束。

3. 郑和下西洋过程中的典型行为

明朝初期，爪哇国（今印尼爪哇岛）分裂成西王和东王两个部分。1377年，西王和东王分别遣使来中国朝贡。1406年，第一次下西洋的郑和船队到达爪哇东王地区，并不知西王刚打败东王并占据其地，郑和船队170多名官员卸货准备交易时，被西王军队认作东王的军队而全部杀害，震动郑和船队。以郑和的军力完全可以平

[①] 吕承朔：《震惊世界的壮举——郑和七下西洋》，商务印书馆2015年版，第33页。
[②] 章宪法：《海上大明：郑和舰队的七次远航》，江苏凤凰文艺出版社2019年版，第49页。
[③] 陈贞寿：《纵横驰骋越重洋——郑和王景弘七下西洋》，中国大百科全书出版社2018年版，第5页。
[④] 吕承朔：《震惊世界的壮举——郑和七下西洋》，商务印书馆2015年版，第182页。

定西王，但郑和考虑如此行事有悖明成祖的初衷。因此一方面派船急奏朝廷；另一方面与西王交涉。西王闻知误杀明朝官员，极为恐慌，急派人向郑和及明朝道歉、请罪。明成祖获知极为震怒，但见西王派人一再请罪，遂放弃征讨，令其赔偿六万两黄金。后来西王无力交付如此多赔偿，明成祖也予以减免①。

郑和船队来到马六甲海峡地区长期受爪哇侵扰的苏门答腊国（今印尼苏门答腊岛西北），其酋长宰奴里阿必丁曾遣使赴明朝寻求保护。郑和到达后即举行仪式封宰奴里阿必丁为国王，展示"不可凌弱"的主张，震慑了爪哇的侵扰②。随后，苏门答腊国内乱，国王被杀，王后许诺平定内乱者可袭王位。一渔夫家族出面平息内乱并得王位。但宰奴里阿必丁之子成年后杀掉渔夫国王，引起渔夫家族反叛和对峙。明成祖按照儒家理念认为渔夫家族并非正统，因此选择支持宰奴里阿必丁之子。郑和第四次下西洋时协助平定了渔夫家族武装③。

当时在旧港（今印尼苏门答腊巨港）地区有一个五千多人的海上武装，残暴杀掠、抢劫商船，首领为祖籍在广东地区的陈祖义。明朝多次招抚，陈祖义假意归顺，竟图谋劫掠郑和船队。郑和获悉后一举将海上武装剿灭，生擒了陈祖义④。

马六甲海峡的满剌加（今马来半岛南）因长期遭受暹罗国的控制和奴役而向明朝求助，明成祖封拜里苏剌酋长为满剌加国王，暹罗马上夺走了明朝赐予该国王的诰印。郑和向暹罗传授制作海盐技术以示友好，并一再警告暹罗的越轨行为，使得暹罗不得不有所收敛⑤。得到明朝支持的满剌加后来又假借明朝名义向爪哇谋取旧港部分地区，被郑和第四次下西洋时阻止，维护了地区的稳定⑥。

郑和四下西洋到锡兰山国（今斯里兰卡）时，国王阿烈苦奈儿派兵围困登陆赴约的郑和2000人使团，并阻塞他们回船队的归路，强行索要财物，遭拒后即派大批军队攻击海上船队。郑和在无法返回的情况下果断率军攻入已空虚的锡兰山王

---

① 章宪法：《海上大明：郑和舰队的七次远航》，江苏凤凰文艺出版社2019年版，第98—102页。
② 吕承朔：《震惊世界的壮举——郑和七下西洋》，商务印书馆2015年版，第78页。
③ 陈贞寿：《纵横驰骋越重洋——郑和王景弘七下西洋》，中国大百科全书出版社2018年版，第76—77页。
④ 吕承朔：《震惊世界的壮举——郑和七下西洋》，商务印书馆2015年版，第73—74页。
⑤ 章宪法：《海上大明：郑和舰队的七次远航》，江苏凤凰文艺出版社2019年版，第60—64页。
⑥ 陈贞寿：《纵横驰骋越重洋——郑和王景弘七下西洋》，中国大百科全书出版社2018年版，第78—79页。

城，擒获王族及大臣，返回船队并归国，沿途锡兰山军队不敢强攻[1]。明成祖经考虑，没有杀被俘获的国王，而是任命由被俘锡兰山大臣们推荐的另一贵族为新国王，同时把抓获的国王和大臣送回国，进而避免了锡兰山的混乱，稳定了与锡兰山的关系[2][3][4]。

1407年，郑和船队来到古里国（今印度西南科泽科德地区）从事官方贸易，古里国两位大头目带领部下、会计、捐客与船队官员当面议价、定价、写合同成交，后无论货物价格升降，双方都信守合约、公平交易。郑和船队出售丝绸、瓷器等，采购当地宝石、珍珠、珊瑚等，皆以当地金、银币结算[5]。

这种由官方通过巨大国家机器推行的下西洋行为，包括了宣传中原儒家思想、宣扬宗主国对藩属国的治理管辖权、进行官方贸易、平定叛乱匪患、接送外交使团等政府职能，耗费巨大。中央政府对于各藩属国的朝贡都需要以"厚往薄来"的原则予以赏赐，赏赐通常明显高于朝贡[6]。中央政府也并没有在财政上依赖朝贡的理念，只将朝贡大致看作国礼。这明显区别于宋代政府向北方少数民族政权交付的足以对其政权发挥财政支撑作用的供奉。因此，下西洋主要是促进了物资互通有无的交流。郑和第二次下西洋时仅向锡兰山国佛寺就布施了黄金一千两、白银五千两、各种颜色的绸缎50匹等[7]。明《广志绎》记载，下西洋之初投入七百多万两白银，10年后即第四次下西洋归来只剩下百万两[8]。明成祖在儒家思想的指导下没有把"利"放在下西洋的重要位置，但巨大的耗费使得下西洋的行为长期遭受朝臣诟病，坚持不到30年就难以为继，不得不停止。通过以上可以看出，不仅郑和下西洋时没有掠夺、征服的理念，而且中国东南沿海的居民向西洋地区迁移后，仍保持了与当地居民融合、共存的理念。

---

[1] 章宪法：《海上大明：郑和舰队的七次远航》，江苏凤凰文艺出版社2019年版，第105—107页。
[2] 陈贞寿：《纵横驰骋越重洋——郑和王景弘七下西洋》，中国大百科全书出版社2018年版，第79—80页。
[3] 吕承朔：《震惊世界的壮举——郑和七下西洋》，商务印书馆2015年版，第109—111页。
[4] 章宪法：《海上大明：郑和舰队的七次远航》，江苏凤凰文艺出版社2019年版，第108页。
[5] 章宪法：《海上大明：郑和舰队的七次远航》，江苏凤凰文艺出版社2019年版，第70页。
[6] 陈贞寿：《纵横驰骋越重洋——郑和王景弘七下西洋》，中国大百科全书出版社2018年版，第100—101页。
[7] 吕承朔：《震惊世界的壮举——郑和七下西洋》，商务印书馆2015年版，第97页。
[8] 章宪法：《海上大明：郑和舰队的七次远航》，江苏凤凰文艺出版社2019年版，第145页。

第三节　西方文明延续的特征与哥伦布航海时代

一　走出罗马时期

1. 欧洲中世纪封建采邑制的建立

476年，没有一兵一卒的罗马皇帝被废黜，西罗马帝国灭亡[①]，欧洲进入5世纪至15世纪的中世纪时代。在罗马时期，往往把欧洲中北部广大地区社会经济尚处于相对落后阶段的各种族群笼统地称为日耳曼人，他们是后来的英吉利、德意志、荷兰、卢森堡、瑞典、丹麦、挪威等国家主要族群的祖先[②]。罗马帝国所属的众多行省很快被不同的日耳曼族群占领或瓜分，进而分裂成众多独立的君主国家或王国，包括法兰克、苏维汇、西哥特、勃艮第、阿勒曼尼、东哥特、布列塔尼、罗马—不列颠、盎格鲁—撒克逊等[③][④]。在西罗马帝国之后到英国工业革命之前的一千多年时间里，西欧地区独立国家的数目和各国版图面积一直在不断变化。约1000年，英格兰、苏格兰、爱尔兰、挪威、瑞典的现代版图基本成形。约1500年，葡萄牙、西班牙、丹麦、法国西部的现代版图基本成形。意大利和德国的现代版图则在更晚的时候成形[⑤]。欧洲历史上著名的加洛林帝国由原来的法兰克王国拓展而来。加洛林帝国巅峰时期的统治者查理曼曾一度把版图扩展至西欧大部分地区，甚至于800年在罗马被加冕为皇帝[⑥]。但加洛林帝国的版图面积仍无法与西罗马帝国相比，更赶不上整

[①] 宛华：《世界上下五千年》，中国华侨出版社2016年版，第108页。
[②] 郑寅达：《德国史》，人民出版社2014年版，第4页。
[③] [英]约翰·史蒂文森：《欧洲史》，李幼萍等译，广东南方日报出版社2018年版，第181页。
[④] [美]朱迪斯·M.本内特、[美]C.沃伦·霍利斯特：《欧洲中世纪史》，杨宁等译，上海社会科学院出版社2007年版，第xix页。
[⑤] [美]朱迪斯·M.本内特、[美]C.沃伦·霍利斯特：《欧洲中世纪史》，杨宁等译，上海社会科学院出版社2007年版，第xx—xxii页。
[⑥] [英]约翰·史蒂文森：《欧洲史》，李幼萍等译，广东南方日报出版社2018年版，第196页。

个罗马帝国。

西罗马帝国解体后,新独立的日耳曼王国最初可能仍会保留某些罗马治理体系,但新国王们会向帮助他们登上王位的臣属分发土地,并以所建立的附庸采邑制来收取农业税,用作主要的财政资源[①]。在传统日耳曼人的部落中并没有绝对权力和绝对服从的观念,首领和臣属之间的关系是忠诚与利益的结合,即臣属在特定条件下忠诚地追随首领;同时,可获得利益是维持忠诚的必要保证。附庸采邑制就是源于日耳曼民族这种传统的附有一定条件的封地制度,一般由国王或君主将土地连同居住在土地上的农民一起分封给自己的臣属,供其终身使用;同时,封地获得者必须对分封土地的君主负担一定的责任和义务,包括提供兵役力量和赋税等[②]。封地获得者作为领主和大贵族,随后把其所获得的土地再借助层层分封的方式转给小贵族、骑士、普通农民等不同层级的附庸者。在这个自上而下纵向附庸结构中,国王或君主是顶级的领主,普通农民是底层的附庸者,二者之间的大贵族、小贵族、骑士等既具备领主身份又兼有附庸身份。这种分封制度与一千多年前中国周王朝时期的分封制有某种类似之处。附庸采邑制的每层附庸只需对自己的直接领主负责,而不履行更上级领主的义务,他们既可主张自己的权利和利益,也需注重履行自己的责任和义务。领主会向附属提供司法保护[③]。例如,847年法兰克王国所颁布的《莫尔森法令》就做出具体规定:"我们要授予我们忠诚的臣属以权利,我们不希望做任何对他们不利的事情。同样我们告诫你们和其他忠诚的臣属,你们也要授权你们的人,也不要做任何对他们不利的事情。同时,我们希望属于我们的人,不论他是哪个王国的人,都要跟随自己的领主进攻敌人,或满足领主其他方面的需要。"[③]在确立领主附庸关系时往往需要举行一定的宣誓仪式,并加上相关的法令规定。因此可以说,领主和附庸之间实际上建立了一种有法令保障的契约关系,各方承担自己的兵役和赋税义务,并获得相应的利益。可以看出,发生战争时,国王非常依赖于大贵族调动兵员和军力,平时也依靠大贵族提供税赋支撑。层层的土地分封制度导致分封土

---

① 徐浩:《欧洲中世纪领主与农民的收入变化》,《经济社会史评论》2017年第4期。
② 赵立行:《中世纪政治中的契约观念——论附庸采邑制》,《历史教学问题》2013年第5期。
③ [英]约翰·史蒂文森:《欧洲史》,李幼萍等译,东南方日报出版社2018年版,第201页。

地之后，国王很难再收回分出去的土地，由此使终身制的土地使用后来逐渐变成了世袭制。在附庸采邑制的执行过程中，奴隶数量不断减少，奴隶制也逐渐走向灭亡。

2. 欧洲中世纪的治理结构

日耳曼人在西欧建立新国家的政治体制保留了原有的贵族民主传统[①]，即王国内的大贵族们对国家重大事务的决策，甚至王位由谁及如何来世袭继承等问题，都有一定的影响[②]。在国家治理结构上所采用的附庸采邑制，使得占有大量土地的大贵族在自己的领地内，在征税、行政、司法和军事等诸多方面有很强的自治性和独立性。虽然国王非常依赖于众多大贵族，但无法直接干预贵族领地的内部事务，许多重大事项还需召集贵族进行商议[①]，因此王权往往会受到大贵族的很大制约。如果王国承袭了类似于罗马时期的贵族元老院的制度，则大贵族的影响会更加直接。大贵族影响力的大小也与国王的执政个性、专制程度和执政能力有关。很多日耳曼人王国实行国王诸子平均世袭继承的原则，某国王儿子死后其土地会归未死的儿子，最终再形成完整的王国[③]。这种王国版图的变更难免会引起王族内部的纠纷乃至战争，因此大贵族的支持对平息王族内部纠纷、获取政治利益非常重要。在一些情况下，希望成为王位继承人的王族成员需要寻求大贵族的支持，甚至会出现非王族直系成员继承王位的现象[④]。918年，东法兰克国王康拉德一世去世，王国内众多贵族势力经过较量和妥协，于919年一致推举萨克森的公爵亨利为新国王，称为亨利一世[⑤]。由此可见，虽然在利益得到保障的情况下贵族们更倾向于君主制[⑥]，但贵族势力无疑是制约王权的重要力量。亨利一世把东法兰克王国改为德意志王国并指定奥托为继承人。936年，奥托继位成为奥托一世，并于962年在罗马被教皇加冕为罗马皇帝，德意志王国就变成了神圣罗马帝国[⑦]。

---

① 安长春：《中国王权与西欧国家王权之比较》，《武汉大学学报》（人文科学版）2009年第5期。
② 郑寅达：《德国史》，人民出版社2014年版，第44页。
③ 郑寅达：《德国史》，人民出版社2014年版，第25页。
④ 孟钟捷：《德国简史》，北京大学出版社2012年版，第11页。
⑤ 郑寅达：《德国史》，人民出版社2014年版，第44页。
⑥ [英]约翰·史蒂文森：《欧洲史》，李幼萍等译，广东南方日报出版社2018年版，第392页。
⑦ [美]朱迪斯·M. 本内特、[美]C. 沃伦·霍利斯特：《欧洲中世纪史》，杨宁等译，上海社会科学院出版社2007年版，第150页。

3. 基督教与王权的矛盾

罗马帝国后期，基督教在帝国范围广为传播并成为国教，教堂分布于各地，并有了统一教义和教会组织。罗马城的主教一职在基督教内自然占有极具影响力的地位。一些人认为，65年在罗马殉道的圣彼得作为耶稣的门徒，是罗马的第一位主教，也可看作第一位教皇，但其影响力尚未覆盖整个罗马帝国[1]。西罗马帝国灭亡后，出身于西罗马帝国元老院贵族世家的格里高利于590年被推举为罗马主教，在他的努力下，基督教摆脱了东罗马帝国的控制，罗马主教逐渐形成了在基督教内最高的统治权力。格里高利主持宣布"教皇"称号只能属于罗马教会，由此，格里高利一世成为西欧基督教世界事实上的第一位教皇[2]。9世纪以后，教皇逐渐形成了对教会法规的绝对权威[3]。中世纪西方所有的王权君主都是基督徒，因而教皇就具备覆盖罗马帝国广大范围的影响力乃至决策力。教皇及各地教会形成的宗教权力对各地王权产生了极大的制约和影响。962年之前，放荡的罗马教皇约翰十二世因遭受反对派军队的威胁而向奥托一世求救，并许诺给他加冕为罗马皇帝。奥托一世赶跑反对派后，随即宣布教皇由主教和贵族自由选举产生，且须忠于德意志国王[4]，并控制了教皇的废立[5]。1073年，格里高利七世乘德意志王国混乱之机，不经国王同意就登上教皇之位，宣称教皇地位高于一切世俗君主，并于1075年强制干预德意志王国的宗教事务[6]。德意志国王亨利四世采取对抗措施后，格里高利七世于1076年宣布废黜亨利四世的教籍。当时的亨利四世未掌握强大的军队、其下属人心涣散，没有教籍会严重影响其对基督教国民的统治，亨利四世无奈妥协，答应格里高利七世的要求，并身披罪人毡毯、赤脚在冰雪天冷冻三天，获得了教皇的宽恕。但1080年二人矛盾再度激化，格里高利七世再次废黜亨利四世教籍，亨利四世则宣布罢免了格里高利七世，并推举了新教皇。1084年，亨利四世率军攻打罗马，导致了格里高利七世的失势和

---

[1] [美]朱迪斯·M.本内特、[美]C.沃伦·霍利斯特:《欧洲中世纪史》，杨宁等译，上海社会科学院出版社2007年版，第21页。
[2] 张丽娜:《格里高利一世对西方早期基督教音乐的贡献》，《乐府新声》（沈阳音乐学院学报）2016年第2期。
[3] [英]约翰·史蒂文森:《欧洲史》，李幼萍等译，广东南方日报出版社2018年版，第225页。
[4] 郑寅达:《德国史》，人民出版社2014年版，第49—51页。
[5] 孟钟捷:《德国简史》，北京大学出版社2012年版，第24页。
[6] 郑寅达:《德国史》，人民出版社2014年版，第53—59页。

流亡。1125 年，德意志国王亨利五世去世，他事先指定的继承人在教皇的干涉下被排除。后来在教会和贵族们的不断干涉下，德意志国王的继承问题出现混乱。1263 年，在教皇的再次干预下，继位国王改由 7 名主教和贵族组成的选侯确定，1356 年以《金玺诏书》的形式最终确认选侯由 3 名特定大主教和 4 位重要贵族组成[①]。这种频繁出现的教权与王权的矛盾，使教权成为制约王权的重要力量。

二 教会的追求与利益

1. 基督教与异教的关系

1071 年，东罗马帝国即拜占庭帝国的皇帝罗曼努斯四世进攻塞尔柱土耳其人，发动了曼齐刻尔特战役，结果兵败被俘。1094 年，拜占庭帝国皇帝阿历克塞一世请求教皇乌尔班二世帮助对抗土耳其人，并获得了积极回应[②]。乌尔班二世呼吁基督教停止一切内部冲突，把矛头指向穆斯林，鼓动欧洲各地的基督徒组成十字军东征，并保证："参与圣战，你们必将清洗你们的罪，必将沐浴天国神圣的光辉。"基督徒们不再需要为所犯罪过忏悔，并被要求通过展现武艺来得到救赎。这种狂热的鼓动显示出当时的基督教并没有把其他宗教的教徒看作需要平等对待的族群，以及基督教的一切文明理性原则对于异教徒都失去约束[③]。1099 年，十字军第一次东征攻克耶路撒冷，并展开了残酷的劫掠和屠杀。一位目击的基督徒这样描述道："尸体里流出的血可以淹没你的膝盖……没有一个人能活下来。他们连女人和小孩都不放过。"[④] 参加征服耶路撒冷行动的一个法国人也说道："我们的战士冲进城内，到处搜拿金银、马匹和骡子，占领装满各色物品的房屋……不管对手是男是女，都被他们拔剑砍下

[①] 孟钟捷：《德国简史》，北京大学出版社 2012 年版，第 32 页。
[②] [美]布莱恩·蒂尔尼、[美]C. 西德尼·佩因特：《西欧中世纪史》，袁传伟译，北京大学出版社 2011 年版，第 251—252 页。
[③] [美]朱迪斯·M. 本内特、[美]C. 沃伦·霍利斯特：《欧洲中世纪史》，杨宁等译，上海社会科学院出版社 2007 年版，第 244 页。
[④] [美]朱迪斯·M. 本特、[美]C. 沃伦·霍利斯特：《欧洲中世纪史》，杨宁等译，上海社会科学院出版社 2007 年版，第 245 页。

头颅。"① 这种残酷的十字军活动在历史上曾多次出现，不仅针对非基督教徒，而且对基督教内不同的派别有时也会表现得很血腥②。

5世纪初，西哥特人在西班牙伊比利亚半岛建立王国，强迫当地犹太人皈依基督教，违者鞭笞、重罚③。自711—1492年，穆斯林政权统治了伊比利亚半岛700多年，其间大体维持了原有行政管理模式，采取宗教宽容政策，允许基督徒和犹太人保留自己的宗教信仰，穆斯林与基督教徒基本保持着一种和平相处的关系，未发生激烈的伊斯兰教与基督教的冲突①。在此期间，古希腊文献被大量从尚保留的叙利亚文本中复原，并由基督徒和犹太学者在内的众多学者翻译成阿拉伯语，包括医学、地理学、天文学、数学等方面的著作④。之后，西班牙的穆斯林又将这些著作再翻译成拉丁语传输到欧洲腹地，进而使得古希腊、罗马的一些重要文献得以世世代代地保存下来，也为欧洲的文艺复兴提供了一定支撑⑤。

在西班牙安达卢西亚的托莱多有一所翻译学校，那里的穆斯林以及懂阿拉伯语的犹太人和基督徒还将来自东方的各种科学著作译成希伯来语和拉丁语。阿拉伯文化在西班牙广泛传播，首都科尔多瓦有27所各类学校和规模很大的图书馆，西欧很多国家都派人到科尔多瓦留学，把许多古典著作的阿拉伯文译本带回本国，再译成拉丁文⑥。早期穆斯林政权的这种尊重其他文明的治理政策，促进了文化的交流和繁荣，显然有别于早期基督教对待其他文明的做法。随着罗马帝国分成东、西两个部分，基督教也形成了东、西两个中心，分离导致二者渐行渐远。在教会领导权、世俗利益，乃至教义细节上的分歧日益明显，1054年，基督教东、西两个教派终于公

---

① ［美］恩斯特·布赖萨赫：《西方史学史：古代、中世纪和近代》，黄艳红等译，北京大学出版社2019年版，第176页。
② ［英］约翰·史蒂文森：《欧洲史》，李幼萍等译，广东南方日报出版社2018年版，第293页。
③ 夏继果：《穆斯林征服初期安德鲁斯基督教徒的生存状况》，《历史研究》2014年第2期。
④ ［美］布莱恩·蒂尔尼、［美］西德尼·佩因特：《西欧中世纪史》，袁传伟译，北京大学出版社2011年版，第236—241页。
⑤ 何璞：《由西班牙安达卢西亚时期看阿拉伯伊斯兰文化对西班牙的影响》，《赤子》（上中旬）2016年第15期。
⑥ 夏继果、王玖玖：《从"哥特神话"到"互动共生"：中世纪西班牙史叙事模式的演变》，《世界历史》2019年第2期。

开分裂成东正教和天主教两个独立的教派[1]。

2. 基督教对财权的追求

维持教会的运作不可避免地需要获得足够的财政支撑。到 6 世纪，欧洲教会规定每个教徒有义务向教会纳税，称为什一税，即教徒需将收入的 1/10 缴纳给教会[2]。基于全民信教的情况，因此什一税使教会获得了可观而稳定的经济收入。另外，教会所积累的地产以及所实施的司法裁判也为教会提供了稳定收入。教会的这些收入以及教会具有收取税费的权力也成了其腐败和贪婪的温床[3]。为了获取额外钱财，自 14 世纪起，历任教皇曾大量印制各种"赎罪券"并沿街叫卖，称教徒购买"赎罪券"后其所犯罪过可以得到赦免、死后灵魂可升天堂，甚至制定了"赎罪券价目表"，对不同罪行进行标价，如 8 个金币可赦免杀人罪、6 个金币可赦免通奸罪等。1517 年，教皇利奥十世大量发行"赎罪券"以筹款重建圣彼得大教堂，同时还将 39 个红衣主教的职位出售[4]，可见红衣主教是一个值得花钱购买并可以获得更高回报的职位，这种情况致使教会职务成了获取财富的途径。

3. 基督教对思想的管控

在中世纪，欧洲的宗教神学占据了思想领域的统治地位，任何学说理念都必须符合宗教教义，当时的科学教育往往是为了解释、论证和美化基督教神学。1210 年，尽管亚里士多德是基督教出现之前的历史人物[5]，但其哲学著作因涉嫌违反教义依然遭到教会禁止。古希腊、古罗马在利益驱动下成功的扩张征服行为也造就了西方文明中开拓、创新、积极探索未知世界的特性，并推动了欧洲在科学技术上的活跃发展。然而，这些探索往往会突破教会所主张的种种源于宗教的理念，强烈冲击教会的权威地位，因此会遭到教会强烈的压制和惩处。波兰天文学家哥白尼的研究发现，

---

[1] 乐峰：《什么是东正教》，《科学与无神论》2001 年第 2 期。
[2] 雍正江：《中世纪西欧的什一税》，《世界宗教文化》2007 年第 4 期。
[3] [英] 约翰·史蒂文森：《欧洲史》，李幼萍等译，广东南方日报出版社 2018 年版，第 243 页。
[4] 唐中华：《利奥十世：美第奇家族的首位罗马教皇》，《世界文化》2018 年第 11 期。
[5] 新乔、赵晓宁、任熙俊：《近代科学教育的兴起与发展》，《中国教育技术装备》2019 年第 1 期。

地球不是宇宙的中心，提出"日心说"，并在去世前的 1540 年出版的《天体运行论》一书中加以阐述。虽然此说违背教义，但哥白尼很快去世，天主教未来得及处罚。意大利天主教学者布鲁诺不仅出版著作支持哥白尼的观点，而且进一步阐述说太阳也不是宇宙的中心，因而于 1600 年被天主教判处火刑，在罗马鲜花广场被烧死。意大利教授伽利略也因支持哥白尼的"日心说"，于 1633 年被判处终身监禁[①]。西班牙医生塞尔维特于 1553 年秘密出版了《基督教的复兴》一书，因阐述了与天主教所持教义不同的人体血液流通的理论，被判处火刑，并于同年被烧死在日内瓦的火刑柱上。同期有类似叛逆行为的英国医生哈维因其国王御医的身份才逃过处罚[③④]。

三 思想解放与变革

1. 文艺复兴的兴起

自基督教在欧洲普及至 15 世纪的上千年过程中，在西欧的天主教教义成为人们唯一可以接受的指导思想，其他理念一概都被视为异教邪说。人们一方面看到教会的专制、腐朽；另一方面又必须禁锢在教会允许的思想理念之内，陷入无穷无尽的自我检讨和救赎，使个性和自由长期受到极大的压制，这种状况与西方文明的探索、开拓、创新等传统格格不入。由于人们一方面迫切需要获得思想上的突破和个性的解放，但另一方面又慑于宗教教义的严格限制，因此，自 15 世纪，欧洲出现了发端于意大利的文艺复兴运动。文艺复兴运动从古希腊、古罗马的文化、艺术出发，再现、重塑、拓展了这些文化艺术，避免了宗教的直接干涉，推动了与天主教经文有所差异的思想文化的发展。随着文艺复兴运动的持续开展，人本位、个性解放、思想自由的意识潜移默化地深入人们的思考。文艺复兴运动巧妙地突破了天主教的藩篱，以致教皇利奥十世在 1517 年重建圣彼得大教堂的过程中也被裹挟进了文艺复兴运动，成为"文艺复兴教皇"[②]。著名艺术家米开朗基罗和拉斐尔等都在梵蒂冈留下了

---

① 钱时惕：《为摆脱神权统治而斗争的科学家——科学发展的人文历程漫话之六》，《物理通报》2011 年第 8 期。
② 唐中华：《利奥十世：美第奇家族的首位罗马教皇》，《世界文化》2018 年第 11 期。

他们的文艺复兴作品[1]。之后的数百年间，文艺复兴运动已经成为整个欧洲不可阻挡的潮流，极大地推进了尊重人性和个性自由的理念，使人们的思想获得了空前的解放。哥白尼、布鲁诺、伽利略、塞尔维特、哈维等取得科学突破的学者，以及后来推动宗教改革的力量都曾不同程度受到文艺复兴运动的影响和启发[2]。

2. 宗教改革的趋势

文艺复兴的思想解放很快冲击了当时天主教的那些专制和腐朽的观念和制度。1517年，当教皇宣布大量发行"赎罪券"时，远离罗马的德意志帝国天主教神父马丁·路德马上站出来强烈指责发行"赎罪券"的行为。马丁·路德认为当教徒因罪孽祈求赦免时，这种赦免只能直接来自上帝，而不能来自诸如神父、圣贤神职人员等，更不能来自教皇，同时，他还印发小册子宣传自己的观点，以表示其反对的决心[3]。马丁·路德所在教区位于神圣罗马帝国的德意志核心区，教皇无法直接控制。1520年，教皇发出训令谴责，但遭到马丁·路德严词拒绝。他积极宣传自己的立场，在德意志帝国范围逐渐得到广泛接受，随后与德意志教会的改革结合，使得教皇的命令无法执行。几年之后，德意志广大地区接受了教会的改革，进而形成了新教运动。自此，新教从天主教中分离出来，成为独立的基督教教派，或称基督教福音派。1529年，英格兰国王亨利八世因王后不能生下男性继承人而提出需经教皇批准的离婚，但遭教皇拒绝。1532年，亨利八世找到新爱，为防止教皇阻挠，他指使国会宣布英国脱离罗马教廷，并废除赎罪、朝圣等活动。这种叛逆行为的原因虽然与马丁·路德的改革并不相同，但其改革的内容与欧洲大陆的宗教改革没有太大差异，因而也被归属到新教改革[4]。这些新教运动摆脱了天主教专制管制，摒除了多种原有弊端，减轻了教徒的负担，解开了思想束缚，有力地震慑了天主教教会，并使教会最终不得不停止销售"赎罪券"，同时为欧洲后续的跨越式发展扫除了宗教和精神上的藩篱。

---

[1] 田小满：《他们和达·芬奇齐名》，《公关世界》2016年第20期。
[2] 钱时惕：《为摆脱神权统治而斗争的科学家——科学发展的人文历程漫话之六》，《物理通报》2011年第8期。
[3] [英]约翰·史蒂文森：《欧洲史》，李幼萍等译，南方日报出版社2018年版，第322页。
[4] [英]约翰·史蒂文森：《欧洲史》，李幼萍等译，南方日报出版社2018年版，第325—326页。

3. 政治制度的变革

罗马帝国时期存在过元老会制度，且元老会成员多为贵族。西罗马帝国灭亡后，日耳曼人建立国家的政体也保留了原有的贵族民主传统[1]，这些后来大多表现为以不同形式的贵族会议影响各王国的重大决策，乃至王位继承者的选择。而贵族会议也是后来西欧政治体制中"议会"制度的初始形态。在多个王国并存的中世纪西欧历史中，教权的制约是不可避免的，且教会宣扬对法定权威的顺从以稳定社会[2]。此外，对国家发挥管理作用的主要是王权和贵族权力[3]，且原则上，王权不能任意废除贵族的权力。13世纪初，贵族们基于强烈的不满而强迫英王约翰一世于1215年签署了《大宪章》，并规定："任何自由人，如未经其同级贵族裁判，或依国家法律判决，皆不应该被逮捕、监禁、剥夺财产及权益、流放或加以任何其他损害。"并成立专门的贵族委员会审理国王可能存在的过失[4]。同一时期，德意志国王腓特烈一世、西班牙莱昂国王阿方索九世、匈牙利国王安德鲁二世等也分别于1183年、1188年、1222年先后承诺给予其贵族和臣民更多的权利[5]。通常情况下，只要国王或君主能够平衡好贵族的利益，贵族会议或相应议会就能够听命于国王，并接受国王的领导[6]。欧洲多数君主也承认他们是在臣民和宗教一定的制约下行使权力[7]，当遇到重大或棘手问题时，他们还是需要找贵族会议或议会咨询和商讨。1295年，英王爱德华一世为顺利地从各阶层臣民筹集额外税款而召集新的议会开会，出席议会的除贵族、教士，还有各郡骑士、各城市市民等方面的代表400余人，代表了贵族、教士、无特权的市民三个阶层。其中贵族由国王特诏，教士代表由主教决定，骑士、市民则由郡守主持的选举产生[8]。召集新议会开会缘于英王征税额度巨大，贵族的税赋已无法满足，须突破原有局限、进一步直接向市民阶层征税，为避免矛盾激化才要事先说明情况

---

[1] 安长春：《中国王权与西欧国家王权之比较》，《武汉大学学报》（人文科学版）2009年第5期。
[2] ［英］约翰·史蒂文森：《欧洲史》，李纫萍等译，南方日报出版社2018年版，第368页。
[3] 徐鹤森：《中世纪西欧的教权与王权》，《求索》2004年第6期。
[4] ［英］约翰·史蒂文森：《欧洲史》，李纫萍等译，南方日报出版社2018年版，第256—257页。
[5] ［英］约翰·史蒂文森：《欧洲史》，李纫萍等译，南方日报出版社2018年版，第257—258页。
[6] 王荣堂：《英国君主立宪政体的建立》，《史学集刊》1987年第1期。
[7] ［英］约翰·史蒂文森：《欧洲史》，李纫萍等译，南方日报出版社2018年版，第383页。
[8] 王运红：《议会之母——英国议会的起源》，《海南广播电视大学学报》2004年第2期。

并征得同意。这是欧洲历史上出现最早的包括市民阶层的议会,史称"模范议会"。因臣民数量巨大,不可能像古希腊、古罗马时期的公民大会那样让所有公民都参加会议,所以市民阶层只能选若干代表参加,以"代议制"的形式表达市民意见。代议制是指从各阶级、阶层或团体中选举一定数量的代表以替代的方式反映其利益、意志和诉求,并根据少数服从多数的原则决定管理国家政治、经济、文化和社会生活等重大事务的制度。代议制的出现、完善与成熟是近代西方民主政治发展的关键环节[1],显示了西方有限平等民主制放松了在平民方面的限制。17世纪中期,英王查理一世执政期间在多方面严重失误,且多次解散议会,与议会矛盾激烈。1649年,查理一世被议会掌握的军队控制,并被以暴君、叛徒和杀人犯的罪名审判并执行死刑。1689年,英国议会颁布《权利法案》,限定了君主的职能和权力,由此英国开始实行君主立宪制[2]。此时,法国、西班牙等国都有不同形式的议会,但法国国王路易十四在尽量保证贵族利益的前提下往往用武力手段强制贯彻其意志,导致法国各级议会很难发挥作用。因教派、国家、利益集团、族群之间频繁的战争及由此造成的动荡和损伤,让各国逐渐认识到民族、文化、宗教、利益诉求等多方面的差异使欧洲很难形成一方独大的国家形态,而更理性的追求才能让各国间在势力均衡的制约下保持稳定[3]。

四 哥伦布与海外扩张

1. 哥伦布的海外航行

扩张征服以获取利益在西方文明发展中是常见的行为,其平等和民主的有限性为此发挥了基础性支撑作用。非洲是距西欧最近的大陆。1436年,教皇尤金四世宣称非洲人是上帝的敌人[4],由此隐含的意思是对西方文明圈以外的族群都无需平等对

---

[1] 邹旭怡:《西欧中世纪形成的代议制传统及其现代转化》,《传承》2008年第8期。
[2] [英]约翰·史蒂文森:《欧洲史》,李幼萍等译,南方日报出版社2018年版,第394页。
[3] [英]约翰·史蒂文森:《欧洲史》,李幼萍等译,南方日报出版社2018年版,第383页。
[4] [英]卡丽·吉布森:《帝国的十字路口:从哥伦布到今天的加勒比史》,扈喜林译,社会科学文献出版社2018年版,第57页。

待，这也为欧洲奴隶制的复活提供了支撑。1492年，伊比利亚半岛上阿拉贡的国王和卡斯蒂利亚的女王伊莎贝拉一世通过战争赶走了统治当地近八百年的穆斯林政权，旋即强令当地的穆斯林和犹太人皈依天主教。由于战争的巨大财政消耗急需得到补充，伊莎贝拉一世被哥伦布的利益诱惑说服，资助他去海外寻找黄金等财富①。伊莎贝拉一世与哥伦布随即签署了《圣塔菲协定》，承诺哥伦布可分享所得利益的10%及其他权益②。在郑和下西洋结束近六十年后的1492年8月3日，哥伦布带领了包括各种囚犯在内的90名船员，乘三艘木船开始了航程。一艘圣玛利亚号木船排水量仅120吨，其余两艘60吨③。由此开启了欧洲越洋探索和征服的大航海时代。哥伦布于10月12日发现北美洲，并登上古巴附近的一个岛屿，启动了决定北美历史进程的殖民行动。哥伦布第一次北美探险就劫持了十几个印第安人，并最终把6个人带回欧洲。1494年，哥伦布的船队第二次到达北美后，对印第安人实施了两次残暴杀戮的征服行动，将大约1600人变为奴隶以从事挖金和种植劳动，其中550人被卖到西班牙。1503年，伊莎贝拉一世批准抓获原住民作奴隶④。一个参与殖民的西班牙人卡萨斯(Bartolomé de las Casas)陈述道，"自1502年，在这四十年来，超过1200万人（男人、女人、孩子）被残暴、不公正地杀害，死于基督徒的残暴行为和工作环境极为恶劣的工程……他们闯入村寨，连孩子、老人、孕妇、喂奶的女人也不放过，他们还划开女人的肚子，将婴儿乱刀砍死，就好像是在屠宰关在自己家羊圈的羔羊。他们打赌，看谁能一刀划开男人的肚子。"⑤殖民者科尔特斯率军侵入墨西哥特诺奇蒂特兰城（今墨西哥城），控制了阿兹特克国王蒙特祖玛二世，随后阿兹特克帝国及其文明消亡。战争、虐待和严酷的劳役以及从欧洲传来的疾病使墨西哥人口急剧下降。据估计，1521年，墨西哥中部原住民人口达2500万人，到1532年，该数量下降至

---

① ［英］卡丽·吉布森：《帝国的十字路口：从哥伦布到今天的加勒比史》，扈喜林译，社会科学文献出版社2018年版，第31页。
② ［英］卡丽·吉布森：《帝国的十字路口：从哥伦布到今天的加勒比史》，扈喜林译，社会科学文献出版社2018年版，第32页。
③ 张箭：《哥伦布的固执》，《海洋世界》2007年第7/8期。
④ ［英］卡丽·吉布森：《帝国的十字路口：从哥伦布到今天的加勒比史》，扈喜林译，社会科学文献出版社2018年版，第57页。
⑤ ［英］卡丽·吉布森：《帝国的十字路口：从哥伦布到今天的加勒比史》，扈喜林译，社会科学文献出版社2018年版，第63页。

1600万人,到 1568 年只剩下 260 万人①。征服者皮萨罗率军侵占秘鲁,且俘获了印加帝国皇帝阿塔瓦尔帕以索取巨额赎金,支付赎金后,皮萨罗仍把阿塔瓦尔帕处死,印加帝国及其文明消亡。秘鲁人口则从 1520 年的 330 万人下降到 1570 年的 130 万人。以上这些事例都显示出了基于利益驱动及平等、民主的有限性而产生的西方基督教文明,以及其对待文明圈以外族群的不平等态度。

2. 欧洲人的海外扩张

1487 年,葡萄牙航海家巴特洛缪·迪亚斯到达非洲南端的好望角。1498 年葡萄牙航海家达·伽马绕过好望角到达了印度西海岸,开辟了欧洲到亚洲的航线。1510—1522 年,葡萄牙探险家麦哲伦带领 5 艘旧船和 265 名水手成功完成了环球航行,其中大船排水量约 120 吨,小船排水量约 75 吨,但麦哲伦中途殒命②。1517 年,葡萄牙人开始与中国通商,并于 1553 年借口上岸晒货窃取澳门。1543 年,葡萄牙人到达日本,随后在九州设商站③。西班牙和葡萄牙把在海外探索中发现的地区宣布为本国领土进行对外殖民和掠夺,由此导致两国的冲突。经教皇亚历山大六世的调停,两国于 1494 年签订《托尔德西里亚斯条约》,该条约规定:在佛得角群岛以西,从北极到南极划一条瓜分殖民地的分界线,线东的土地归葡萄牙所有,线西的归西班牙。1529 年,两国再将西班牙殖民活动的西侧边界定在摩鹿加群岛以东 17°。由此西班牙几乎独占整个美洲,而葡萄牙的势力范围覆盖亚洲和非洲广大地区及部分南美洲。1530—1532 年间,英国多次在非洲几内亚开展贸易,并于 1553 年开发了从几内亚到贝宁的航线。1588 年,英国海军在英吉利海峡击败西班牙"无敌舰队",并于 1639 年侵占印度的马德拉斯,1652—1674 年经过 3 次战争打败荷兰,1689—1763 年间多次打败法国,1757 年占领孟加拉地区,1761 年攻克印度,1762 年攻占古巴哈瓦那,最终成就了英国的海上霸权④。自此,欧洲人的认知和足迹遍及世界各大洲的几乎所有主要地方,并开始了大规模向海外移民和殖民扩张。

---

① [英]约翰·史蒂文森:《欧洲史》,李幼萍等译,南方日报出版社 2018 年版,第 313 页。
② 宛华:《世界上下五千年》,中国华侨出版社 2016 年版,第 175—178 页。
③ 百家讲坛:《大航海时代的血性与血腥》,《珠江水运》2015 年第 4 期。
④ 王银星:《海权、霸权与英帝国(1688—1815)》,《湖南科技大学学报》(社会科学版)2006 年第 4 期。

3. 欧洲殖民者的残暴行径

历史上，英帝国在海外扩张中展现了贪婪性、暴力性、征服性、傲慢性等基本特征。在南非、新西兰和澳大利亚，渴求着土地的殖民者们都希望能毫不留情地镇压或屠杀反抗他们的原住民[①]。在一个教士的鼓励下，一个士兵写下了这样的句子："有的时候，教义要求我们必须杀死女人，并将孩子同他们的父母一同杀死。"[②]

法国水手雅克·卡蒂埃自1534年起多次航行到加拿大，第一次航行就绑架了两个土著[③]。随后蜂拥而至的殖民者破坏当地生态、传播瘟疫、挑动土著间大规模仇杀、强制传教、性侵土著妇女[④]。英国渔民霸占海岸，烧毁加拿大贝奥萨克人传统的森林营地，迫使他们迁往荒凉的内陆。1613年，法国人用剥头皮的酷刑对付加拿大贝奥萨克人，导致贝奥萨克人迅速减少，并于20世纪初灭绝[⑤]。1755年7月，英国殖民当局决定动用军队驱逐和流放加拿大阿卡迪亚人，然后放火烧掉村庄，拆散阿卡迪亚人的家庭，造成大量阿卡迪亚人的死亡。加拿大西部内陆的草原五部落以及大西洋海岸的米克马克人等族群或被强制同化，或被赶杀，或因传染病成批死亡[⑥]。

自1750年起，欧洲人口迅速增加，距离并不遥远的北美广大生存空间引发了欧洲人向北美移民的倾向。随着海上交通日趋便利，大量欧洲人开始向北美移民。至1700年，只有约9万欧洲人移到北美洲，且绝大多数为英国人，到1790年，北美洲白人人口就增至317万人。欧洲工业革命造成的经济动荡和工人失业导致新的移民潮，至1860年，又有约500多万欧洲人移入美国[⑦]。欧洲移民来到北美洲，系统性地挤占印第安土著的生存空间，以便从事农业种植和矿山开发等各方面经营。1830年，美国总统杰克逊签署《印第安人迁移法案》，以驱赶土地上的原住民，并强行驱赶或杀害抗拒的原住民[⑧]。"即使是那些行将就木的老年妇女，也得背着沉重的包裹跋涉，

---

① [英]劳伦斯·詹姆斯：《大英帝国的崛起与衰落》，中国友谊出版公司2018年版，第Ⅱ页。
② [英]劳伦斯·詹姆斯：《大英帝国的崛起与衰落》，中国友谊出版公司2018年版，第14页。
③ [加]罗伯特·博斯韦尔：《加拿大史》，裴乃循等译，中国大百科全书出版社2012年版，第15页。
④ 李节传：《加拿大通史》（修订本），上海社会科学院出版社2018年版，第48—57页。
⑤ 李节传：《加拿大通史》（修订本），上海社会科学院出版社2018年版，第53页。
⑥ 李节传：《加拿大通史》（修订本），上海社会科学院出版社2018年版，第103—105页。
⑦ 尤建设：《1860年以前美国外来移民探析》，《许昌学院学报》2006年第3期。
⑧ [英]戴维·奥卢索加：《文明Ⅱ：交流与互渗》，郭帆译，中国友谊出版公司2019年版，第169—176页。

她们光着脚,时而走在冰冻的路上,时而穿过泥泞的街道",大批印第安人在到达目的地之前或者到达后不久就丧命了①。迁移到新保留地后,一旦这片新领地又被白人定居者们看上了,则原住民又必须继续迁徙④。

18世纪70年代初,英国航海家库克发现澳大利亚东海岸,随后,大量英国移民来到澳大利亚,开始系统性掠夺和迫害原住民。1813—1815年,白人殖民者为了扩大牧场不断侵占土著人居住与生活区域,把土著人驱赶到大陆内地并实施屠杀②。其间,当地土著人被殖民者当成了猎物,以娱乐的方式用"来复枪"射杀③,或逼着他们从峡谷的顶端跳下去。殖民者还常常向没有防御的土著人住地发动武力围捕,不分男女老幼,一律格杀勿论④。1838年,在新南威尔士北部的圭迪尔河流域的"屠杀屋溪"约六七十个土著人"像树上的乌鸦一样被射杀"⑤。1857年,两个英国人强奸了两名土著姑娘。当夜,赶来报复的土著居民打死包括强奸者在内的几个英国人。这一事件导致共计近两千名土著居民被杀⑥⑦。殖民者十分蔑视土著人,1939年墨尔本出版的现代大百科全书中描述澳洲土著人称:"澳大利亚土著居民,有很多部落,具有原始风俗习惯,智力十分低下,这个民族在消亡中。"⑥而这种消亡却正是殖民者所造成。澳大利亚塔斯马尼亚岛原有约6000名原住民,由于殖民者对其进行了长期残酷的虐杀,至1860年塔斯马尼亚的原住民只剩下11人,1888年,最后一个塔斯马尼亚原住民女性去世,而英国官方的文件则将此记载为,此时岛上的原住民已被"全部肃清"①⑦。

1769年10月,库克到达新西兰。随后,欧洲殖民者采用诱骗或暴力手段,把一些年轻力壮的土著居民弄到船上做苦工⑧⑨。1840年,英国派驻新西兰殖民当局诱使540多个毛利族首领与之签署毛利文本的《怀唐伊条约》。英国政府后来既不认可该

---

① [美]艾伦·布林克利:《美国史》Ⅰ,陈志杰等译,北京大学出版社2019年版,第366—369页。
② 王宇博:《澳大利亚史》,江苏人民出版社2017年版,第82页。
③ 斑斑:《澳大利亚简史》,中国铁道出版社2018年版,第62—66页。
④ 王宇博:《澳大利亚史》,江苏人民出版社2017年版,第83页。
⑤ [澳]斯图亚特·麦金泰尔:《澳大利亚史》,潘兴明译,东方出版中心2009年版,第53—54页。
⑥ 王宇博:《澳大利亚史》,江苏人民出版社2017年版,第291页。
⑦ [以色列]尤瓦尔·赫拉利:《人类简史:从动物到上帝》,林俊宏译,中信出版社2014年版,第269—270页。
⑧ 王章辉:《新西兰》,社会科学文献出版社2006年版,第36—37页。
⑨ 赵晓寰、乔雪瑛:《新西兰:历史、民族与文化》,复旦大学出版社2009年版,第26页。

条约，也不给予毛利人所承诺的同等权利①，并迫使毛利人只能把土地廉价地出售给政府，政府再以极高价格转售，这些行径引起毛利人的极大不满和反抗②③。随后，英国投入上万装备精良的军队进行镇压，因实力差距极为悬殊，毛利人不断战败、丧失土地，人口减少一半以上④⑤。

4. 海外扩张的永久性收益

回顾这些残酷的历史，20世纪90年代第24任澳大利亚总理保罗·基廷面对当地土著时承认道："我们拿走了传统的土地，破坏了原有的生活方式。我们带来了疾病和酒精。我们进行了杀戮。我们将儿童从母亲身边带走。我们实行了歧视和排斥。"⑥然而基廷的继任者、第25届澳大利亚总理约翰·霍华德却拒绝了与土著和解的建议，因为他认为英国在澳洲的殖民行动是"暴力程度最低的一次"，这再次显示出英国殖民思想中拒绝与殖民地原住民平等相处的傲慢特征⑦。以上所说的英国以及由殖民扩张所产生的加拿大、美国、澳大利亚、新西兰构成了今天所说的"五眼联盟"。当年欧洲大量移民来到居住有大量原住民的地区，以西方文明有限平等与民主为理念，系统性地掠夺土地、驱赶和虐杀土著居民，直至其数量从当地人口的主体降低到对社会进程的影响微乎其微的地步。今天这些欧洲移民仍依靠着其祖先掠夺土地而获得的发展成果，继续享受着早期掠夺带来的红利，仅对残留的原住民作有限的保护，而这些原住民至今仍承受着其祖先被残酷掠夺而导致的恶果⑧。

殖民者在美洲大陆夺取了广阔经营空间后，相对较低的人口密度导致了他们对劳动力的巨大需求。当时贩卖非洲奴隶不仅合法，而且可以获得巨大的经济利益，由此推动了贩卖黑奴的热潮。葡萄牙人、西班牙人、英格兰人、法兰西人、丹麦人、

---

① 赵晓寰、乔雪瑛：《新西兰：历史、民族与文化》，复旦大学出版社2009年版，第69—79页。
② 王章辉：《新西兰》，社会科学文献出版社2006年版，第42页。
③ 赵晓寰、乔雪瑛：《新西兰：历史、民族与文化》，复旦大学出版社2009年版，第32页。
④ [英]戴维·奥卢索加：《文明Ⅱ：交流与互渗》，郭帆译，中国友谊出版公司2019年版，第169—176页。
⑤ 王章辉：《新西兰》，社会科学文献出版社2006年版，第48页。
⑥ [澳]斯图亚特·麦金泰尔：《澳大利亚史》，潘兴明译，东方出版中心2009年版，第5页。
⑦ [英]劳伦斯·詹姆斯：《大英帝国的崛起与衰落》，中国友谊出版公司2018年版，第Ⅱ页。
⑧ 毛卫民：《铜器时代起源以来中西方文明的海外拓展特征》，《金属世界》2021年第1期。

荷兰人、瑞典人、德意志人等纷纷参与贩运和倒卖黑奴的大规模经营之中。据至终止奴隶贸易法规公布时的初步统计显示，历史上先后有过4万多次从非洲到美洲的奴隶运送和贩卖活动，把约1200万黑人运离非洲。由于恶劣的运送条件和非人的待遇使得大量奴隶中途死亡[①②]，最终仅有约1000万人运抵目的地。面对缺乏劳动力的问题，西方各国选择剥削黑奴而不是雇用自由人的方式，再次显示出在盘剥利益驱动下西方文明平等、民主的有限性。面对繁重的体力劳动、恶劣的生存条件、非人的对待、残暴的处罚，奴隶们仍会以怠工、逃亡、暴动等不可能成功的方式抗争。直至欧洲工业革命逐步取得成功，各种机器可以大规模且高效率的取代人工劳动后，奴隶制度的经济价值和社会意义才逐渐消失。1803年，丹麦开始实施禁止奴隶贸易的政策；1834年，英国的《废奴法案》生效；1836年，葡萄牙禁止奴隶贸易；1867年，西班牙禁止奴隶贸易，奴隶贩卖经济逐渐消亡[③]。然而从禁止奴隶贸易到完全取消奴隶制度，乃至消灭种族歧视，仍然有漫长的路程。

五　对平等的诉求

　　1756—1763年，法国联合西班牙与英国爆发七年战争，最后英国获胜，法国和西班牙不得不把北美及其他一些殖民地或殖民地利益让给英国。战争造成三国大量财力消耗，也结下怨恨。英国为把财政危机转嫁于包括北美在内的各殖民地，于1764年公布了一系列向殖民地增加税收的法案。1773年公布的《茶叶法》明显偏袒英国商人的垄断利益，导致波士顿人趁夜袭击了英国茶船并毁坏了大量茶叶，随后，英政府马上宣布了一系列惩罚性法律。北美各地议会于1774年在费城召开第一次大陆会议，发表宣言和陈情书，反对英国政府的行为。随后，英国政府动用武力镇压，双方发生武装冲突。1775年，北美召开第二次大陆会议，希望与英国协商，遭到英

---

① [英]约翰·史蒂文森：《欧洲史》，李幼萍等译，南方日报出版社2018年版，第417—418页。
② [英]卡丽·吉布森：《帝国的十字路口：从哥伦布到今天的加勒比史》，扈喜林译，社会科学文献出版社2018年版，第124—126页。
③ [英]卡丽·吉布森：《帝国的十字路口：从哥伦布到今天的加勒比史》，扈喜林译，社会科学文献出版社2018年版，第256页。

国拒绝，英美决裂。北美各殖民地纷纷驱逐英国总督并宣布独立，1776年的大陆会议通过了《独立宣言》，美国开始了以建立联邦共和制国家为目标的独立战争。1777年，英军在萨拉托加战役中被美军打败，1778年法国参战支持美国，西班牙和荷兰也相继对英宣战；1780年，葡萄牙加入反英战争；1781年，英军在多处战败；1783年，英美签署《凡尔赛合约》，美国获得独立，英国被迫放弃许多殖民地利益[1]。独立战争是在西方基督教文明圈内不同国家之间争取利益的战争。《独立宣言》中称："我们认为下述真理是不言而喻的：人人生而平等，造物主赋予他们若干不可让与的权利，其中包括生存权、自由权和追求幸福的权利。"此时，奴隶的贩运、买卖，以及强制奴隶劳动对独立战争的双方都是合法且正在实施的事情。由此看来，这里说的"人人平等"是指美国殖民者向英国宗主国寻求的平等，与奴隶无关。因此这里的"人"不是生物学意义上的所有"人"，而是西方文明圈内的"人"。由此可以看出那时西方文明中平等有限性的边界。

1774年，处事狭隘的路易十六继任法国国王。当时国家权力高度集中于王室，但财政系统混乱不堪、经济凋敝、国债累累。王后生活奢靡、挥霍无度，因此二人并不受法国人喜爱。财政困境迫使路易十六尝试推行改革，但在特权阶级的阻挠下，多位财政大臣在任内都无法实行财政改革措施。1787年，特权阶级坚决禁止对富人加税，导致财政大臣再次辞职。为摆脱僵局，1789年，路易十六决定召开自1614年以来中断了170多年、由贵族、教士和平民组成的三级会议。他忧心于贵族和既得利益势力过强的阻碍，于是把平民代表增至600人。但贵族和教士显然不愿意与平民一起开会，于是激怒了平民阶层。受美国《独立宣言》的影响，平民阶层宣布单独组成国民议会，由此拉开了法国大革命的序幕[2]。因不满财政大臣改革的一再失利，1789年7月14日，巴黎工人发起暴动，攻占了巴士底狱，国民议会很快宣布废除封建特权，并通过《人权宣言》，宣告法律面前人人平等。1791年，国民议会制定出一部模范宪法，建立议会，推行君主立宪。路易十六携家属外逃被阻，显示出王室的对抗态度。1792年，保王党联络奥地利和普鲁士试图入侵法国。同时，巴黎民

---

[1] 张亚东：《北美独立战争与英第一帝国的解体》，《云梦学刊》2004年第4期。
[2] [英]约翰·史蒂文森：《欧洲史》，李幼萍等译，广东南方日报出版社2018年版，第439页。

众迅速逮捕了王室成员，并宣布成立法兰西共和国，由激进人士领导，他们大规模征兵以应对可能的外国干涉，并于 1793 年把路易十六送上断头台，至此，君主立宪制在法国再无可能延续。新政府虽然一定程度抑制了通货膨胀、阻止了国外的干涉，但也经历了一段时间的内部激进杀戮。1795 年，五人组成的督政府任命年轻的拿破仑·波拿巴将军掌管法国在意大利的军队。1799 年，拿破仑发动政变推翻了督政府，实行了个人独裁统治的帝制。至 1807 年，拿破仑借助一系列对外战争的胜利征服了大片欧洲领土，但由于错误地攻击俄罗斯引发了溃败，造成他不得不于 1814 年退位[1]。当年，在外国军队庇护下，路易十八回国复辟。经过几次君主交替后，法国民众于 1848 年推翻君主制，迎来短暂的以普选权为基础的第二共和国，再经拿破仑三世 1849 年复辟称帝后，法兰西第二帝国成立，但后被普鲁士击败。1870 年，法兰西第三共和国成立。经过 78 年较激烈的革命，共和制自此在法国稳定下来。

---

[1] ［英］约翰·史蒂文森：《欧洲史》，李幼萍等译，南方日报出版社 2018 年版，第 456 页。

第四节 中西方文明的差异化演变

世界上一切有生命的物种，其存在的最基本要义首先就是生存下来，然后是更好的发展——人类也是如此。对于每一个人类个体，其延长生命的最基本要义是有衣食以图生存，并在此基础之上再追求温饱，乃至富足的生活。这种最基本的生存需求乃至对更好生活渴望的表现形式可以概括为追求利益，或简称"逐利"。可见，逐利是人的最基本属性。人类通常以社会性的形式在大自然中生存，因此人的逐利属性还需要保持与自然和谐相处，并用一定的社会秩序加以规范。漫无边际的野蛮逐利会破坏人类的自然环境与社会结构，进而威胁到人类自身的生存。在远古时期，人类社会内部相处以及与自然相处的规则是以自然而然的方式形成的，即当相处行为的不正确程度超出了能够被允许的范围，则相关的氏族就会衰败，甚至灭亡；如果在允许的范围内，则该氏族得以继续繁衍发展，因此这是一个自然选择和淘汰的过程。当时人类还没有能力过多地思考在允许的范围内是否存在更加优化的行为方式，然而，进入文明社会后，人类就逐渐形成了这种思考的可能性和能力。公元前6世纪至前3世纪，中国春秋战国时期就出现了老子、孔子、孟子、庄子、荀子等一大批专门从事这种思考、探索世界观和相关社会规则并广泛传播的思想家、哲学家、教育家。公元前5世纪至前4世纪，欧洲古希腊时期也出现了苏格拉底、柏拉图、亚里士多德等众多类似的思想家、哲学家、教育家。他们所处的时代是中国东周春秋战国诸侯争霸时期和欧洲的古希腊城邦林立时期。

一 中西方早期的德治与法治

1. 中国春秋时期的诸子百家

东周春秋战国时期的中国已经进入了宗法分封制经济的后期，虚弱的东周王室已无法控制局势,各诸侯国势力壮大,相互因利益冲突征战不止。当时以儒家思想著称的孔子和孟子虽然认可人们对利益的追求,但主张其应该置于道德规范的约束之下,应温和而不应无限地追求。同时,孔孟还主张应淡薄利益诉求,任何对"利"的追求都应遵从于"义",即其行为应在特定政治伦理,或称"礼"的约束之下[1][2][3]。孔孟及其儒家学派在道德、伦理、哲学、教育、个人修为、社会关系、政治理念等一系列方面都提出了自己的理论,对中国社会及思想理念的演变产生了深远的影响。儒家的治理观念呈现了显著的"德治"特征。东周时期的中国社会里不存在古希腊的民主制,各诸侯国均实行君主专制制度,基本都不再服从东周王室的号令。各诸侯国之间征战讨伐的结果经常是一些强国吞并了与之对抗的弱国,导致弱国的灭亡。鉴于这种激烈竞争以求生存和发展的局面,各国君主都努力寻找或培养能够帮助他们富国图强的贤能人才。为征集和培养人才,公元前4世纪,齐国国君齐桓公在齐国国都临淄(今山东省淄博市)建立了稷下学宫,并得到了至齐王建连续六代齐国君主的支持,前后延续了150多年,吸引了当时中原数百上千的知识精英前来授业、讲学、求识[4]。前来应聘讲学的贤能人士被称为稷下先生。各位齐国君主给他们以相当于贵族的地位、丰厚的俸禄及良好的居住条件,却并不对其思想进行过多干预和控制。这种自由开放的学术环境使稷下先生可以自由地聚众讲学,宣传自己的学术理念,互相交流争辩。在资深学者的主持下,稷下学宫以"期会"的形式组织演讲和辩论会,各家学术流派的学者公开学说、阐述观点、争鸣辩论、各抒己见、互不相让,形成了百家争鸣的风气。稷下先生的许多学术思想往往会涉及国家治理和强国策略,也经常向齐国推荐所需人才。同时,开明的齐国国君们经常就治国理念和执政策略向稷下先生们咨询,且时常采纳所得到的咨询意见。这是中国历史上学术思想最为自由和活跃的一个时期,参与稷下学宫学习和交流的学者们先后形成了各种不同的学术思想和大量的学术派别,包括儒家、道家、法家、名家、兵家、农家、墨家、方技家、阴阳家、纵横家等[1]。许多稷下学者自由地于各诸侯

---

[1] 马涛:《孔子与苏格拉底经济思想特点的比较》,《武汉科技大学学报》(社会科学版) 2018 年第 3 期。
[2] 焦唤芝:《孔子与柏拉图财富观之伦理视域的比较》,《安徽职业技术学院学报》2014 年第 2 期。
[3] 武岑:《孟子与亚里士多德的政治生态思想比较》,《重庆科技学院学报》(社会科学版) 2017 年第 11 期。
[4] 阮芬:《稷下学宫的先生与柏拉图学园的教师之比较》,《管子学刊》2019 年第 4 期。

国之间奔波游走，被各国国君所聘用。其中，墨家主张"平等""博爱"，以"互利"引导人的逐利本性[1]；道家主张尊重自有的自然规律，不要过度干预，因而推崇"自然""无为""自由"等理念[2]；阴阳家以"五行"为变量建立了观察世界、探索客观规律的辩证思维体系[3]；等等。这些都丰富了中华文明的思想内涵。

竞争激烈的春秋战国时期，得到广泛认可并在强国策略上获得巨大成功的是秉持法家思想的大批政治家，如协助齐国的管仲，协助魏国并撰写《法经》的李悝，协助郑国的子产，协助韩国的申不害和韩非，协助秦国的商鞅和李斯，先后协助鲁国、魏国和楚国的吴起等[4]。法家秉持以"平等"，"公正"，"诚信"为基础，借助"法治"而追求"富强"[5]。春秋时期，管仲曾伏击齐桓公，并一箭将其射中以阻止其继承王位，齐桓公继位后了解到管仲的治国才能，果断摒弃前嫌拜管仲为相，在管仲的辅佐下齐国成为春秋时期的五霸之首。战国时期，秦孝公重用法家的代表人物——卫国的商鞅，主持秦国变法图强运动，甚至处罚违法的储君，致使秦国迅速强大，为秦国最终统一中国奠定了坚实的基础。由此可见，"法治"是春秋战国时期主导性的治国理念。稷下学者们不仅实质性地影响和决定了春秋战国时期的历史发展和走向，而且他们的学术思想以及相互交流的成果还成为中国后来两千多年历史中意识形态发展的基础和源泉。

2. 中国战国时期的法论

中国的春秋时期社会动荡、战乱不断，东周王室权威弱化，社会秩序混乱。生活在那个时代的孔子对此忧心忡忡，非常不满。他和他的追随者孟子等人潜心研究出了一整套儒家思想，包括了哲学、伦理、政治、社会等多方面的学问，以西周等级制度为基础，系统性地建立了仁、义、礼、智、信、恕、忠、孝、悌、节、勇、让等涉及道德、伦理、心理、求知、治国、社会秩序、行为规范、性格节操、人际

---

[1] 吴进安：《墨子社会正义观探析》，《职大学报》2017年第6期。
[2] 刘建涛：《道统文化的神圣追求：实现精神自由》，《大连海事大学学报》（社会科学版）2016年第5期。
[3] 王巳龙：《阴阳家兴衰中的民族文化选择》，《开封教育学院学报》2016年第9期。
[4] 胥仕元：《先秦法家政治哲学的时代性》，《燕山大学学报》（哲学社会科学版）2019年第2期。
[5] 周四丁：《蒋玮，论韩非法治学说的价值系统》，《湖南人文科技学院学报》2019年第3期。

关系等方面的观念，希望恢复和完善西周时期的宗法观念、等级制度、治理结构、社会秩序，阻止无序竞争和一味逐利的社会倾向。儒家经典《孟子》一书中记载了公元前 4 世纪魏国国君梁惠王向孟子问政时的对话。梁惠王问："老先生不远千里而来，能提供对我国有利的建议吗？"孟子答道："大王何必说利呢？只要有仁义就行了。"然后孟子解释说，如果大家都争先逐利则国家内部就会杀伐不断，如果以仁义为先则国家就会安定。儒家这种典型的治理策略如果涉及内政应该是不错的理念，但若涉及诸侯国之间关系时就难以被接受。春秋时期孔子曾在鲁国任职，治理内政效果不错，但因触及了贵族利益而受阻，最终不满国君的昏庸而离开鲁国，开始了十几年周游列国的行程。他在卫国被多次问及如何与他国对抗时无策可出，最后齐国不理睬他、楚国不认同他的理念、宋国嫌弃他、陈国对他的理念也不感兴趣，经过郑国、蔡国时又遭遇种种磨难，最后一无所获地回到鲁国[①]。在诸侯国争雄称霸的年代，孔子试图说服各诸侯国停止扩张和互相争夺利益、恢复旧制度、安于比周王室更低的等级并遵从周王朝等设想，不仅会导致历史倒退，压制社会发展动力和生机，而且各君主如果采用孔子的复古策略，无疑会导致国家的迅速灭亡。实践也证明，采用法家等学派变法图强的"法治"策略，则可以使国家迅速强盛起来。儒家借助伦理道德等观念消极遏制逐利倾向的这种设想与人的自然本性相悖，他们对于追逐利益的理念采取重"堵"轻"疏"的措施，而不像大禹治水那样"疏""堵"结合，因此在诸国国君面前屡屡碰壁。在整个春秋战国时期诸国激烈争霸的过程中，儒家的这种"德治"设想都难以施展。

3. 欧洲古希腊与古罗马的德治与法治

古希腊的社会尚以奴隶制经济为主，城邦间掠夺征伐战争不断，公民及城邦利益的扩大化是主流社会的基本诉求。古希腊社会的城邦治理为有限平等制，不仅奴隶和外地平民不能享受平等的公民权利，而且公民内的平民和贵族之间也不是完全平等的，古希腊所谓的平等实际上是地位相近者之间的平等[②]。古希腊的思想家认为，

---

① 向燕南：《孔子周游列国》，《前线》2019 年第 4 期。
② ［英］约翰·麦克里兰：《西方政治思想史》，彭淮栋译，中信出版社 2014 年版，第 10 页。

国家利益比公民个人利益更为重要，理想的治国手段是道德教化[①]，即以正义、公道、中庸、善、幸福等伦理思想和道德原则作为治理国家的思想[②]。这种伦理道德治国的方式可简称为"德治"[③]。当时一些不成文法就是按照道德规则来执行的[④]。苏格拉底向希腊社会提出了合理的伦理与道德观念，希望人们辨别善恶、主张正义、奉献社会[⑤]。柏拉图向人们展示了物质世界之外的精神世界，希望人们具备良好的品德，处事公平，与人为善[⑥]。亚里士多德强调了理性的重要，在道德社会里还要遵循民主与法治等原则[⑦]，但却鄙视其他族群，拥护奴隶制。亚里士多德曾说："亚细亚的人民多擅长机巧，深于理解，但精神卑弱，热忱不足；因此，他们常常屈从于人而为臣民，甚至沦为奴隶。唯独希腊各种姓，在地理位置上既处于两大陆之间，其秉性也兼有了两者的品质。他们既具热忱，也有理智；精神健旺，所以能永保自由，对于政治也得到高度的发展；倘使各种姓一旦能统一于一个政体之内，他们就能够治理世上所有其他民族了。"[⑧] 他们认为，人可以追求包括获取奴隶在内的利益，但强调追求利益要符合道德和法规约束，不能过度片面追求以及损人利己地追求。苏格拉底、柏拉图、亚里士多德等人的哲学思想成为后来欧洲哲学发展的基础。虽然当时希腊的城邦政治并不是非常专制的体制，但仍会出现对思想自由的限制。公元前399年，三个雅典公民起诉苏格拉底的学说不敬雅典诸神且败坏了青年。该起诉经雅典人陪审团表决多数通过，并以民主的方式判处苏格拉底死刑。苏格拉底最终喝下毒酒而死。

古罗马时期的政治思想继承了古希腊的政治思想，而且有所发展。公元前445年，古罗马通过平民可与贵族通婚、可平等选举官员的法案，公元前287年，通过承认平民议会议案可成为正式法律的法案等，以协调贵族和平民的关系[⑨]。由此，古

---

① 张桂林：《西方政治思想史》政治思想史，高等教育出版社2019年版，第4页。
② 叶立煊、郝宇青：《西方政治思想史》，华东师范大学出版社2017年版，第10页。
③ 张桂林：《西方政治思想史》政治思想史，高等教育出版社2019年版，第2页。
④ [英]约翰·麦克里兰：《西方政治思想史》，彭淮栋译，中信出版社2014年版，第9页。
⑤ 马涛：《孔子与苏格拉底经济思想特点的比较》，《武汉科技大学学报》（社会科学版）2018年第3期。
⑥ 焦唤芝：《孔子与柏拉图财富观之伦理视域的比较》，《安徽职业技术学院学报》2014年第2期。
⑦ 武岑：《孟子与亚里士多德的政治生态思想比较》，《重庆科技学院学报》（社会科学版）2017年第11期。
⑧ [古希腊]亚里士多德：《政治学》，吴寿彭译，商务印书馆2009年版，第366—367页。
⑨ 叶立煊、郝宇青：《西方政治思想史》，华东师范大学出版社2017年版，第33页。

罗马政治思想呈现了以法律表达政治意愿的法律政治观。罗马人在扩张发展中对法律产生了极度信赖，将法律置于道德之上，其主要治理特征由"德治"逐渐向"法治"转变[①]。

二 突破神治与欧洲工业革命的爆发

1. 突破神治与社会变革

公元前14年古罗马进入帝制时代，标志着欧洲绝对专制时代的开始，元老院对最高执政者的约束力基本可以忽略，至116年随着罗马帝国版图的最大化，专制制度也达到顶峰。罗马皇帝于392年把基督教认定为国教，显示其权力开始受到教权的约束。至476年西罗马帝国灭亡，西欧的绝对专制时代才宣告结束。自此至工业革命前，西欧地区再无绝对专制制度出现，一切王权均未能覆盖整个西欧，且王权始终受到了教权、贵族权力、周边王权，乃至后来议会权力不同程度和不同方式的约束。

西罗马帝国灭亡后约一千年的西欧"中世纪"，被称为基督教的时代，此时王族、贵族、平民等一切社会成员基本都信奉基督教。西罗马帝国灭亡后，不同的日耳曼部族迁入原西罗马帝国各地，并建立了不同的政权。但这些北方日耳曼人的文明程度和文化明显落后于基督教文明，随后各个日耳曼政权不断皈依基督教，使得神学政治逐步取得了统治地位。此时，基督教会具有管理一切的权威，《圣经》是国家统治的理论基础和判断善恶是非的标准，上帝是一切权威的最初来源。自此，国家治理就从罗马时期的"法治"转为中世纪的"神治"时期[②]。基督教的各级教士处于思想文化领域的垄断地位，基督教神学至高无上，除此之外再不允许存在其他的政治理念。神学包含了诸如哲学、政治学、法学、伦理学、美学等一切科学，也垄断了教育和所有学术研究，诸如国家、政体、主权、法律、服从、义务等一切政治概念都只能在神学体系内探讨。由此可见，尽管西欧出现众多政权，但基督教会是保持西方文明整体性和体制化的核心力量。

---

① 张桂林：《西方政治思想史》，高等教育出版社2019年版，第4—5页。
② 张桂林：《西方政治思想史》，高等教育出版社2019年版，第5—6页。

然而，不论基督教的神学思想如何占统治地位，强大的世俗王权也是不可回避的存在，二者需要寻求共存的途径。在《圣经·马太福音》中，耶稣表示"恺撒的物当归恺撒，上帝的物当归上帝"，因此基督教中存在精神权威与世俗权威共存的依据。但二者之间不仅需要互相协作，而且存在矛盾与竞争，可以说，二者之间的关系是中世纪最主要的政治关系。800年，加洛林帝国的查理曼大帝接受教皇加冕，显示出他与教权的密切利益联系，自此，历代加洛林帝国君主都积极地利用教会来巩固自己的统治。在中世纪，世俗政权和基督教会都参与人们日常生活的管理。虽然基督教主教和各修道院院长们均可掌握巨大权力和利益，但是他们若要争取获得任职必须得到强大王权体制的庇护，因此他们都积极为王权效命。在《圣经·保罗书》中，保罗表示"在上有权柄的，人人当顺服他。因为没有权柄不是出于上帝的。凡掌权的都是上帝所命的，所以抗拒掌权的，就是抗拒上帝的命。抗拒的必自取刑罚"，这就成为教会支撑世俗王权的依据。既然"君权神授"，所以教会告诉信众说，服从统治者就是服从上帝[①]。各地教会和主教们占有大量土地，可以向信徒征收什一税，也可以借助各种教务活动收取钱财，成为中世纪强大的地方势力。从自身利益出发，各地方的教士们也并不一定愿意受到教皇的过度约束，如果王权能够保证提供庇护，并确保他们的任职，他们也更愿意支持王权。教会严重的世俗化引发了其内部频繁出现腐化、堕落行为，也冲击了教会的神圣形象。

教权与王权共存的局面必然导致二者的矛盾，尤其在主教与修道院院长的叙任权这一涉及重大政治和经济利益的问题上，更是冲突不断。1075年，教皇格里高利七世发布敕令《教皇如是说》，主张教权高于王权，教皇和教会掌握主教叙任权、立法权、司法权等众多世俗权力，教皇甚至有权力废黜世俗皇权和王权[②]。由此引发了格里高利七世与德意志国王亨利四世多年的往返斗争和互相废黜的历史（参见本章第三节）[③]。1198年，继位的教皇英诺森三世再次强调教权绝对高于王权。1199年，向整个西欧的教区征收什一税，大幅增加了教会的收入。英诺森三世为扩张罗马教

---

① 张桂林：《西方政治思想史》，高等教育出版社2019年版，第89—90页。
② 张桂林：《西方政治思想史》，高等教育出版社2019年版，第94页。
③ 郑寅达：《德国史》，人民出版社2014年版，第53—59页。

会势力范围，于 1202 年策划和发动第四次十字军东征，并默许十字军于 1204 年攻陷君士坦丁堡，造成十字军对同属于基督教的该城东正教居民进行持续三天的残暴劫掠和屠杀[①]。1206 年，英国国王约翰一世拒绝承认教皇任命的大主教，英诺森三世就剥夺其教籍并支持法国国王腓力二世对其攻击，迫使其最后做出让步。1210 年，英诺森三世乘德意志贵族争夺王位的机会向其索取大量土地，当他对神圣罗马帝国奥拓四世不满时，就宣布废黜其帝位并支持腓力二世，并于 1214 年打败奥拓四世，使其倒台[②]。至此，教皇势力发展到鼎盛，教会占据意识形态统治地位，在经济上征收什一税、拥有世俗社会 1/3 的土地、控制各种生产经营活动，甚至放债，总收入比各世俗王权还多。教会不仅握有至高无上的政治权力，还拥有自己的法庭和监狱，并掌控武装力量以发动十字军东征[③]。1294 年，卜尼法斯八世以极为阴险的手段篡得教皇位置。法国国王腓力四世不顾教皇反对而向法国教会征税并限制教皇权力；卜尼法斯八世则要开除腓力四世教籍。1303 年，腓力四世派人闯入教皇寝室将其绑架，该暴力行动得到法国公众拥护，且英国、德意志和意大利也予以默许。此事件使卜尼法斯八世虽被释放，但羞愤而死。自此，新教皇均为法国人，教廷也留在法国境内，直到 1377 年，教皇才返回罗马。此后，罗马教廷混乱而分裂，教皇权势就此衰落[②]。

15 世纪，欧洲进入文艺复兴时期，文艺复兴运动从古希腊和古罗马的思想中汲取人文精神，旨在追求人文主义、描绘和赞颂俗世的人，促使思想意识形态开始摆脱神学的桎梏。意大利各城市互相独立和自治的传统，促成了文艺复兴率先在意大利各地的出现。文艺复兴实际上是以各种文化形式宣扬维护个人尊严，弘扬个人价值，张扬人的个性，并鼓励追求自由与幸福[④]，使人们的思想逐渐摆脱神学的枷锁。1517 年，教皇大量发行"赎罪券"等行为使人们逐渐看清楚教会的贪婪和腐败，并引发了马丁·路德反抗天主教的宗教改革运动以及 1532 年亨利八世带领英国脱离罗马教廷行动。这些都极大地震撼了罗马教廷的权威地位，剥除了其神秘的色彩。罗

---

① 罗春梅：《论英诺森三世对第四次十字军东征转向的态度》，《成都师范学院学报》2013 年第 1 期。
② 董玉洁：《教皇的那些事儿》，《世界知识》2013 年第 6 期。
③ 叶立煊、郝宇青：《西方政治思想史》，华东师范大学出版社 2017 年版，第 42 页。
④ 张桂林：《西方政治思想史》，高等教育出版社 2019 年版，第 119—120 页。

马教廷分别于 1553 年和 1600 年用火刑处死塞尔维特和布鲁诺，于 1633 年监禁伽利略，但一系列科学创新成果的出现，打破了传统神学理论唯一正确并可指导一切的神话，动摇了教会对知识的垄断。

在中世纪，各国最初往往是借助附庸采邑契约连接起来的比较松散的共同体，以适于生产力水平较低的小农经济。当商品经济兴起并要求广阔市场、国家发展呼唤强势王权、与他国竞争需要具备高强度战争能力时，附庸采邑制就变得无法适应。随着西欧各国间的战争规模不断扩大，带有传统民主色彩的松散君主制就逐渐转变为专制的君主制。国王的军队从征集附庸的帮从和协助转为国王直接统帅且直接效忠于国王的常备军。同时，国家经济转为统一的市场经济，政治权力也转向国王集权。自 14 世纪开始，国王集权逐渐成为西欧政权演变的普遍趋势[1]。1438 年和 1532 年，法国国王查理七世和英国国王亨利八世分别颁布国务诏书，宣布脱离罗马教会，确立本国宗教的独立地位，加强王权。西班牙则以与罗马教廷结成牢固同盟的形式加强了王权。16 世纪的英国、法国、西班牙虽然已经具备了王权专制的政治形态，但王权仍然要受到议会和法律不同程度的约束[2]。

英国启蒙运动思想家洛克以财产私有为核心于 1689 年出版著作《政府论》，驳斥了君权神授的观点和理论，认为政府的权力只能来自于大多数人的同意，即将自己执行自然法的权力以契约的形式让渡给政府。虽然这种多数人的同意给了政府合法性，但人们没有让渡的执行自然法的权利以外的生命、健康、自由和财产权利[3]。法国启蒙运动思想家孟德斯鸠和卢梭分别于 1748 年和 1755 年发表著作《论法的精神》和《论人类不平等的起源和基础》。卢梭认为自由、平等是人类的天赋人权，孟德斯鸠则提出了"三权分立"理论，即将国家权力分为立法权、行政权和司法权，将三种权力分别交给国会、政府和法院管辖，这样既保持各自的权限，又要相互制约保持平衡[4]，由此推动了欧洲的思想启蒙运动。1640 年，英国带有资产阶级性质的新贵族在议会选举中取得了多数支持并开始限制国王权力。经过反复的争

---

[1] 张桂林：《西方政治思想史》，高等教育出版社 2019 年版，第 117—119 页。
[2] 张桂林：《西方政治思想史》，高等教育出版社 2019 年版，第 143 页。
[3] 魏官正、于潇哲《论洛克〈政府论〉所体现的政治理论及其内在逻辑》，《现代交际》2020 年第 3 期。
[4] 王喆：《论三权分立和主权在民》，《法制博览》2018 年第 11 期。

夺和内战，议会于 1649 年把国王查理一世送上断头台，甚至进行过共和制的尝试。1689 年，英国议会颁布的《权利法案》明确议会拥有高于王权的权力，由此奠定了英国君主立宪政体的基础[①]。英国的经济学家亚当·斯密分析研究了当时英国产业资本的发展和应有途径，于 1776 年出版《国富论》，探讨并论证了资本主义社会自由竞争阶段经济自由主义的必然性，建立了资产阶级古典政治经济学的完整体系[②]。1789 年之前，作为农业国的法国其 90% 的耕地归属于国王、贵族和教会。在法国社会的贵族、教士和平民三个等级阶层中，贵族和教士两个阶层约占人口的 1/30，但农业租税总收入的 3/4 却被他们所占据。在王权专制下，包括新兴资产阶级在内的第三等级平民与贵族和教士两个等级的矛盾非常尖锐[③]。在启蒙运动用科学批判神学、用人权反对专制思想的推动下，1789 年，法国制宪议会颁布《人权宣言》，随即爆发法国大革命运动。经历了多次与王权激烈较量后，法国于 1870 年最终确立了共和政体。

2. 西方近现代文明观念的形成与工业革命的爆发

在基督教文明中，平等与博爱是非常重要的宗教理念，也是基督教成立和发展的核心驱动力之一，因此基督教基于上帝选民平等与博爱的理念，确立了"上帝面前人人平等"的基本原则。平等是民主的基础，有了平等未必能建立起民主制度，但没有平等则一定无法建立民主制度。然而，民主所能涉及的范围和所能达到的水平不会超越平等的范围和水平。从理想化的观念来说，平等、民主以及与之相应的自由应具有普世价值，且这种价值理念也应在世界各地得到广泛的接受和认可。然而迄今为止，世界历史上从未出现过理想化的平等和民主。当人们从实用政治和利益层面来阐述平等和民主时，理想化的平等与民主等观念往往就消失了。在全世界处于野蛮时代末期，氏族部落群体进入文明社会之前，部落成员主要依靠自身的辛勤劳动获得衣食和温饱利益，可称为劳动利益或劳动获利。劳动利益并不直接涉及

---

① 叶立煊、郝宇青：《西方政治思想史》，华东师范大学出版社 2017 年版，第 90—91 页。
② 时越：《浅谈"国富论"与 18 世纪的英国社会》，《新西部》2017 年第 34 期。
③ 叶立煊、郝宇青：《西方政治思想史》，华东师范大学出版社 2017 年版，第 118 页。

人与人是否平等，正常劳动即可获益且多劳多得。这一时期，同一部落内的普通成员和部落首领之间会因责任和领导能力的差异而存在某种程度的利益分配不平衡，当部落首领因承担更多责任，或善于运用所掌握权力使部落更加兴旺时，就会获得享受更多利益的优势，可称为优势利益，或优势获利。此时人与人的关系可以算是平等的，获得优势利益也是基于获益者为群体或在较宽范畴做出了更大贡献。劳动获利的途径不仅包括简单的体力劳动，也可以包括后来通过经验、知识、技术、智力、经营、管理等多种借助积累劳动能力实现的高效率、高竞争力劳动获得的附加利益。而取得优势利益的原因不仅在于领导地位和运用权力的能力，也可以包括后来因财产、专利、知识产权、土地、资本、资源等多种已积累并固化的获利能力和基于较公平规则的优势获利。然而，在西方社会进入文明时代时，出现了一种合法的不平等关系，即一个氏族部落借助暴力征服另一个氏族部落，通过强制被征服部落成员成为奴隶，并把其劳动成果用来实现自身更好的衣食温饱，这种利益可称为盘剥利益或盘剥获利。盘剥利益必定基于人与人之间的不平等关系，并以获益方的强权、暴力、霸权为基础，而且获取超额利益。如果一个掌权者因其掌握了公共权力就可获得或换取自身额外利益，则会产生人与人之间仅因掌权与否而导致的不平等，因此借助权力也可获得盘剥利益。

在中华文明形成初期，主要存在劳动获利和优势获利，盘剥获利较少，但出现世袭制之后，尤其在中华文明长期以中央集权模式发展的过程中，皇权专制的制度本身会确保政府官员或特权阶层等社会成员合法地获取一定盘剥利益，即借助不平等的特权获取利益，同时掌握各种权力的社会成员还经常以贪腐的形式非法获取盘剥利益。

由此可见，中西方文明中盘剥利益的重点表现形式有所不同。获取盘剥利益往往会涉及对其他族群或阶层的掠夺、征服、奴役、欺骗、威胁、恐吓、榨取、勒索、盘剥、侵占、驱赶、虐杀、灭绝种族等行为。西方文明的特征导致其发展历史过程中往往会追求跨越文明范围或控制领域时己方多数人对他方多数人的霸权；而中华文明儒学思想中约束底层、守旧等特点使其发展中大多关注富足、发达、足够广阔文明圈内统治阶层对大多数被统治阶层的控制，较少觊觎文明圈以外的领域。

西方文明中族群间的平等始终是有限的，以此获得相应盘剥利益是西方文明的重要历史特征。表 4.4 粗略地列出了西方文明平等观念有限性在历史上的理念、实际表现和演变。很显然，西方主体的基督教民族始终有可能借助把一些其他族群排除在平等范畴之外的方式，进而从这些族群取得盘剥利益。基督教所认定的对上帝选民有"上帝面前人人平等"的原则，在历史上隐含着非基督教信徒无法获得平等权利的意味。西方文明中不仅会因民族、宗教、阶级、地域、文明发展程度等因素的不同而不平等地对待其他族群[1]，而且导致不平等的因素还可能是国籍、肤色、文化背景、意识形态、政治体制等方面的差异，甚至军事霸权及其所支撑的意识形态或金融霸权也会导致不平等和盘剥。因此，西方社会至今仍时常会对其他文明采用"双重标准"。这种局限于其文明圈内的有限平等也是西方所宣扬和炫耀的传统价值观的核心和基础；对于其他文明和国家来说，这种价值观其实只具备潜在的贬低、歧视相应国家及其民众的意义，并无值得羡慕之处。随着西方现代文明的不断发展，劳动获利和优势获利日益成为利益来源的主流，因而广大西方国家越来越注重发挥其高技术、高效率和高竞争力的文明特征，追求盘剥利益的部分逐渐趋于弱化，尤其在欧洲表现较为明显。

表 4.4　　历史上西方文明平等观念有限性涉及的大致范围举例[1]

大致年代与地区	平等理念	获得平等权力者	被排除在平等之外的主要族群
古希腊	公民人人平等	本地平民	奴隶、非本地平民等
古罗马	公民人人平等	本地平民	奴隶、被征服地区族群等
中世纪欧洲	上帝面前人人平等	天主教族群	非天主教族群等
工业革命前后的西欧	法律面前人人平等	欧洲族群及其移民	非欧洲族群、奴隶等
建国初期的美国	人人生而平等	欧洲移民	印第安土著、非洲奴隶等

前面提到的"五眼联盟"至今往往以其平等、民主、自由、人权等共有的理念为傲，其一切价值观的出发点应该是人人平等，但历史上"五眼联盟"所涉及的

---

[1]　毛卫民：《金属与战争陷阱》，《金属世界》2021 年第 2 期。

"人"并不是生物学意义的所有"人"。如今"五眼联盟"对残留的土著居民采取了种种保护政策,但不一定完全意味着就是西方有限平等的进步。西方社会之所以能引入这类保护政策一定程度上还在于无论怎样保护,土著居民都无法恢复其原有的社会结构了。一旦问题涉及"五眼联盟"所依托的西方文明圈以外的范围或涉及超出其控制能力的其他宗教、国家或文明时,其对外的平等与民主往往就消失了,这在一定程度上表现出的仍是咄咄逼人的掠夺和盘剥特征。以"五眼联盟"为代表的西方社会价值观体系实际上包括了其文明圈内的价值观和针对其文明圈外的价值观两个方面,可称为圈内价值观和圈外价值观。这两种截然不同的价值取向必然导致西方意识形态双重标准特质的产生[1]。"五眼联盟"在炫耀其价值观时实际只是涉及其圈内价值观,但"五眼联盟"面对西方文明圈外,并不宣扬且实际使用的往往是其圈外价值观,因此对非西方国家通常体会不到西方圈内价值观的优势之处。观察发现,没有生活在由掠夺来的殖民土地上的其他西方欧洲国家,其掠夺和盘剥的特征则已被极大地弱化了。源自宗主国英国的"五眼联盟"国家生存在掠夺自他人的大量土地上,观察其在处理与文明圈外其他非西方国家和人民关系时的行为,至今都无法完全确认"五眼联盟"价值观中涉及的"人"已经是指生物学的所有"人"了。因此,"五眼联盟"国家对其共有价值观的骄傲和炫耀难免存在一定的盲目性。

自中世纪以来,西方文明经历了文艺复兴、宗教改革、近代实验科学兴起、西欧各国王权专制、启蒙运动、英法资产阶级革命等,由此奠定了英国爆发第一次工业革命、欧美爆发第二次工业革命等一系列重大历史事件的基础,进而使西方文明逐渐到达了高度发达和全世界范围绝对领先的地位,且之后两个世纪一直引领世界文明的发展。基督教把西方文明圈的各个地区紧密地联系在一起,因此西方文明也可称为基督教文明。然而,在这个文明圈内同时存在着大小不同、形式多样、互相独立的许多政治体系和国家,由此导致了文明圈内各个国家竞争发展的局面。王权林立以及王权与教权长期互相制约的局面,导致在文明圈内无法形成绝对专制的单一权力。针对西方文明发展所涉及的上述各个重大历史事件,如果一个事件无法在

---

[1] 毛卫民、王开平:《欠发达铜器时代孕育的西方文明及其早期价值观念的特征》,《金属世界》2021年第5期。

此国出现，仍可能在彼国出现，且因政权的分立而无法直接地干预和扼杀，但若一个历史事件成功并展示出其优势后，即可很快被文明圈内的其他政体所汲取。这种互相促进的良性循环，使得在文明圈内所有发展现代化文明所需的事件或早或晚总会发生，西方文明圈内的这种社会结构应该是保证西方文明取得领先发展优势的关键之一。中华文明圈在春秋战国时期曾出现过类似的社会结构，但形成中央集权皇权绝对专制的统一大帝国之后，类似的这种社会发展活力就很难再现，任何皇权不认可的事情随即就会在文明圈内被扼杀殆尽，难有生机。

三 儒学的演变及其对萌发工业革命的遏制

1. 儒学的演变及其历史作用

自公元前 221 年秦始皇建立了中央集权、皇权至上的大帝国，至 1912 年清朝最后一个皇帝退位的 2132 年的时间内，中国有约 1600 年处于绝对专制的大一统皇权时代，其中只有三国时期（220—280 年）、南北朝时期（316—589 年）、五代十国时期（907—979 年）、金南宋时期（1127—1279 年）等有限时间段内因政权的分治产生了若干地方政权相互制约的情况，分治时期共计 550 多年。即便是分治时期，各分治王朝内部仍是以皇权专制为主，大多不存在教权和贵族权力的决定性约束。

中国在建立起大一统的中央集权政体之后，儒家"德治"思想的真正机会就来了。秦朝建立后没有几年就灭亡了，西汉建立之初，战乱初平，政局动荡，经济凋敝。公元前 180—前 141 年，汉文帝和汉景帝以道家思想为基础，采用了政府不多干预、轻徭薄赋等政策，以便休养民生，恢复生产，发展经济，以"无为"的理念实现了社会安定、经济发展的文景之治。汉武帝继位以后再借助推恩令、左官律、附益法等一系列法令削弱了同姓诸侯国，强化了中央集权，使国内政治局势也稳定下来，春秋战国时期群雄争霸的局面不复存在，剩余的主要是边疆安定问题。经济发达、国家逐渐实现一统之时，汉武帝不想再采用道家无为而治的治理理念，于公元前 134 年下诏征求治国方略，寻找适合中央集权、皇权专制条件下指导国民思想和国家治理的新思想体系。儒士董仲舒以"举贤良对策"应对，提出以"儒学"思想治理国家的主张，被汉武帝接受。自此，汉武帝"罢黜百家，表章六经"，开启了以"经学"为基础的儒学及其思想体系占统治地位的时代①。"六经"指《诗》《书》《礼》《易》《乐》《春秋》等古代早期书籍，经过孔子整理和修订后成为儒家经典。经学是训释、阐述、研究儒家经典的学问②，西汉儒学则是董仲舒以经学为基础融合了道家、法家、阴阳家、墨家等多家部分思想而构建的新儒家思想体系②。儒家思想为中国社会提供了一整套伦理和道德准则，对建立健康的社会关系、稳定社会秩序发挥了极为重要的作用。西汉儒学则在此思想基础上完善了国家和社会的治理体系，促进了社会稳定、经济发展、国力增强和文明发展。另外，以儒家思想为基础的儒学认可社会的分级，压抑逐利倾向，不主张突破儒学框架的外向型创新发展，主张忍辱负重和委曲求全，推崇因循守旧，而且越接近社会底层，其治理体系的强制约束作用越大，对于权力结构顶层的皇权并没有强制约束性，只剩下非强制的道德约束。儒学治理体系非常有利于中央集权、皇权专制条件下统治者治理国家、教化民众、选拔官吏及保持社会稳定，因而被历朝历代统治者所推崇，也成为使中华文明融合、统一特征日益强化的重要思想基础。儒学的"德治"理念在皇权专制的支持和呵护下成为中国两千多年对内治理的主要思想基础。

220年，曹丕废黜汉献帝建立曹魏政权致东汉灭亡，265年司马炎又取代魏元帝建立西晋政权。这些顶层皇权更迭的现象完全违背儒学的宗旨，导致许多儒士的困惑和不满，进而引发对诸多哲学问题的疑虑和思考。他们以维护儒学正统为出发点，借助道家的逻辑分析和推演，指出了皇权更迭的荒谬，并在此过程中形成了用道家思想来丰富儒学的玄学③。随着西晋政局的稳定，玄学亦回归传统儒学。南北朝时期众多尊重但不熟悉儒学的北方少数民族政权南迁，使儒学的独尊地位受到冲击。玄学"以道注儒"的行为打破了儒学不可触碰的禁忌，也给佛教的传入创造了机会。此时佛教也适时地修改或回避与儒学不符的内容，使得佛教普及的同时也被汉化成为汉传佛教④，其中禅宗即为在中国影响力非常大的汉传佛教宗派。学习经学通常需

---

① 韩星：《董仲舒以经学为基础构建儒学思想体系》，《衡水学院学报》2019年第2期。
② 高明峰：《"经学"与"儒学"概念辨析》，《山东省青年管理干部学院学报》2009年第2期。
③ 于冠琳：《魏晋玄学对儒学的继承及发展》，《文化学刊》2018年第8期。
④ 边旭蕾：《北朝社会信仰心理嬗变与佛教传播策略调整——以佛图澄为例》，《唐山师范学院学报》2014年第4期。

要细读批注过的六经典籍，特别重视对语言文字的解读和诠释，逐段逐句地体会和理解。玄学认为语言在达意方面是有局限性的，需要加以抽象思辨推演才能掌握要义。隋唐时期的禅宗把个人内心世界看作佛，且以"心"为主，用儒学来怀柔和揭示内心。在思维方式上把"我注六经"换成"六经注我"，进而以"直指人心，不立文字"的形式取得个人的顿悟①。因此禅宗对儒学后续发展也产生了重要影响。北宋时期，文人受到格外重视，一些儒士希望进一步提振和重建儒学，从多方面进一步深入和提升对儒学的认知，形成了新儒学，即理学。然而北宋灭亡，南宋政权偏安于江南一隅，此时虽有陆九渊等儒士面对国家衰败试图变革儒学以期获得新的突破，但最终因苟安思维笼罩，无法获得广泛支持②。生卒于南宋时期的福建省三明人朱熹一生未经历过大一统的中国，他认为儒学理念应优先于一切事物。朱熹在江南浓郁而精细的文化氛围中继续推进儒学，以北宋理学为基础，将儒学思想做了精心雕琢和细致入微的整理，使之成为更加完整、系统而严谨的学问和思想理念，因此，他也成为理学的集大成者③。理学以"四书"为经典，以"存天理，去人欲"为指导，教人系统性地逐步学习新旧儒学经典及"三纲五常"等规范，事无巨细地强化对人们思想的束缚，反对变革与创新，因此受到了统治者的欢迎，并成为社会的主流思想和之后科举考试选拔人才的重要依据。自此，中国官员阶层均须经过理学的系统教化与熏陶，社会稳定而思想沉闷，难以形成发展活力。明朝的王阳明结合孟子善正的本心、佛学顿悟的禅心、陆九渊的道德之心，经过孤独自处品味出以儒学为根本、"心即理"的心学④。他提出"知行合一"，即认识事物道理与实际运用此道理是密不可分的。王阳明的心学有反理学、尊重内心自我和个性解放的倾向，但未能突破儒学的束缚，无法改变儒学思想一统天下的局面。

到了清朝，儒学思想的发展大致处于停止或倒退状态。清政府清楚地认识到推崇儒学对稳定政局的重要性，以致康熙帝拜谒孔庙行三跪九叩的大礼，同时清政府上层也推进深度的汉化政策，使得清朝前期一度出现了康乾盛世。然而，清政府

---

① 赵茗：《隋唐时期佛教禅宗对儒学思想的影响》，《青海师范大学学报》（哲学社会科学版）2004 年第 3 期。
② 张勇：《朱熹与陆九渊易学论争的理学文化意义》，《周易研究》2009 年第 3 期。
③ 翟奎凤：《经学与理学之历史及儒学未来》，《江西社会科学》2015 年第 3 期。
④ 欧阳辉纯：《论王阳明心学的理论渊源》，《求知导刊》2016 年第 3 期。

维持的毕竟是一个以人数很少的民族治理极广大的非本族地区的统治，这就需要一方面自身融入汉文化；另一方面对占绝大多数的汉族始终保持高度的警惕和戒备心态，因此清朝的统治无法从根本上继续推进中华文明的健康发展。在乾隆时期编纂《四库全书》时按照统治者的意志对历史文献进行了系统性地删削和篡改，并借编纂《四库全书》为由，收缴和焚毁大量不符合朝廷理念的书籍，造成了对历史文化的破坏[1]。同时，清朝执政者还以文字触犯清廷忌讳的名义或假借文字表达的问题而罗织罪名、设置刑狱。根据档案记录，清代"文字狱"仅乾隆时期就有 80 起，文字不妥即可入狱，且绝大多数被判死刑，牵连家属[2]。清政府杀戮文字书写不当者并不是因为涉案者罪无可赦，而是要向汉族士绅发出严厉警讯——不可存在任何与清廷相悖的思想。自乾隆至清末期，文人们谨小慎微，因此也鲜有涉嫌反清的文字出现。然而随着主政时间的延续，清朝贵族也逐渐腐化、衰败，实力锐减，当清晚期太平天国反叛时，只能依靠汉族地方势力去镇压、剿灭。

2. 儒学思想的消极影响

儒学思想体系为中华文明建立并完善了伦理、道德、思想、社会秩序乃至政治构架等多方面综合系统，其"仁""义""礼"等观念也一定程度地发挥了西方文明中宗教所起的教化作用，对促进文化发展、稳定中国社会发挥了关键作用。然而，在保留道德约束的情况下，儒学思想越接近社会上层强制约束作用，则越低的特征所造成的负面作用也越明显。儒学对人性逐利倾向以堵塞为主的教育，导致那些饱受儒学熏陶、身居高位的官僚往往呈现出虚伪的特性。例如，北宋蔡京满腹经纶，24 岁考中进士，后官拜宰相，却长期纵容和引诱宋徽宗玩乐和贪婪的嗜好，最终导致朝政腐化，促使北宋灭亡[3]。蔡京嗜吃，家中厨佣数百人，一日需杀上千只鹌鹑，吃蟹黄馒头每个价值上百万文钱，被罢官之前事先偷运走的金银财宝达四十担[4]。南

---

[1] 陈四益：《四库全书琐谈》，《贵州文史丛刊》2013 年第 3 期。
[2] 孙光妍、宋鋈：《清代文字狱案例评析——以数据统计为中心的考察》，《法律适用（司法案例）》2018 年第 16 期。
[3] 晏建怀：《蔡京：颇具才干的弄臣》，《文史天地》2014 年第 7 期。
[4] 曾莉：《评蔡京》，《兰台世界》2013 年第 15 期。

宋秦桧博学多才，25 岁考中进士，后官拜宰相，生前曲意迎合宋高宗、勾连金朝、排斥异己、培植姻亲朋党，"纳四方之贿，鬻卖官爵，门如市矣"，不破费几十万两银子，很难得到差遣①，致富可敌国②。明朝严嵩早年熟读"四书""五经"，25 岁考中进士，后官拜内阁首辅，在朝极尽取悦嘉靖帝、制造朝堂冤案，独断专横③、贪污受贿。1565 年严嵩被罢黜时，查抄其各地房产 6600 余间、土地一百余万亩、金三万余两、银两百多万两④。清朝满洲正红旗人和珅，自幼入皇宫官学读书，熟读"四书""五经"，历任军机大臣、步军统领、理藩院尚书、义华殿大学士等职，他善于揣度和迎合乾隆帝心意，并赢得皇帝欢心，任内贪污受贿、巧取豪夺，1799 年被嘉庆帝赐死时抄家，仅白银就有八亿两，富可敌国⑤。蔡京、秦桧、严嵩、和珅，个个聪明伶俐，自幼受过良好教育且写得一手好字，堪称书法家⑥。他们深谙儒学经典和皇权专制下的为官之道。儒学要求臣民忠于至高无上的皇帝，只要做好迎合与蒙蔽的功课，亦可借得皇帝的至高权力，在饱学儒士外壳的遮挡下，可肆无忌惮地满足自己逐利的欲念。这种行为虽为儒学所反对，但儒学支撑的皇权制度却无法阻止。儒学制度对普通民众有巨大的强制约束力，但对这些顶层的伪君子来说，却形同虚设。儒学制度同样无法阻止前表 4.2 所列中国历史上后宫、外戚、权臣、宦官等篡夺皇权而腐败、乱政的现象。

儒学要求饱受儒学教育的官吏忠于君主。例如，南宋文天祥 1256 年中进士，1276 年任临安知府，1278 年兵败潮阳县被俘，他遵从儒学伦理道德，屡次拒绝元政权的劝降，1283 年在北京被元政府杀害。但明朝洪承畴，1616 年中进士，1639 年任兵部尚书；1642 年与清军作战时兵败松山城被俘，经短暂抗拒后投降清政府。清军进入北京后绝大多数明朝官员转而在清政府内任职⑦。可见，在皇权发生变更时儒学无法阻止儒生出身的官员变更君主。即便在政治腐败、君主昏庸的情况下，儒学通

---

① 韩西山：《秦桧传》，上海古籍出版社 1999 年版，第 223 页。
② 何忠礼：《"绍兴和议"签订以后的南宋政治》，《杭州大学学报》1997 年第 3 期。
③ 米舒：《严嵩之变》，《政府法制》2011 年第 18 期。
④ 赵映林：《严嵩父子的败亡》，《文史天地》2017 年第 11 期。
⑤ 李慧娟：《以"和珅的才与财"为例探析清正廉洁建设》，《佳木斯职业学院学报》2019 年第 4 期。
⑥ 中国收藏网：《为何历史上的奸臣多是书法高手？》，《公关世界》2016 年第 22 期。
⑦ 刘丽：《甲申之际明朝士人心态与选择》，《北方论丛》2009 年第 1 期。

常也要求普通民众忠于君主、服从统治，由此也造成在没有外来打击时，腐朽政权得以长期延续；而面对外来打击，尤其是与强势的西方文明冲撞时却一触即溃，给人民造成深重灾难。

3. 儒学在列强重压下的溃败

17—18世纪期间，中国以白银结算，向世界各地大量出口丝绸、瓷器，形成中国国际贸易的巨大顺差，也成为白银纯输入国，其中英国社会对中国茶叶有巨大的进口需求，由此导致了欧洲白银的短缺[1]。18世纪英国工业革命开始后，本国生产力得到极大提高，为平衡对华贸易，急需向中国出口其工业产品。1793年，英国政府派出以马戛尔尼为首的庞大代表团到达中国，以给乾隆帝庆祝80岁生日为由，送上随团携带的600箱精心挑选的礼物，包括各种工业革命后的西方先进产品，希望中国政府开放贸易禁令和通商口岸，开展对外贸易[2]。乾隆帝认为中国物产丰富，不需要对外贸易，拒绝了马戛尔尼的要求，且关闭广州市以外的通商口岸以防欧洲支持国内反清势力。马戛尔尼通过考察了解到中国虽然傲慢自负，但技术落后、军事上不堪一击。1816年，英国政府再次派遣阿美士德使团来华，希望与嘉庆帝交涉贸易事宜，接洽过程中因英方拒绝向嘉庆帝行叩头礼，导致会见未成，使团遭清政府驱逐[3]。

其间，英国为平衡贸易允许在其印度殖民地种植罂粟并加工成鸦片，然后放纵英国商人向广州市大量运输和售卖，至1839年中国因吸食鸦片问题流失了数亿两白银[4]。1839年，清朝政府钦差大臣林则徐在广东省虎门依法集中销毁了收缴英商人的鸦片。1840年，英国政府派海军到中国挑起鸦片战争。此时英国政府深知，虽然英国当时非常强大，但中国毕竟文明传续悠久，统一融合的特征造就了中国巨大的国家体量和经济能力，要像征服北美、非洲、印度、澳洲那样征服中国不太可能。英国要求中国打开国门，无非是为了获得更大的利益，因此，英国政府认为，对于中

---

[1] 杜恂诚、李晋:《白银进出口与明清货币制度演变》，《中国经济史研究》2017年第3期。
[2] 高山:《他看穿了中国古代史上的盛世危机》，《世界文化》2019年第10期。
[3] ［英］乔治·托马斯·斯当东:《1816年英使觐见嘉庆帝纪事》，《清史研究》2009年第2期。
[4] 吴义雄:《鸦片战争前的鸦片贸易再研究》，《近代史研究》2002年第2期。

国这种儒学治国的国家只要制服儒学秩序顶端的皇权,一切则会迎刃而解。1840年,英国海军先迫近广州,封锁了珠江口,然后到浙江省舟山地区进攻定海,9分钟炮击就把清军打得无力还击,使清廷得知英军火器的威力[1]。随后英军很快抵达天津市大沽口外,威胁京畿,至此,道光帝慑于英军威胁开始动摇。之后几经反复,清廷于1842年被迫与英国签订了历史上第一个赔款割地、丧权辱国的不平等条约——《南京条约》。强大的儒学治理秩序使得清政府很容易从中国民众身上搜刮到所需的赔款。

1861年咸丰帝殁,慈禧太后发动政变掌握政权,自此开始了她近半个世纪的后宫掌权时期,也是以儒学理念治国最为没落的年代。慈禧17岁经选秀女入宫,按常规应未接受过系统的儒学教育,她执政后期不顾及帝王应遵循的儒学规范,利用手中的权力主要为个人服务,严重损毁国家和民族利益。1888年,清政府决定给慈禧修建颐和园。虽然当时日本的威胁日益严重,但清政府依旧挪用海防经费并以海军名义筹集修建费用,不再更新和认真维护海军装备,1890年,慈禧还将对此提出异议的朝臣革职查办。1894年8月,中日双方宣战,9月清军在陆上、海上全面溃败。10月25日,日军抢渡鸭绿江。10月29日,清政府开始给慈禧举办盛大的60岁生日庆典,政府停止办公。11月6日,日军攻占辽宁省金县。11月7日即慈禧60岁生日当天,日军进攻大连湾。11月14日慈禧生日庆典结束。11月21日,日军占领旅顺市,灭绝性地屠杀当地妇孺平民2万余人。次年1月20日,日军攻占威海市。2月12日,清北洋舰队在向清政府请示无果的情况下炸毁军舰后向日军投降[2]。清政府随后签署的《马关条约》除割让台湾,还向日本支付数倍于日本政府年收入的巨额赔款,并转而分摊到全国各地。其实,如果清政府采取俄罗斯对付拿破仑入侵的做法,至少可以把日本拖垮,经济上比割地赔款更合算,但这并不符合慈禧的个人利益,因此她宁可出卖国家和民族利益。

晚清末年,西方列强及日本均清楚地认识到清政府就像一只狂妄自大、外强中干、昏庸懦弱、腰缠万贯的肥羊,于是,不论大国、小国都寻找各种借口来"薅一

---

[1] 王和平、王琦:《论浙江在鸦片战争中的地位》,《浙江海洋学院学报》(人文科学版)2014年第3期。
[2] 赵增越:《慈禧六十庆辰与中日甲午战争》,《中国档案》2014年第9期。

把羊毛"。表 4.5 列出了当时清政府在列强打压下的对外主要赔款。这一系列不平等条约和赔款显示,清政府实际已成为帮助外国列强盘剥中国人民的提款机。中国也由此迅速沦落到极度贫困落后的境地。

表 4.5　　　　　清政府在列强打压下的对外《主要赔款简表》[国]

签约时间	缔约国	条约名称	赔款数额
1842 年 8 月	英国	《南京条约》	两千一百万银圆
1858 年 11 月	美国	《赔偿美商民损失专约》	五十万两白银
1860 年 10 月	英国	《北京条约》	八百万两白银
1860 年 10 月	法国	《北京条约》	八百万两白银
1881 年 2 月	俄国	《改订条约》 (《伊犁条约》)	900 万卢布 (约折白银五百万两)
1895 年 4 月	日本	《马关条约》	两亿两白银
1895 年 11 月	日本	《辽南条约》	三千万两白银
1901 年 9 月	英国、美国、俄国、日本、法国、德国、意大利、奥地利、荷兰、比利时、西班牙	《辛丑条约》	四亿五千万两白银,分 39 年还清,本息合计白银九亿八千万两
1906 年 4 月	英国	《续订藏印条约》 附《拉萨条约》	750 万卢比银,后减为 250 万卢比银 (折白银一百二十余万两)
1905 年 11 月	德国	《胶(州)高(密)撤兵善后条款》	四十万银圆
总计		约十三亿两白银,相当于晚清一般年财政收入八千万两的 16 倍	

4. 中华文明的传统思想内涵

儒学体系自建立以来不断完善,在中华文明中注入了文明、和谐、爱国、敬业、友善等多种道德观和价值观,对中华文明的发展做出了重要贡献。然而儒学体系承认人的等级划分,并以此建立社会秩序,因此不推崇,甚至阻碍平等、民主、自由等价值观,同时也崇尚道德约束,因此也不是特别强调法治观念。由于儒学体系特别有利于维护中央集权、皇权专制社会的稳定发展,因此受到历代帝王的推崇,乃至科举选拔官员都以其儒学水准为依据。"信"虽然也是儒学体系的内容,但儒学较排斥"利"而强调"义",因而诚信不是儒学想特别突出的内容。《孟子》中有"大人者,言不必信,行不必果,惟义所在";《荀子》强国篇也有"天下之要,义为本,而信次之"[①]。他们虽都要求守信,但重要性靠后。中国的法家却把诚信看得非常重要,认为诚信是法得以实现的基础[②]。因此法家对中华文明的平等、公正、诚信、富强、法治等价值观做出了更大的贡献。以伦理道德为基础的思想体系会有过度理想化的成分,在现实政治生活中难免会遇到障碍。西汉末年的王莽是儒学理想主义者,在当时受到广泛尊重并较和平地获得了西汉政权。但当王莽作为最高统治者把理想儒学付诸政治实践时,却遭遇重重困境,最终以失败告终[③]。儒学思想对帝王虽然有教化作用,但没有强制约束力。若坐在权力顶层的帝王具有开拓、创新、进取等非儒学精神,就有可能把儒学治理下的帝国领入盛世——历史上动荡期的一些开国君主往往就具有这种特性。当皇权帝国处于稳定期时,专制帝王往往会表现出封闭、保守、自大等负面特征,对任何改革努力通常会以"违反祖制"的经典儒学理由加以反对,因此阻碍了积极进取性的社会发展,并遏制了中国萌发工业革命的可能。

观察中国两千多年皇权专制制度的治理思想演变,可见其虽然以孔孟的儒家思想为主体,但也不同程度融入了道家、法家、阴阳家、墨家、禅宗等多种学派的思想,其内容变得越来越丰富、完善,可以说凝聚了中华文明各种思想的精华。然而,在皇权的绝对专制对人们思想的自由发展有很强的禁锢作用下,儒学思想的丰富和完善往往鲜有外延性的拓展和创新,其发展多表现为内向的精细化和内心自我修炼化,如朱熹的理学。可以发现,中国两千多年皇权专制统治过程中,大多数的治理思想因素都来自思想自由、开放的春秋战国时期。明朝王阳明的心学虽曾尝试打开传统思想的禁锢,但直至皇权专制制度灭亡,儒学思想体系的负面局限才被根本性突破。

---

① 高丽金:《浅析儒家古典诚信思想及其现代转型》,《市场周刊》2019年第9期。
② 路强:《从"诚信"走向"契约"——法家"信德"中的契约精神及其现代启示》,《人文杂志》2019年第3期。
③ 张颐:《王莽改制与两汉儒学风气的转折》,《太原理工大学学报》(社会科学版)2014年第4期。

第五章　工业文明及其物质基础

工业革命是机器大规模取代人力劳动的变革，也是古老文明在近现代继续保持强盛的关键。本章展示了欧美第一次和第二次工业革命的爆发与钢铁材料技术进步的密切联系，介绍了中国近代工业化与钢铁生产的坎坷历程，阐述了中国改革开放以来迅猛的工业化过程及材料工业的超大规模发展，展望了高技术新材料对未来信息技术和智能社会的基础性作用。

探索、创新等特性促使西方文明引领了历次工业革命；一度的僵化、自满使中华文明错失了工业革命的机会。然而，中华文明基于深入融合特征产生的巨大体量和坚韧的生命力，以及自身孕育的变革潜能，使中国从极度落后的状态发展到具备了可以与西方并驾齐驱的工业能力。时至今日，中华文明已经展现出自我革命而再度复兴的前景，也期待与世界各文明平等相处，共同推进人类文明的发展。

自18世纪中期以来，基于科学探索和研究，欧美地区出现了一系列技术革命及由此引发的社会变革，这就是引导世界现代化发展的工业革命运动。劳动是人类从事生产活动以创造经济价值的行为，主要包括体力劳动和脑力劳动。一个人的劳动能力总是有一定的限度，达到这个限度，人的生产能力就饱和了。即使采用畜力取代人力，仍是以某些生命物种取代人的劳动力，其生产能力还是有局限性。工业革命的原始驱动力就是尝试寻找生命体以外的力量来取代人力，进行生产活动和经济价值创造活动，并把劳动能力扩张到以往无法实现的范围，突破性地大幅度提高劳动效率和经济规模。工业革命导致社会经济的工业化发展，也使人类进入了工业文明时代。

第一次工业革命起源于18世纪中期的英国，也称为英国工业革命，革命的主要成果是用机器取代和扩张人的体力劳动。第二次工业革命起源于19世纪中期的欧洲，并蔓延到美国，革命的主要成果是用机器广泛、大规模、高效地取代和扩张人的复杂体力劳动。第三次工业革命起源于20世纪70年代的美国，革命的主要成果是用机器取代和扩张人的简单脑力劳动。目前正处于第四次工业革命时期，革命的目标是用机器取代和扩张人的智力劳动。在历次工业革命中，西方文明始终发挥着引领作用；中华文明因历史的局限而长期处于学习和跟进状态，并正在努力尝试为此做出积极贡献。

第一节　工业革命与钢铁生产

一　英国工业革命与铁器生产

自 18 世纪中期开始，英国连续发明了各类新型机器装置，并由此引发了英国工业革命。1733 年，英国机械师约翰·凯伊发明飞梭，使得织布的速度和效率显著提高，但随即导致纺纱的速度无法满足新型织布机械对大量纱线的需求。1764 年，英国织工兼木工詹姆斯·哈格里夫斯发明了手摇纺纱机，即珍妮纺纱机，能同时纺 16—18 个纱锭，提高工效 15 倍。1769 年，英国理发师兼钟表匠理查德·阿克莱特发明了水力纺纱机，以水力取代人力来驱动纺纱机。这样，工业生产的运转开始从手工转变为由水力驱动的大机器操作，且可使生产规模明显扩大，自此，英国以纺织业为起点拉开了工业革命的帷幕[1]。1779 年，由英国青年工人赛米尔·克隆普顿发明的缪尔纺纱机，能同时运转 300—400 个纱锭纺出精细而结实的纱线。1785 年，英国工程师埃地蒙特·卡特莱特制造出水力织布机，使织布效率提高 40 倍。1791 年，英国建立第一个机械化织布厂。随后纺织工业各个生产工序都转向机械化操作，先后发明了净棉机、梳棉机、漂白机、整染机等各种机械，使棉纺织工业实现了系统性的机械化生产。各种机器的制造依赖于当时人们的新发明。工业革命的步步成功也激励着西方文明中内在的开拓、进取和创新精神，使技术发明不断涌现。图 5.1 粗略统计了 18 世纪期间英国在纺织业出现的发明专利数目[2]，由此可以看出，人们在技术创新方面的热潮随着工业革命的进程而日益高涨。

---

[1]　陈紫华：《英国工业革命的特点和历史意义》，《西南师范大学学报》（人文社会科学版）1980 年第 3 期。
[2]　杨豫：《技术发明的转型是英国工业革命的触发机制》，《世界历史》1996 年第 4 期。

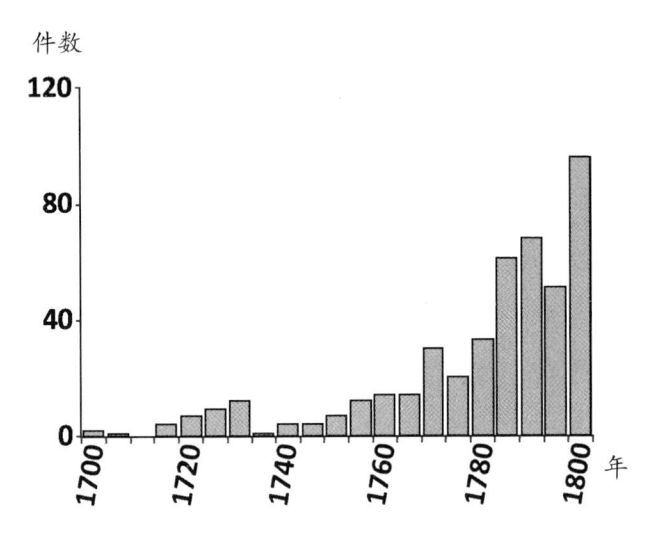

图 5.1　18 世纪期间英国纺织业发明专利数目的不完全统计

由于水力纺纱机和水力织布机必须依靠水力驱动，因此工厂只能建在有水力资源的河流旁边，不利于机械化工业生产方式的推广和普及。1769 年，苏格兰格拉斯哥大学机械师詹姆斯·瓦特总结前人的经验，经多次试验制成了第一台单动式蒸汽机，后经改进，于 1782 年制成了联动式蒸汽机，由此，人类全面进入了近代以机器大规模取代人力的蒸汽时代。蒸汽机的发明也成为英国工业革命的重要标志。蒸汽机可以为各种机械设备提供动力，它的推广应用促进了英国各个工业部门的机械化改造。1784 年，英国建立了第一座蒸汽纺纱厂，随后出现了蒸汽机驱动的冶金蒸汽鼓风机、采矿用蒸汽排水机、蒸汽火车、蒸汽轮船等，还有诸如碾压机、凿井机、曳运机、蒸汽锤、金属加工车床等。到 1825 年，英国已有蒸汽机 1.5 万台、共 37.5 万匹马力。到 19 世纪初期，英国已经具备用机器制造机器的能力，不仅向其他国家出口工业产品，而且还出口用于工业生产的机器。

工业革命需要制造大量机器以满足生产和出口需求。当时的机器大多须由铁制造，由此也推动了英国冶铁、制铁业的快速发展。1720—1740 年间，英国的铁器年产量不超过 2 万吨，而 1788 年的产量就增加到 6.8 万吨，1806 年达到 26 万吨，鸦片战争前夕的1839年猛增到134.7万吨[1]。此时铁的产量虽然增加，但其生产方式总体仍基于传统技术，并未发生革命性改进。

二 皇权对中国铁器生产的约束

铁器生产不仅可以创造巨大的经济收入，而且铁器制成兵器后可显著提升地方的军事能力。在两千多年皇权历史中，面对巨大的中国版图和传统低效的统治模式，中央统治者始终惧怕铁器生产可能造成地方势力的增强和民间反抗能力的提升，因此不断出台各种限制或禁止民间开发铁矿和冶铁生产的措施。实际上，中国自西周至清代的历朝历代都有对冶铁生产严加管控和限制的政策。在中央集权的治理下，虽然这种管制会体现出执行力强而高效的特征，但如果管制决策不够科学严谨，也会对冶铁业造成较大伤害。表5.1列举了北宋至清代中国中央执政者的部分禁铁措施[2][3][4][5]。

表5.1 传统铁器时代后期中国中央执政者的部分禁铁行为

年份（年）	朝代	年号	主政者	禁铁行为	禁铁理由
1118	北宋	政和	赵佶	禁止民间买非农用铁	控制铁器流通
1162	南宋	绍兴	赵构	罢废40%铁冶	已有铁器够用
1385	明	洪武	朱元璋	停止采铁矿冶铁	劳民
1395	明	洪武	朱元璋	停止官营冶铁	已有库存1.9万吨
1397	明	洪武	朱元璋	废除九处冶铁所	害民
1435	明	正统	朱祁镇	封闭坑冶	稳固统治
1557	明	嘉靖	朱厚熜	封闭北方采矿	冬天寒冷
1563	明	嘉靖	朱厚熜	严申矿禁	防止盗采
1652	清	顺治	爱新觉罗·福临	禁止民间开铁矿	无益国计、滋扰地方

[1] 毛卫民、王开平：《钢铁时代与中国制造》，《金属世界》2019年第3期。
[2] 李海涛：《前清中国社会冶铁业》，《江苏工业学院学报》2009年第2期。
[3] 丘亮辉：《中国近代冶金技术落后原因初探》，《自然辩证法通讯》1983年第3期。
[4] 赵长贵：《明代矿业政策演变的历史考察》，《郑州大学学报》（哲学社会科学版）2018年第4期。
[5] 李绍强：《论明清时期的铁业政策》，《文史哲》1998年第4期。

续表

年份（年）	朝代	年号	主政者	禁铁行为	禁铁理由
1703	清	康熙	爱新觉罗·玄烨	禁止民间开铁矿	矿徒聚众、危害统治
1704	清	康熙	爱新觉罗·玄烨	禁止民间开铁矿	无益于地方安定
1734	清	雍正	爱新觉罗·胤禛	否决民间开铁矿申请	聚众难管

资料来源：作者根据相关资料整理而得。

公元前120年，为弥补财政亏空，御史大夫张汤向汉武帝提出将铁器生产收归官府经营，以便高价出售获利。自汉朝杜绝地方私自铸铁之后[①]，在宋徽宗时期，虽然铁的年产量已达15万吨[②]，但宋徽宗下令民间除制作农具外禁止买铁，严厉控制钢铁流通[③]。明太祖认为矿冶业劳民伤财，下令停止采矿冶铁，后虽有所松动，但最终又行禁令。后来的明成祖、明英宗、明代宗、明世宗等都实施过禁矿、禁铁的政策。明神宗为获取税收，包庇矿吏营私，致使矿冶业遭到严重破坏。清朝初期，康熙和雍正都禁止了包括冶铁在内的矿务[③]。两千年来，中央集权的统治者为防范地方、民间借助采矿冶铁业迅速强大形成反叛势力，均采取了时紧时松的限铁措施，这使得中国先进的冶铁技术很难在全国交流推广，也很容易丧失整体传承的连续性。因此，从18世纪末期到19世纪末期的百年间，中国的冶铁业很快从世界领先位置沦落到极度落后于世界的境地。图5.2是对英国工业革命时期前后，中国与英国铁产量进行的简单对比[④][⑤][⑥][⑦][⑧][⑨][⑩][⑪]。

[①] 张剑虹、任月梅：《我国古代矿业管理法律制度研究》，《中国矿业》2012年第6期。
[②] 林毅夫：《李约瑟之谜、韦伯疑问和中国的奇迹——自宋以来的长期经济发展》，《北京大学学报》（哲学社会科学版）2007年第4期。
[③] 李海涛：《前清中国社会冶铁业》，《江苏工业学院学报》2009年第2期。
[④] 毛卫民、王开平：《钢铁时代与中国制造》，《金属世界》2019年第3期。
[⑤] 林毅夫：《李约瑟之谜、韦伯疑问和中国的奇迹——自宋以来的长期经济发展》，《北京大学学报》（哲学社会科学版）2007年第4期。
[⑥] 黄启臣：《明代钢铁生产的发展》，《学术论坛》1979年第2期。
[⑦] 李绍强：《论明代官私工商业经济的演变》，《齐鲁学刊》2004年第4期。
[⑧] 刘鸿亮：《第一次鸦片战争时期中英双方火炮的技术比较》，《清史研究》2006年第3期。
[⑨] 姜曦：《浅谈英国钢铁工业发展的历史及未来预测》，《冶金经济与管理》2015年第5期。
[⑩] 李广一：《略论英国工业的发展速度》，《湘潭大学学报》（哲学社会科学版）1978年第1期。
[⑪] 费罗：《论英国工业革命前后社会阶级结构的变化》，《湘潭师范学院报》（社会科学版），1987年第4期。

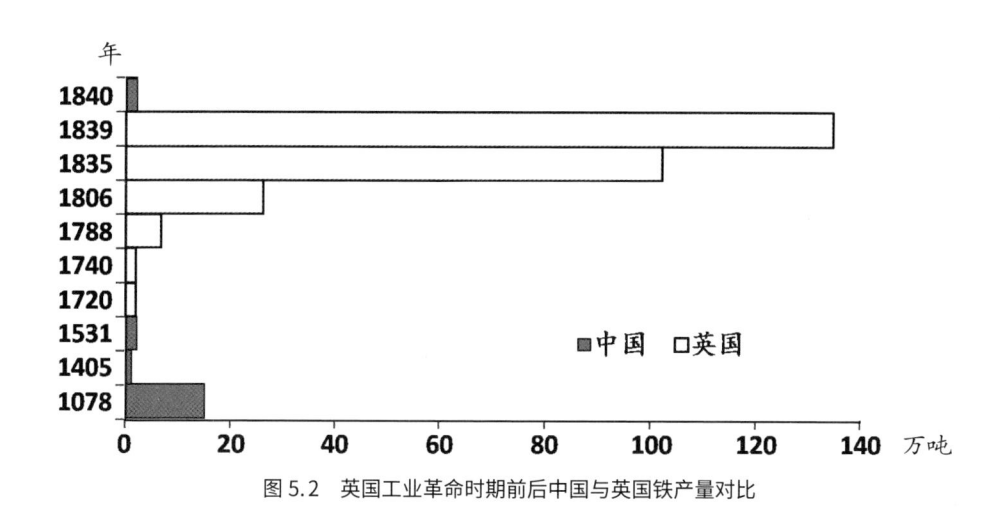

图 5.2 英国工业革命时期前后中国与英国铁产量对比

中国的禁铁行为极大地打击了铁器技术和铁器生产的发展，使中国随后的铁器产量经常保持在年产仅 1—2 万吨的水平。如明永乐时期年产约 1 万吨、明嘉靖时期年产约 2 万吨，至清道光时期中国仍只有约 2 万吨的年产量。因此，如第四章第一节所示，中国在冶铁技术和铁器产能的领先优势并未能促成工业革命，清朝中晚期的盲目自负和闭关锁国政策也无法推动其经济继续领跑全世界。

三 第二次工业革命的钢铁生产与两次世界大战

在英国工业革命的推动下，自 19 世纪中期以来，欧美各国工业技术发明层出不穷，由此推动了第二次工业革命。在蒸汽机的基础上，1884 年英国查尔斯·帕森斯发明蒸汽轮机[1]。在燃气动力方面，1860 年法国勒努瓦制造出实用煤气机[2]。德国的发明家和工程师们在汽车技术的发展上做出了巨大贡献：1876 年奥托创制四冲程内燃机，1883 年戴姆勒创制汽油机，1897 年狄塞尔研制出柴油机[3]，1886 年卡尔·本茨发

---

[1] ［英］约翰·史蒂文森：《欧洲史Ⅲ》，李幼萍等译，南方日报出版社 2018 年版，扉页。
[2] 李明、曹建明：《内燃机的发展历程》，《陕西汽车》2001 年第 2 期。
[3] 金碚：《世界工业革命的缘起、历程与趋势》，《南京政治学院学报》2015 年第 1 期。

明了内燃机汽车[①]；在电力方面，1866年德国西门子制成直流发电机[②]，1873年比利时齐纳布·格拉姆展示了他的实用直流电动机[③]，1886年美国威斯汀豪斯公司开始制造交流发电机，1888年塞尔维亚尼古拉·特斯拉发明了交流电动机。1863年瑞典科学家阿尔弗莱德·诺贝尔获得安全炸药的专利，其炸药的威力极大[④]。欧美的这些技术发明很多涉及产生燃气或电气动力的机器以及可由它们驱动的各类工业机器，由此推动了各种机器制造业的发展以及欧美的全面工业化进程，机器开始广泛、大规模、高效地取代和扩张人的复杂体力劳动。欧美各国新技术竞相涌现、互相促进，极大推动了工业革命进程。然而，英国工业革命时期使用的冶铁技术存在批量小、生产效率低、价格较高、性能较差，尤其质量不稳定等缺点，即每批铁器的技术质量会有所差异，不能满足第二次工业革命期间涌现出的大量新型机器在性能水平和经济效益方面的需求。由此，对冶金技术的改进提出了新的挑战，并催生了新型冶铁技术，或称现代化炼钢技术，即以大批量、高效率、低成本、优品质的方式生产钢铁材料的技术，钢铁材料也成为推进第二次工业革命必备的物质基础。

  1856年，德国人西门子构想了一种具有熔池的大容量高效炼钢炉，其中设计了燃料和热空气通道，可以快速加热并控制钢水温度，保证钢材的质量。基于西门子的构想，1864年，法国人马丁建造了第一个专用炼钢设备，称为平炉，也称为西门子—马丁炉。由此开始了现代化炼钢生产。1871年，英、美、法、德的钢产总量达到了约75万吨，1875年则快速发展到约165万吨[⑤⑥]。1879年，英国开始用平炉钢建造钢结构桥梁，1889年，法国政府用约7000吨平炉钢建成了324米高的埃菲尔铁塔（图5.3），这是第二次工业革命推进炼钢技术改进的标志性成果。1856年，英国人贝塞麦公布了一种转炉炼钢法，即在一个可以翻转的熔池内把空气吹入生铁来炼钢的高效方法。1878年，英国的托马斯发明了适合欧洲矿石炼钢的托马斯法，并迅速在法国和德国得

---

① 徐玮：《略论美国第二次工业革命》，《世界历史》1989年第6期。
② 李富森：《论德国第二次工业革命的成就与特点》，《临沂大学学报》2012年第3期。
③ 叶琳：《你知道吗》，《电气时代》1999年第2期。
④ [瑞典]Erling Norrby：《掌握得奖技巧就能成为胜者》，《科学新闻》2000年第19期。
⑤ 姜曦：《浅谈英国钢铁工业发展的历史及未来预测》，《冶金经济与管理》2015年第5期。
⑥ 张祥国：《欧洲钢铁业二战后发展轨迹及对中国启示》，《冶金经济与管理》2015年第2期。

到推广应用①。随即，1895年，英、美、法、德的钢产总量超过了1000万吨①。

1879年，法国人艾纳比克发明了钢筋混凝土，即水泥与砂、碎石按照一定比例经搅拌混合成混凝土，在其内添加钢筋后，可制成非常好的建筑结构，并被广泛用于土木建筑工程。制作这种钢筋混凝土就需要使用大量钢材（图5.4）。优质钢铁材料的大规模生产有力地支撑了第二次工业革命的推进，也使欧美进入了钢铁时代。由此可以看出，欧洲多国并存的环境不仅有利于思想和政治体制的互相促进，也有利于工业革命技术的互相推动和发展，自此，欧美钢铁技术与产业得到了蓬勃发展。

图5.3　用平炉钢建造的巴黎埃菲尔铁塔

图5.4　混凝土中大量添加钢筋构成抵挡轰击和震动的钢筋混凝土结构

---

① 申纪：《钢铁时代的冶金技术改革者——托马斯》，《金属世界》1997年第1期。

在技术上互相促进的同时，西方各国已经广泛地向海外扩张，并在正常利益之外还获得了大量盘剥利益。尽管如此，随着经济实力的迅速增强，西方文明积极逐利的特征不可避免地导致了西方各国的利益冲突，战争也因此变得不可避免。钢铁新技术推动的第二次工业革命不仅促进了社会经济的发展，而且改变了战争的形态和规模。进入钢铁时代，由于各种武器装备的制造可以更便捷且大量地使用钢铁，因此各国的军事能力也得到极大提高。如表5.2所示，钢铁产量成为各国在近现代战争中硬实力的重要指标。

表 5.2　　　　　　近现代战争中各国钢产量对比　（万吨）

年份（年）	战争	德国	英国	法国	俄国/苏联	美国	日本	中国
1913	第一次世界大战	1700	796	500	479	0	0	0
1917	第一次世界大战	0	0	0	0	4000	0	0
1937	抗日战争	0	0	0	0	0	580	4
1939	第二次世界大战	2600	1343	790	0	0	0	0.19
1941	第二次世界大战	1960	0	0	1780	6000	684	0.29
1950	朝鲜战争	0	0	0	0	8772	0	60

资料来源：作者根据相关资料整理而得。

在钢铁时代初期，爆发了人类历史上的两次世界大战。第一次世界大战爆发的1913年，德国产钢1700万吨[1]，大致相当于英国（796万吨[2]）、法国（500万吨[1]）和俄罗斯（479万吨[3]）的总和，因此德国敢于发动第一次世界大战。1917年美国对德宣战，当时美国年产钢已达4000万吨[4]，美国的参战使得德国迅速落败，1918年第一次世界大战结束。虽然钢铁产量并不是战争胜负的决定因素，但确有非常重要的影响。1937年日本发动全面侵华战争，当时日本年产580万吨钢，而中国国统区年产只有4万吨[5]。中国虽全力抵抗，但实力差距过于悬殊，且战端一开，中国产钢

---

[1] 许永璋：《近代法、德工业发展之比较》，《河南师范大学学报》（哲学社会科学版）1993年第4期。
[2] 冶金部情报标准所：《英国的钢铁工业》，《钢铁》1978年第S1期。
[3] 王书智：《苏联钢铁工业的发展过程》，《鞍钢技术》1987年第5期。
[4] 王佩琚：《第二次世界大战前后帝国主义国家经济实力对比的变化》，《经济研究》1964年第5期。
[5] 刘建国、毕万闻：《抗战胜利与今日中国》，《东北史地》2015年第3期。

能力迅遭破坏，至1938年，每年产钢不足0.1万吨[1]。1939年，德国产钢2600万吨，高于英国（1343万吨）、法国（790万吨）的总和[2]，这一年，德国借助进攻波兰在欧洲发动了第二次世界大战。法国为了防止德国的入侵，借助钢筋混凝土技术斥巨资和大量钢铁于1928—1936年沿德、法两国边界修筑了大量的永久防御性军事设施，包括工事、要塞、堡垒、通道等，史称马其诺防线。防线蜿蜒数百千米、纵深10千米左右，设施的钢筋混凝土顶部和墙壁厚度可高达数米，能抵挡口径400毫米以上炮弹的直接攻击。最终，德军不得不避开马其诺防线，绕道法国与比利时边界的阿登地区，突袭并击败英法联军，造成其敦刻尔克大溃败。法国也不得不于1940年6月投降。1941年，德国的钢产量仍超过苏联，并对苏联发动闪电战。同年底，年产684万吨钢的日本贸然偷袭珍珠港，向年产超过6000万吨钢的美国宣战[3]，由此第二次世界大战在全世界范围展开。第二次世界大战在一定程度上也是各国钢铁及其产能的比拼，美国的参战及其保有的战争能力确实改变了战争的格局。1950年朝鲜战争爆发，同年底，中国人民志愿军入朝作战。当年中国的钢产年产量只有60万吨，而美国则有8772万吨[4]。在如此巨大的差距下，志愿军的作战虽非常艰苦，但也实现了预设的作战目标，这也说明钢铁产量确实不是决定现代战争胜负的唯一因素。

---

[1] 王子祐：《抗战八年来之我国之钢铁工业》，《资源委员会季刊》1946年第1—2期。
[2] 包奕诚：《试论第二次世界大战的起因》，《历史研究》1980年第4期。
[3] 刘义昌、陈德弟：《第二次世界大战中的经济动员及其经验教训》，《军事历史》1991年第3期。
[4] 邹玉杰、宋文官：《抗美援朝战争的国际影响》，《学术交流》2001年第6期。

第二节　中国材料工业的现代化进程

1840—1842 年的鸦片战争中，清政府在英国利用不断改进的钢铁技术制造的坚船利炮面前一败涂地，被迫签订了《南京条约》，把香港岛割让给英国并赔款。1858年，英法联军侵占大沽炮台，并威胁进攻北京，清政府被迫签订《天津条约》，赔偿英法两国和英商大量白银。1860 年，英法联军占领北京，抢劫焚毁圆明园后，强迫清政府签订《北京条约》，把九龙司部分地方割让给英国，并增加对英法两国的赔款。1895 年，甲午战争中清军战败，清政府被迫签订《马关条约》，割辽东半岛、台湾及其附属岛屿、澎湖列岛等给日本，赔偿日本巨量白银（参见第四章表 4.5）。列强坚船利炮的连续打击及清政府不断的屈辱战败，使得统治阶层逐渐从盲目的狂妄自大中苏醒过来。清政府各个层级的一些官员意识到，中国必须引进和建立发达的工业体系并使用先进的技术，否则难免会被动挨打、任人宰割。洋务运动即是清政府在 19 世纪末期发动的一场引进西方武器和装备，乃至机械化生产装备和科学技术的运动。

一　近代工业化的坎坷历程

1. 洋务运动与迟到的工业革命

1863 年，曾国藩派容闳赴美购买工业生产用的机器，相当于以引进的方式启动了中国的第一次工业革命。1865 年，李鸿章在上海市建立江南机器制造总局（图 5.5），至 1871 年制造总局初具规模，先后建设了炮厂、火药厂、枪子厂、炮弹厂、炼钢厂等。江南机器制造总局于 1865 年建立当年就生产出 35 台机器，1868—1876

年期间，共造船 7 艘、总吨位 8700 吨，1885 年，建造了第一艘钢甲船"保民号"[1]。此外，清政府在江西省、江苏省、福建省、天津市、陕西省、甘肃省、广东省、山东省、湖南省、四川省、吉林省、浙江省、北京市、云南省、山西省、台湾省、湖北省等地都开展了以引进技术为基础的军工建设项目。

图 5.5 中国第一次工业革命建设项目 [国]
a.1865 年建南京金陵机械局机械厂 b.1869 年建江南机器制造总局炮厂

1891 年，江南机器制造总局用西方的技术炼出了近代中国第一炉钢[2]，这相当于再次以引进的方式启动了中国的第二次工业革命，自此，中国开始了钢铁时代。1886 年，贵州巡抚潘霨根据贵州传统生铁生产的基础和贵州的资源状况，萌生在贵州兴办现代化铁厂的设想，并获得清政府的许可。随后潘霨举荐熟悉西方技术的胞弟潘露负责安排留学回国和熟悉西方技术的人员去欧洲考察，并在贵州省青溪县小江口组织建设中国第一个现代化钢铁企业，即青溪铁厂。青溪铁厂主要从英国引进生产设备，包括炼铁、炼钢、轧钢等装备。铁厂于 1890 年 6 月建成投产，从欧洲聘请了 5 位工程师，并从江浙等地招来技师和工匠，全厂员工超过千人。铁厂建设过程中完全由不懂钢铁冶炼技术的中国人自己决策，因此难免存在一定的失误和盲目性，生产过程非常不顺利，多次发生爆炸事故，无法维持生存，终于在 1893 年停产关闭。青溪铁厂关闭后，其保留的设备陆续被运往后来的汉阳铁厂[3]。1889 年，湖

[1] 楚焰辉：《江南机器制造总局档案》，《中国国情国力》2018 年第 1 期。
[2] 楚焰辉：《江南机器制造总局档案》，《中国国情国力》2018 年第 1 期。
[3] 刘兴明：《中国首个钢铁重工业——青溪铁厂》，《文史天地》2016 年第 5 期。

广总督张之洞主持在湖北省成立了汉阳铁厂，1890年动工建设，引进了成套设备，并聘请了英国、比利时、卢森堡等许多欧洲国家的专家，于1894年建成投产（图5.6）。这是中国以变革开放的心态学习西方先进技术，全面引进的第一个较大规模的现代化钢铁企业。但在专制官办体制下经营的汉阳铁厂，投产伊始便亏损，且因恰逢甲午战败赔款，清政府无力单独支撑，故改为官督商办。

a.

b.

图 5.6　中国成功建设的第一个现代钢铁企业——汉阳铁厂　[汉]
a. 1906 年的汉阳铁厂　b. 炼钢现场的中外人士　c. 铁轨轧机

2. 列强重压下的工业革命举步维艰

　　1899 年起，汉阳铁厂及其所属汉冶萍公司因财政困难开始向日本借贷[①]。20 世纪初，日本政府利用汉冶萍公司的财政困境强力染指汉阳铁厂的经营，在日本政府的参与及指使下，日资金融机构排除汉阳铁厂向西方国家借贷的机会，利用日本在中国的势力，设法让汉阳铁厂于 1904 年签订长达 30 年的高利息借贷协议，并规定长期用明显低于市场价格的铁矿石来偿还高额的贷款利息，由此实现了日本长期控制汉阳铁厂铁矿石并同时获取巨大盘剥利益的目的（图 5.7）。在汉冶萍公司经营期内，尤其是钢铁及铁矿石市场行情极好的第一次世界大战时期，汉阳铁厂及其相关铁矿石企业本应获得巨大利润，但相应利润均以廉价生铁和铁矿石的形式输往没有铁矿石资源的日本，更加增强了日本的工业实力[②③④]。自 1924 年汉阳铁厂停产后，其所属的汉冶萍公司残留并运营至 1934 年的大冶铁矿对国内工业发展没有任何贡献，只是为日本提供廉价的铁矿石，为日本自 1931 年起发动的侵华战争提供了支撑[⑤]（图 5.7）。

[①]　夏皓：《外国金融资本对汉冶萍公司的发展影响研究》，《现代营销》2017 年第 1 期。
[②]　夏皓：《外国金融资本对汉冶萍公司的发展影响研究》，《现代营销》2017 年第 1 期。
[③]　许华利：《汉冶萍公司百年记忆》，《湖北文史》2009 年第 1 期。
[④]　张国辉：《论汉冶萍公司的创建、发展和历史结局》，《中国经济史研究》1991 年第 2 期。
[⑤]　毛卫民：《材料与文明》，高等教育出版社 2019 年版，第 212 页。

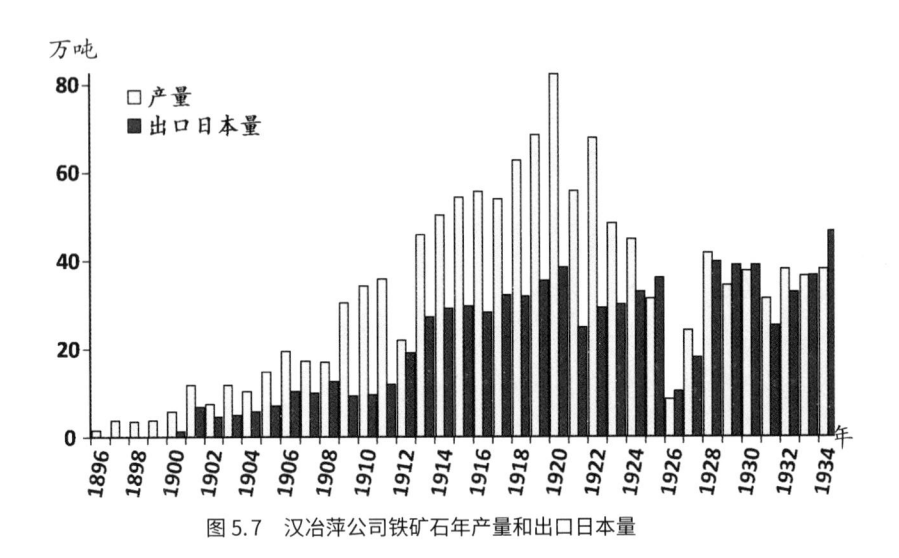

图 5.7 汉冶萍公司铁矿石年产量和出口日本量

汉阳铁厂历尽磨难，坎坷生存，最高年产生铁量超过 16 万吨，最高年产钢量超过 5 万吨，为推动中国的现代化进程和国防建设发挥过积极的作用[①]（图 5.8）。除了因辛亥革命生产受到明显影响，汉阳铁厂大体呈向上发展态势，但因不当借贷经营产生的沉重财政负担，导致汉阳铁厂后期主要靠大量向日本出口廉价生铁维持经营。抗日战争全面爆发后，汉阳铁厂的设备于 1938 年被迁往四川省，后发展为重庆钢厂。无法迁走的设备均被炸毁，自此汉阳铁厂退出了历史舞台。

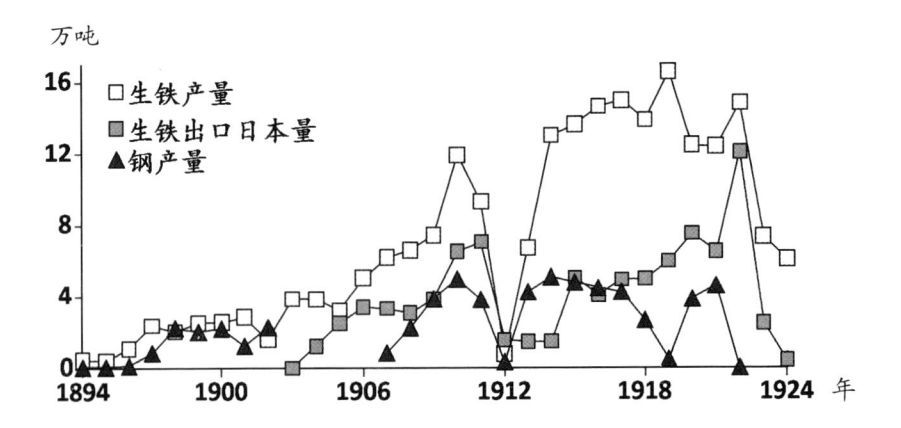

图 5.8 汉阳铁厂钢铁年产量和出口日本生铁量 [汉]

---

① 毛卫民：《材料与文明》，高等教育出版社 2019 年版，第 213 页。

张之洞在建立汉阳铁厂的同时还建立了汉阳兵工厂。汉阳兵工厂也于1894年投产，生产枪炮弹药，对中国的国防做出过积极的贡献（图5.9）。

图5.9　在汉阳成功建设的现代军工企业——汉阳兵工厂炮厂
a. 外貌［汉］　b. 厂房［国］

和当时的世界各工业国家相比，中国的钢铁工业虽然起起伏伏，但始终处于非常低迷的状态。抗日战争全面爆发后，除了在日本本土以外，日本侵略者在中国沦陷区大肆建立和发展钢铁生产，以满足战争需求。但国统区的钢铁生产却遭到了毁灭性的打击，至抗战胜利的1945年，全国的年钢产量刚超过1万吨（图5.10）[1][2][3][4]。

---

[1]　王子祐：《抗战八年来之我国之钢铁工业》，《资源委员会季刊》1946年第1—2期。
[2]　黄逸平：《旧中国的钢铁工业》，《学术月刊》1981年第4期。
[3]　张寿荣：《20世纪中国钢铁工业的崛起》，《世界科技研究与发展》2002年第3期。
[4]　毛卫民：《材料与文明》，高等教育出版社2019年版，第214页。

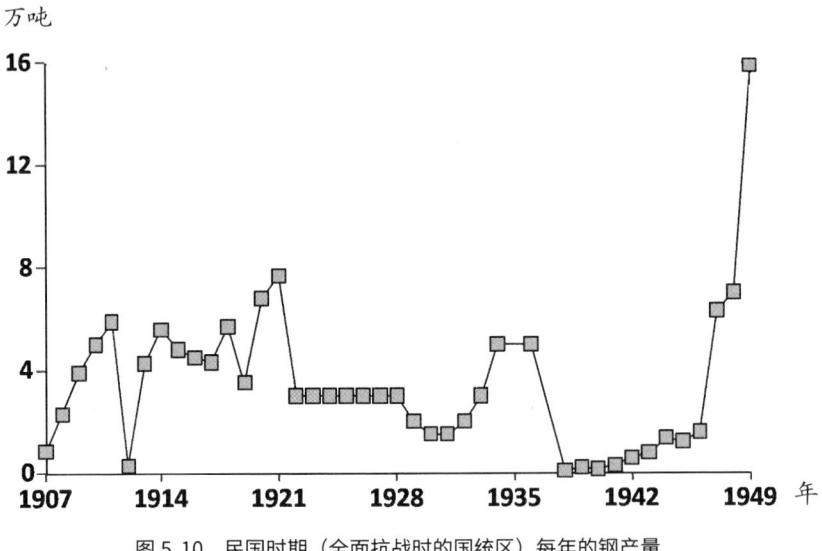

文明与物质
——从材料学视角探索中西文明差异

图 5.10　民国时期（全面抗战时的国统区）每年的钢产量

　　抗日战争胜利之后，不当的经济政策和三年内战阻碍了经济的发展，也影响到钢铁产量的提升。到 1949 年中华人民共和国成立时，全国钢的年产量也仅仅是十几万吨，加上台湾地区生产的几万吨钢，整体产量约占世界钢产量的千分之一，与北宋时期的钢铁产量处于同一水平。

二　钢铁工业的现代化

　　1949 年中华人民共和国成立，由于意识形态、政治制度与西方不相同，受到西方国家种种的封锁和限制。中国经济在早已清除皇权专制的情况下仍然无法全面对外开放。西方第二次工业革命以来的发展历史显示，钢铁对国民经济发展发挥着极为重要的作用，是工业生产的基础材料。图 5.11 展示了中华人民共和国成立以来全世界与中国钢产量演变趋势的对比[1]。20 世纪 50 年代中国的钢铁生产进入恢复、平稳的发展阶段。当时中国政府急切试图推动钢铁产量的快速提升，甚至于 1958 年以"大跃进"的政治运动形式发动全民推进钢铁生产，促使钢铁年产量超过 1100 万

---

[1] 毛卫民、王开平：《中国的钢铁时代》，《金属世界》2021 年第 3 期。

吨。但是这种群众运动无法保证钢铁的质量，而且从图 5.11 可以看出当时所能提升的钢铁产量在整个发展过程中只是掀起一个小小的涟漪，完全无法与国际上迅猛增长的钢铁产量相比拟，因此，随后不得不回归理性。1964 年，中国的钢产量再次突破 1000 万吨，至改革开放前的 1976 年刚刚突破年产 2000 万吨。此时全球第二次工业革命和钢铁时代已经进入了尾声。

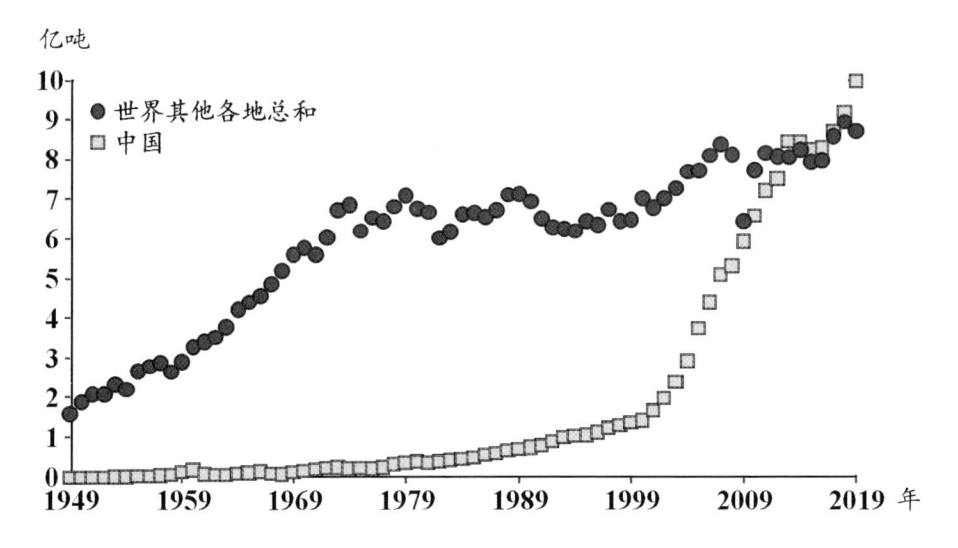

图 5.11　中华人民共和国成立以来中国与世界其他地区钢产量对比（世界钢铁协会数据）[①]

自 19 世纪以来，中国始终处于发展中国家的地位，工业长期落后于世界先进国家水平，需要弥补长期欠发达状态遗留下来的各种缺憾和不足，包括各种基础设施建设和基本的民生需求。作为支撑第二次工业革命的关键材料，至 1978 年，中国的钢铁累计产量远不足以支撑相应的工业化进程，也未能从根本上扭转钢铁生产落后于经济发展需求的局面。1978 年中国的钢产量仅为 3500 万吨，约占世界产量的 5%，甚至低于美国 1917 年的水平。自 1978 年改革开放后，中国打开国门，推行市场经济，向西方学习，引进先进技术，以发展经济为中心；同时，西方大量的产品、专家、技术、企业、资本利用中国改革开放的优惠政策涌入中国。中国巨大的市场空间和发展需求与西方文明中特有的优势利益、劳动利益等利益追求第一次大规模地

---

① 毛卫民、王开平：《中国的钢铁时代》，《金属世界》2021 年第 3 期。

结合在一起，取得了前所未有的双赢局面。在这个阶段，西方最先进的生产技术和装备几乎垄断了中国工业市场，尤其在钢铁生产方面，中国市场吞噬了西方大多数钢铁生产装备的产能。这一时期，西方最先进的钢铁技术装备几乎全部流入中国，甚至西方自己还未来得及装备。由此，中国钢产量增长速度也明显升高，并带动全球钢产总量的显著提升。自中国改革开放以来，世界其他地区的钢产量虽有起伏，但总体产量转变大体保持不变（前图5.11），欧美等发达国家钢产量不再明显增加，也由此表明第二次工业革命已基本结束，开始进入下一个工业革命阶段。

1998年，中国的钢产量达到1.3亿吨，约占全球产量的17%。1999年，中国加快改革步伐，第九届全国人民代表大会通过了《宪法修正案》，从法律上保障了民营企业的生存和发展。从此，基于中国市场对钢铁的巨大需求以及中国制造业因逐渐成熟而形成的竞争优势，促使民营资本大量涌入钢铁工业，使得中国的钢铁生产出现了跳跃式的发展。自2013年起，中国的年钢产总量超过8亿吨，占全球产量的50%以上。此时，中国的钢产量比中国以外所有国家钢产量的总和还高。从图5.11可以看出，至2013年中国的钢铁产量基本达到了一个相对稳定的范围，由此也暗示出中国钢铁时代的结束，至此，中国完成了第二次工业革命。

三　市场经济下的材料工业

1. 有色金属材料的发展

除了钢铁材料以外，其他材料生产的高速发展和广泛应用也是中国经济健康发展和推进工业化进程的重要保证。主要的大类材料包括有色金属材料[①]、无机非金属材料和高分子材料等。在改革开放以来的市场经济条件下，中国有色金属材料生产的发展形势呈现了与钢铁材料类似的趋势。

铝的密度只有钢的1/3，是重要的轻质材料，可制成板、箔、管、棒、线、丝等各种形状的材料，在航空航天、机械、车辆、电子、包装、建筑、石化、船舶、兵器、文体、核能、农业等方面均有广泛的应用。2019年，中国大陆原铝的产量为

---

① 工程上把钢铁以外的金属材料称为有色金属材料或非铁金属材料，主要涉及铝、铜、钛、镁等大宗金属。

3504万吨，超过全世界原铝总产量的50%。铜有极为优良的导电和热导性能，在电子、机械、石油、化工、兵器、建筑、汽车、造船等工业部门有广泛的应用，同时也普遍用于日用五金、工艺美术装潢，以及硬币制造等方面。2019年，中国大陆生产精炼铜978万吨，超过全世界总产量的40%[①]。钛不仅密度低，还有很高的承受载荷的能力，而且与人体接触时有良好的亲和特性，属于高性能轻质材料，在化工、机械、舰船、飞机、兵器、日用家具等多个工业部门和民用设施有广泛应用，尤其适合用作超音速飞行器和航天飞行器材料，也大量用于人工骨等医用移植器官材料。2019年，中国初级钛的产量约8.6万吨，超过全球产量的1/3[②][③]。镁在常用金属材料中属于最轻的金属，具有优良的减震特性，常用作轻质材料、减震材料、体育运动材料、电子材料等。2019年，中国的原镁产量约96多万吨，约占全世界产量的70%[④]。中国所有这些有色金属材料的产量均占据世界第一的位置。图5.12给出了中国大陆主要有色金属材料近些年产量的变化情况[⑤]。

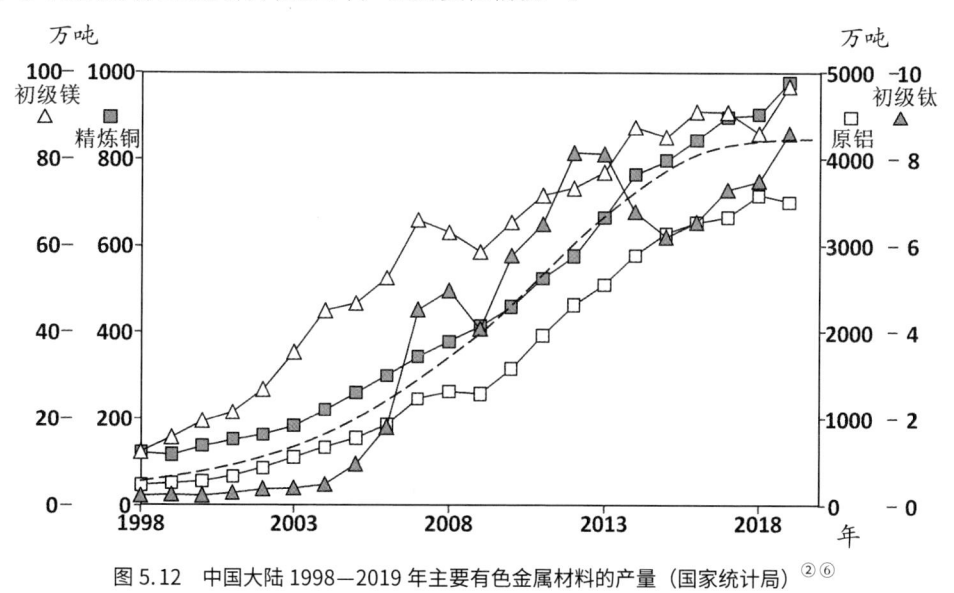

图5.12 中国大陆1998—2019年主要有色金属材料的产量（国家统计局）[②][⑥]

---

① 中国有色金属报：《观世界铜产业格局 察中国消费"灰犀牛"》，《有色金属节能》2019年第5期。
② 张小红：《钛行业全面复苏》，《中国有色金属》2019年第10期。
③ 和平志、黄淑梅、郭薇等：《世界海绵钛工业的现状及对我国未来发展的思考》，《钛工业进展》2017年第4期。
④ 马登民：《镁及镁合金产业发展研究》，《世界有色金属》2019年第19期。
⑤ 毛卫民、王开平：《中国的钢铁时代》，《金属世界》2021年第3期。
⑥ 毛卫民：《材料与文明》，高等教育出版社2019年版，第252—260页。

2. 无机非金属材料的发展

与钢铁材料生产发展相似的还有无机非金属材料和高分子材料。无机非金属材料主要指不具备延展性的，且能够和其他金属特性的较高化学稳定性无机化合物构成的材料，如大宗的无机非金属材料包括水泥、玻璃等。水泥是各种建筑工程中大量使用的基础材料，包括各种楼宇建筑物、厂房、发电站、水库大坝、公路、桥梁、铁路枕木、码头、油气井、军事工程等。玻璃作为透光材料，大量被用作窗玻璃、装饰玻璃、日常生活玻璃器皿、光学仪器、眼镜等，还适合在许多现代建筑中被用作能够承受载荷的幕墙之类的建筑结构材料。2019年，中国生产了23.5亿吨水泥，是世界上水泥第一生产大国。2018年，中国生产了8亿多箱平板玻璃。图5.13为中国大陆近几年水泥和平板玻璃年产量的变化[1]。

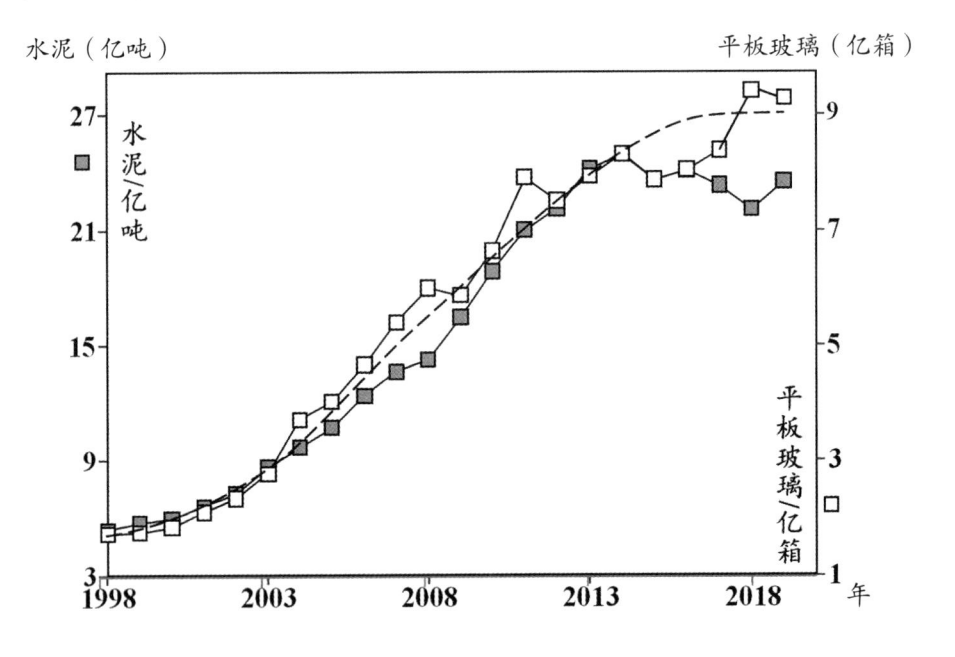

图5.13 中国大陆大宗无机非金属材料年产量[1]

3. 高分子材料的发展

高分子材料主要指以分子量很大的有机化合物为主要成分构成的有机材料，大

---

[1] 毛卫民、王开平：《中国的钢铁时代》，《金属世界》2021年第3期。

宗的高分子材料包括塑料、橡胶等，另外棉花、棉纱、化学纤维等纺织材料以及纸制品等也属于高分子材料，其中天然橡胶和棉花为天然高分子材料。塑料与橡胶都属于轻质材料，具有优良的绝缘性和隔水性，塑料刚性较好，橡胶回弹性较好，广泛用于科学技术、国防建设、国民经济各个领域，而且已成为现代社会日常生活中衣、食、住、行、用各个方面不可缺少的材料。2019 年，中国大陆初级形态塑料的产量超过 9477 万吨，生产了合成橡胶 719 万吨。中国的棉纱、化学纤维等纺织材料以及纸制品等在改革开放和工业化过程中也得到快速发展。图 5.14 为中国大陆初级塑料、合成橡胶、棉纱、化学纤维、纸制品等大宗高分子材料近些年的年产量变化[1]。

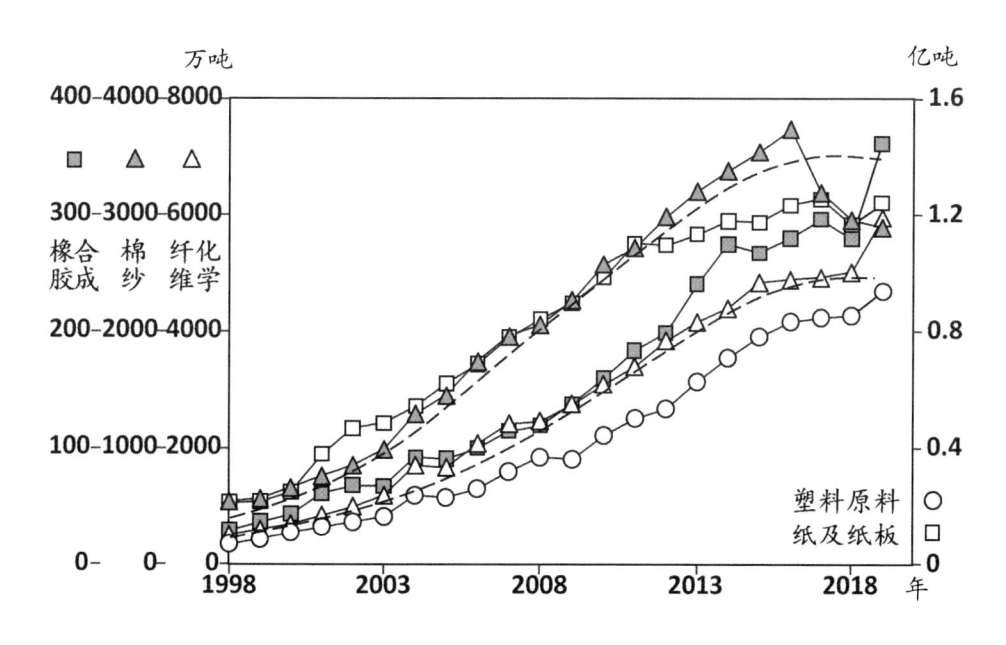

图 5.14　中国大陆大宗有机高分子材料年产量[2]

由前图 5.2、图 5.3、图 5.4 虚线部分的走势可见，在 1998—2013 年期间，中国

---

[1] 毛卫民、王开平:《中国的钢铁时代》,《金属世界》2021 年第 3 期。
[2] 毛卫民、王开平:《中国的钢铁时代》,《金属世界》2021 年第 3 期。

材料工业得到快速发展，这为中国成为世界制造业大国提供了坚实的支撑，也积极推进了中国工业化和现代化的进程；2013年前后，与钢铁的发展类似，中国的主要材料工业转入平稳发展阶段。

第三节　工业文明深入发展的新型物质基础

一　信息材料的发展与第三次工业革命

　　信息及其储存、传递和更新是人类文明非常重要的组成部分，与之相关的信息技术和设施也伴随人类社会的发展而不断改进[①]。1946 年，美国制造的第一台电子计算机占地 167 平方米，重 30 吨，电功率 160 千瓦。计算机开动后每个小时都会有若干个电子管损坏，须停机检修。对今天的人们来说，这是一个无法接受的庞然大物，并不具备实用性，但它的出现毕竟萌发了一个新的纪元。

　　计算机中需要大量微小、低能耗、高可靠的比特电路，以适应计算机的实用特性，其中，比特电路的小型化则成为材料技术的关键。1958 年，美国工程师基尔比在一个锗半导体片上同时制作出了一个尺寸为 1 毫米左右的比特电路和几个其他的电子元件，即把几个电子元件集成在一小块半导体上，形成一个集合的电路，这是世界上第一个集成电路[②]。随后集成电路技术得到迅速发展，半导体片由锗变成了性能更好的硅，主要集成比特电路。后来比特电路的尺寸越做越小，一块集成电路上比特电路的数目越来越多。到了 20 世纪 80 年代，比特电路的尺寸减小到 1 微米（1 毫米＝1000 微米）；20 世纪 90 年代，减小到几百纳米（1 微米＝1000 纳米）；21 世纪初，再减小到 100 纳米以下；今天的材料加工技术已可制出 10 纳米宽度的比特电路[②]。以 1 厘米见方的集成电路来估算，如果一个比特电路的尺寸为 1 微米见方，则一个集成电路上可制出 1 亿个比特电路[③]；如果所具有的材料加工技术可制成

[①]　毛卫民：《材料与人类社会》，高等教育出版社 2014 年版，第 64—81 页。
[②]　王永文、王阳元：《十年磨一剑——集成电路产业历史回顾和发展规律探讨》，《中国集成电路》2007 年第 3 期。
[③]　毛卫民：《工程材料学原理》，高等教育出版社 2009 年版，第 338—340 页。

10 纳米见方或尺寸更小的比特电路（图 5.15），则在一个集成电路上可制出 1 万亿个或更多的比特电路。由此可见，材料精细加工技术的进步决定着集成电路的容量和可发挥的工作效率。

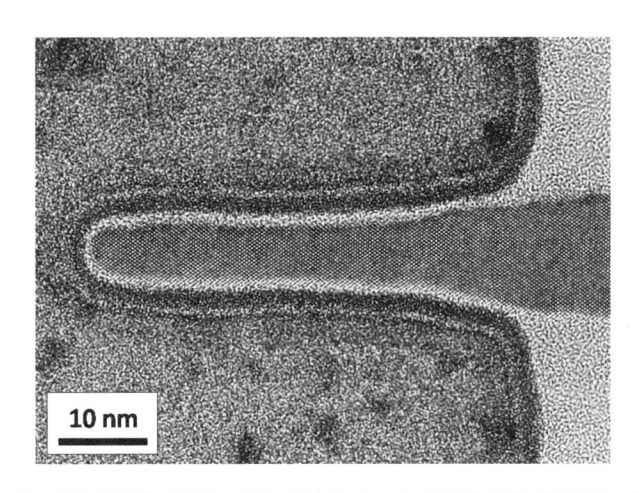

图 5.15　美国制作集成电路中宽约 7 纳米（nm）的比特电路（张弘博士供图）

利用通信线路和设备以一定的连接方式把分布在不同地点且具有独立功能的计算机系统相互连接在一起，在网络软件的支持下进行数据通信、实现资源共享的系统称为互联网。互联网是计算机与通信网络以某种形式结合的产物。20 世纪 50 年代，将电传打字机与计算机远程连接起来，人们就可以在异地的电传打字机上输入指令，让计算机运算，然后再把运算结果传送到远处的电传打字机打印出来，由此开始了计算机与通信的结合。1969 年，美国国防部高级研究计划局支持的分组交换网投入运行，该网把加利福尼亚大学洛杉矶分校、加利福尼亚大学圣巴巴拉分校、斯坦福大学、犹他大学四个站点的计算机连接成网，由此进入了计算机网络的正规发展时期。自 1974 年开始，美国 IBM 及一些不同的公司分别公布了各自的系统网络体系。1977 年，国际标准化组织提出了使不同体系和结构的计算机网络都能互联的标准网络框架。20 世纪 80 年代中期以后，互联网开始了高速发展的历史阶段[1]。

---

① 邵峰晶、张进、孔令波、李戈：《计算机网络基础》，人民邮电出版社 2000 年版，第 1—4 页。

如果要在全球范围的互联网络上达到资源共享的目标，就需要一种大容量、高速度的通信网及相应的通信线路。由于通信电缆等传统的通信线路完全无法满足互联网大容量、高速度的要求，于是在1966年，美国学者高锟和霍克姆提出了光导纤维通信的概念。而这一概念的应用则需要借助以光纤为主的材料技术的进步来实现。

光束在最早的光纤内传播1千米后，残留的光束能量密度不足原来的万亿亿分之一，因此没有实用价值。20世纪70年代，美国研制成了光束在其内传播1千米后残留的能量密度能达到原来密度1%的光纤制造技术，后经过改进，于1976年提高到了原来密度的89%。2002年，日本住友公司制作光纤的技术可使光束传播1千米后，残留的能量密度达到原来的95%以上，而传送40千米后，仍保有密度的16%，且可以被光敏电子器件检测到，因此，光纤可以连续传送光信号40千米而不需要中间重新增强信号。激光的传播速度极快，是发展互联网可以倚重的重要技术资源[①]。在医学上，把一个发光的小探头和细小的光纤制成内窥镜系统插入病人的体内，就可以在不必经过外科手术的情况下，直接、准确、快速地观察和诊断疾病，如医院的胃镜检查设备。相应的技术也可以制成内窥系统，在航天航空、机械制造等工业部门用于设备和仪器复杂内部部位的监视、检测和维修工作。

计算机和网络技术的成熟和发展才能催生信息时代的开始。自20世纪70年代中期开始，大规模集成电路的发展日趋成熟。70年代初光纤技术进入工程化阶段，70年代中期光纤传输容量有了大幅度提高。70年代开始出现了网络技术，并随后形成了国际标准。这些技术的成熟和规模化发展极大地推动了人类社会的信息化进程，因此，可以认为人类的信息时代应始于20世纪70年代中期。从那时起，现代社会进入了第三次工业革命时期，人类的脑力劳动开始大规模地被计算机和互联网等信息技术所取代，并获得了巨大的经济效益。20世纪70年代，全球钢铁材料产量除中国外不再增长（参见前图5.11），标志着钢铁时代，即第二次工业革命结束。第三次工业革命中，信息材料的发展成为材料工业的关键。

---

① 胡先志：《光纤与光缆技术》，电子工业出版社2007年版，第1页。

二 智能材料与第四次工业革命

在信息技术高度发展的基础上，2013年德国政府提出"工业4.0"战略，即工业生产由信息化制造转为以智能制造为主。这标志着人类第四次工业革命，即人工智能化时代的开始。可以预见，智能时代的发展需要大量智能设计乃至智能材料的研究与开发。

智能材料是指能感知环境条件参数的改变，并能以自身某种性质变化或行为做出响应的材料。感知环境条件参数的改变，并能以所设定方式做出不同程度响应的技术称为智能技术。环境条件参数可以包括力学、热学、声学、光学、电学、磁学、物理或化学气氛等不同环境信息的改变[1]。虽然智能材料本身并不具备生命体的智能，只是其行为与生命体的智能反应有某些相似性，但智能材料可以安装在特定的器件或设备上，以实现所需的智能技术。智能材料范围内的许多材料在用于智能技术之前就已经存在，只是在智能时代更着眼于服务智能技术。智能材料均涉及与环境信息的交互作用，因此都属于信息材料，它们只是信息材料中一个特殊部分，因而智能技术也属于信息技术领域里面的一个特殊部分。

人类在不同的历史阶段，都需要以各种材料技术的更新或发展作为关键的物质支撑。尽管不同历史阶段都需要以多种材料技术为基础，但更多地表现为基于某种关键材料生产技术的突破。例如，英国工业革命较多依赖于铁器的大规模生产，第二次工业革命较多依赖于钢铁的现代化生产等。进入信息时代后，虽然大规模集成电路、光导纤维等材料及其生产技术的工业化发展发挥了很大的推动作用，但信息时代所依赖的材料技术范围已经变得更为宽泛和多样化。当人类进入智能时代，将面临工业生产全面人工智能化的发展。由于智能时代不同的工业生产所需的智能材料会有很大不同，因此所依赖的材料技术将大幅度偏离仅依赖少数几种材料的特征。

智能材料包括已有材料或传统材料的深入发展、新材料的高技术化改进、全新的材料体系等。例如，汽车是现代常见的交通工具，传统的汽车用钢材需能够支撑

---

[1] 江洪、王微、王辉等：《国内外智能材料发展状况分析》，《新材料产业》2014年第5期。

汽车的正常运行。在出现交通事故时，如果汽车所用的钢材能够把碰撞释放出的能量转换成自身变形所需消耗的能量，从而显著降低乘车人受到伤害的概率，那么这种汽车钢就成了智能化交通安全用钢[1]。玻璃通常是挡风、透光、承受载荷的物质。如果玻璃能够根据光线的强度信息，或其他热、电、磁信号而自动调整其透光率，那么就成了智能玻璃，可用作汽车的窗玻璃[2]。智能时代会大量使用高运算效率的计算机，其关键部件仍是大规模的集成电路技术。如果材料加工技术能进一步降低单个比特电路的尺寸，则计算机等智能设备的运算能力就可大幅度提高。超导体是可以被广泛智能化利用的材料。太空的常温范围是零下150℃左右，如果在这个温度下带有智能特性的超导材料技术有所突破，那么将对未来的太空技术发展提供重要的支撑。

纳米材料是智能材料的重要组成部分，例如，可在纤维织物上制成智能化纳米发电机，服务于微型用电设备，为人类提供舒适和方便的生活；利用热电材料[3]可制成发电和余热发电的智能装置[4]；在生物医学方面，可用于制作与人体各部位有智能交互作用的生物医学材料，或制作各种智能化的人工器官，以及可自动降解的并促进自愈的人工骨等[5][6]。

由此可见，第四次工业革命是一场用智能机器设备取代和扩张人的智力劳动的革命，其中许多智能技术或智能材料技术所表现出来的能力甚至是人的智能无法直接实现的能力。

三 中国工业革命的步伐

集成电路芯片是微电子工业和计算设备的基础元件，通信光导纤维光纤是光纤

---

[1] 毛丰昕：《高速公路金属护栏的选材与改进》，《金属世界》2006年第5期。
[2] 韩霜：《智能玻璃引领未来市场行业发展》，《建设科技》2018年第5上期。
[3] 许宁生：《科创中心建设背景下上海集成电路产业创新与发展》，《世界科学》2019年第11期。
[4] 毛卫民、王开平：《中国的钢铁时代》，《金属世界》2021年第3期。
[5] 刘培来、张蒙、卢群山：《植骨在胫骨高位截骨术中的应用》，《中华关节外科杂志》2016年第5期。
[6] Yufei Yan、Hao Chen、Hongbo Zhang, et al, "Vascularized 3D printed scaffolds for promoting bone regeneration", *Biomaterials*, Vol.190–191, 2019. pp.97–110.

最主要的应用领域，他们都是现代信息社会发展的基础材料。如图5.16所示①，2019年中国大陆生产了2018多亿块集成电路，支撑了包括人工智能、机器人等现代信息产业的快速发展，同年，中国大陆铺设了4750多万千米光缆线路，同时，近几年集成电路年产量增长仍在持续加快（图5.16中虚线部分），从而极大推动了互联网的发展。与传统材料近几年基本饱和及趋于稳定的状态明显不同的是，信息材料在现代信息社会呈加速发展的态势。

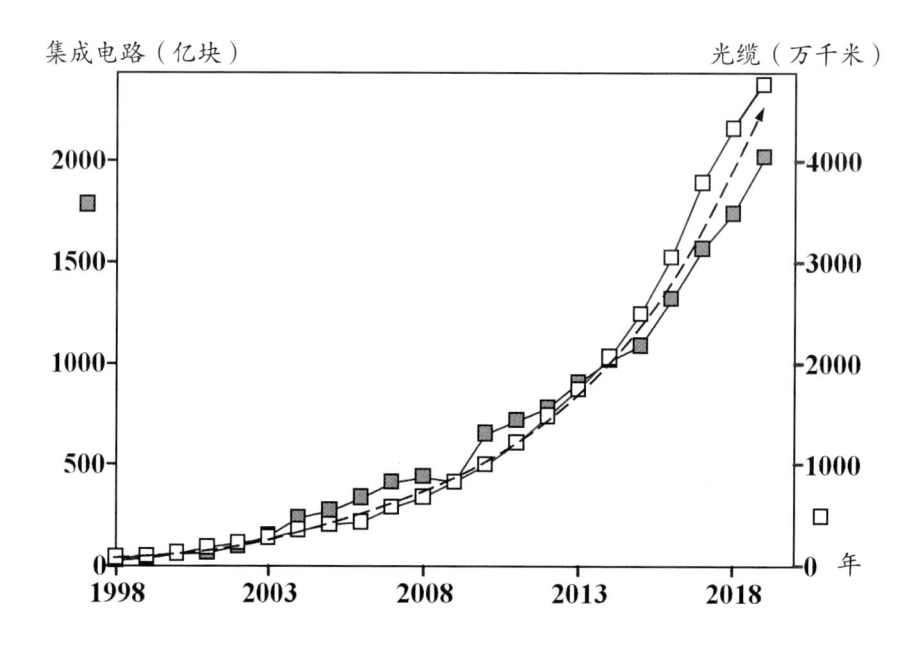

图 5.16　中国大陆集成电路年产量和光缆年铺设距离的变化①

自18世纪中期英国工业革命以来，西方已经完成三次工业革命的进程，正步入第四次工业革命阶段。在各个工业革命阶段，中国始终落后于西方世界。20世纪70年代之后西方结束第二次工业革命，进入第三次工业革命的信息时代。期间中国虽然仍大规模推进第二次工业革命，但自20世纪90年代也同时开展了工业信息化的第三次革命。其间具有代表性的大规模集成电路的生产、光缆线路的铺设、互联网宽带的普及等方面都取得了迅速发展，并逐步紧追西方的发展步伐（参见前图

---

① 毛卫民、王开平：《中国的钢铁时代》，《金属世界》2021年第3期。

5.16）。中国的第三次工业革命与钢铁产量的爆发式增长有着直接关系，中国网络化高铁的快速发展就是其显著体现之一。目前中国的高速铁路运营里程超过 3.8 万公里，超过全世界总量的 2/3[1]。建设高铁时仅制作钢轨每年就需要消费数百万吨高速铁轨用钢，是钢材应用的一大领域。因此，中国的高铁建设领先于全球并广泛使用网络技术，这极大地推动了工业建设的高速发展，显著缩短了中西方工业发展的差距，也是中国钢铁时代有别于西方的一个重要标志。

图 5.17 对中西方工业革命的步伐作了大致的比较[2]。可以看出，与西方工业革命相比，中国的工业革命实际上是三步并作两步走、追赶世界步伐的过程。西方的第一、第二、第三次工业革命的时间阶段分别为 18 世纪中期至 19 世纪中期、19 世纪中期至 20 世纪 70 年代、20 世纪 70 年代至 21 世纪前 10 年。而中国这三次工业革命的时间阶段相对滞后，第一、第二次工业革命约分别起始于 19 世纪 70 年代容闳引进西方工业设备和 19 世纪 90 年代李鸿章创建江南机器制造总局炼钢厂[3]。中国第一次工业革命结束于 20 世纪中期，在此之前中国的钢铁业一直非常低迷，无法对工业发展提供足够支撑；20 世纪中期以后中国的钢铁业才得到稳固发展，第一次工业革命的作用被第二次工业革命取代。第二次工业革命结束于 21 世纪前 10 年。中国的第三次工业革命的时间为 20 世纪 90 年代至今。

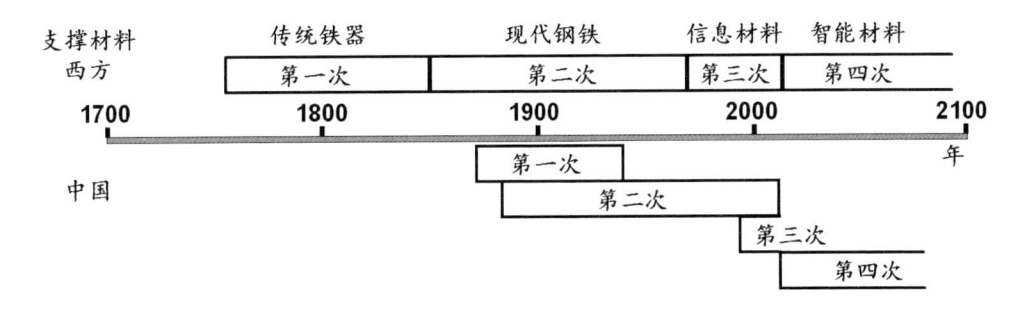

图 5.17　中西方四次工业革命步伐比较[4]

---

[1] 侯隽：《坐中国高铁感受中国速度》，《中国经济周刊》2019 年第 18 期。
[2] 毛卫民、王开平：《中国的钢铁时代》，《金属世界》2021 年第 3 期。
[3] 楚焰辉：《江南机器制造总局档案》，《中国国情国力》2018 年第 1 期。
[4] 毛卫民、王开平：《中国的钢铁时代》，《金属世界》2021 年第 3 期。

目前，虽然中国在信息材料发展方面已取得了积极的进展，在集成电路方面也在探索 7 纳米比特电路技术[①]，但仍与世界先进水平存在明显差距。2015 年，中国政府也相应提出了《中国制造 2025》的强国战略，这表明中国已汲取了钢铁时代落后的教训，正在紧随时代潮流、预先筹划，系统性推进中国工业智能化进程。由此可见，中西方已经共处于工业文明时代。

---

① 许宁生：《科创中心建设背景下上海集成电路产业创新与发展》，《世界科学》2019 年第 11 期。

第四节　文明差异导致的不同观察与判断

由于中西方文明存在许多共同或类似之处，也存在着一些明显的差异，因此，人们在观察中西方文明以及作出相应判断时，也不可避免地存在差异和分歧，且很难以简单的方式化解这些差异和分歧。鉴于中西方文明的差异，故不宜用中方文明观点评判西方历史和文明，也需注意慎用西方文明的观点来评判中国历史和文明，即不宜用中方文人、哲人、思想家、学者等名言或谶语过于简单、直接地判断西方文明的一些事物；反之亦然。全世界各国文明发展的情况过于复杂，各种文明因素的发展快慢各不相同，且会受到气候、地理环境、自然资源等物质基础的重大影响，刻意地寻求"国际公认"容易造成"一刀切"的情况，可能会导致其"公认"的标准更适合于某个文明，而并不适合其他的文明。对不同文明进行探讨之前，需要认真审视和分析相关言论的文明背景是否适宜移植到另一个文明。观察和研究不同文明的发展历程时，应将物质基础纳入考察范围，以进行更为全面的考量。

一　对文明起源时间的判断

在文明起始时间的看法上，不同文明就存在不一样的判断。判断文明的起始时间，首先遇到的是如何定义文明的问题，这本身就是一个很复杂且只能粗略地达成共识的问题。对文明起始时间的判断问题涉及很多相关学科的认知，问题同样复杂。从野蛮时代进入文明时代无疑是人类的一大进步，这种进步是全方位的，涉及人类生理学、社会学、语言学、政治学、经济学、工程学等许多方面。

从经济学角度观察，当人类的物质生产能力已经超过其温饱生活的需求并明显出现盈余时，才会进入文明时代；从工程技术的角度分析，只有生产技术的水平，尤其是铜质工具的制造水平提高到一定程度且应用较普及时，才能为经济的发展提供足够的支撑；从社会学的角度看，温饱有余的生活会促使社会的分工，出现从事农耕或畜牧以外的行业，也会在农耕地区出现大的城镇和人口的聚集，同时人口结构中会出现不同的阶级划分；从政治学的角度考察，进入文明社会后治理结构复杂的社会需要政府、官吏，甚至军队等管理和强制机构；从语言学角度观察，由语言转化成系统性的文字也是文明社会的必备条件。

由此可看出，人类的物质生产能力明显超过自身生存所需，应该是进入文明时代最基本的客观要素。但由于历史久远，很难对当时的生产能力作出直接的判断，因此铜器技术、社会分工、大型城镇、阶级划分、政府、军队、系统文字、大脑容量等就成了判断人类是否进入文明时代的间接但重要的依据。然而，在世界各地的文明发展中，上述种种因素成熟到文明时代所需水平的时间段会出现明显的先后差异，往往并不能同期实现，甚至有的因素未必会及时出现。例如，中华文明中铜器技术的成熟时间就远优先于生产能力的高度发达；而西方文明中在生产能力已经到达很高水平并出现规模性贸易行为时，却一直未能实现高度发达的制铜规模。再如，蒙古族原是著名的游牧民族，孛儿只斤·铁木真（成吉思汗）建立了强大的蒙古帝国，其子孛儿只斤·托雷长期随其父征战，1231年曾率军打败金朝军队主力。托雷之子孛儿只斤·忽必烈即是统一中国的元朝开国皇帝元世祖。若查询铁木真、托雷、忽必烈祖孙三代的出生地，恐怕都是含糊的"漠北草原"。细致的考古研究有可能发现他们具体的出生地，但关键点在于他们的出生地与游牧民族的流动特征相符，也就是说，游牧民族并不注重大型城镇的建设，所以如果用适合农耕民族的城镇建设来判断游牧民族的文明起点就未必妥当。

西方学者对于西方文明起始时间的看法基本一致——最终消亡的美索不达米亚和古埃及之后，其先期的欧洲文明大约起始于公元前20—前15世纪，而其直接的起源时间约为公元前12世纪的古希腊文明（参见第三章第三节）。中国学者对此大多没有异议。对于中华文明起始时间，各国学者看法不一，多数中国学者认为中华文明起始于约公元前3000年，但多数西方学者和一些中国学者对此并不认同。事实证明各种文明的出现和发展模式存在着明显的差异，因此未必存在一个统一的客观标准去衡量和说明所有的文明，不应该也没必要探索所谓"国际公认"的衡量不同文明的"标准"尺度，因为这些衡量往往不可避免地存在过多的主观因素，即存在不同文明背景的影响和干扰。笔者建议可宽容对待不同文明的差异性描述，更多地关注在探讨和对比不同文明时所涉及具体问题的内涵。

二 中西方不同文明价值观适用范围

早期中华文明存在的原始上层社会中，民主氛围是很有限的，且随后逐渐弱化，至西周宗法制建立后就基本消失了。到了春秋战国时期，虽然各诸侯国都是君主专制，但保持了百家争鸣、学术平等、自由、民主的良好气氛，成为中华文明丰富内涵的关键性基础。西方文明具有长期的民主传统，除了罗马帝国时期的短暂中断外，一直以各种形式延续到现代社会，但其平等、民主的有限性也导致了相应的自由非常有限。例如，为平衡中英贸易，英国政府曾纵容英国商人在印度等地种植并向中国大量贩卖英国国内禁止的鸦片。在中国政府依法禁止英国商人的鸦片贸易后，英国下议院以民主的方式履行法律程序，通过了对华因鸦片开战的议案。英国政府清楚地知道清政府在军事上不堪一击，因此用自己文明圈内的民主和法制决定了在其圈外的中国事务。在当时英国的体制里，中国完全不具备任何平等和民主的位置，因此也无法获得道德上的公正对待。英国政府发动鸦片战争以获得大量赔款并割取香港的做法是西方利用其有限平等和有限民主的方式，从其文明圈以外夺取盘剥利益的典型做法。这一做法在英国针对诸多海外殖民地的土著居民时屡试不爽，获得了极大的盘剥利益。

再如，英国历史学家阿克顿曾于1859—1865年任英国下议院议员，他在1887年著作《自由与权力》中说："Power tends to corrupt, and absolute power corrupts absolutely." 中文意思是："权力容易造成腐败，绝对的权力必然腐败。"这句话原则上是说得通的，其中有"权力"和"腐败"两个关键词。我们对权力一词不会产生太大歧义，一般指公共权力；但"腐败"一词却带有更浓厚的主观色彩和一定的文明背景。其实，法国启蒙思想家孟德斯鸠1748年在日内瓦出版的《论法的精神》一书中已经把阿克顿的意思说清楚了，即为："一切有权力的人都容易滥用权力，这是万古不变的一条经验……从事物的性质来说，要防止滥用权力，就必须以权力制约权力。"但是否腐败和滥用权力须先有一个主观判断标准，然后才能探讨如何制约腐败。举例来说，西方政府对允许的因公行政招待有严格的金额限制，如有些政府规定为每人不得超过 25 美元，有些则规定为不得超过 15 美元；若实际每人花费了 20 美元，则对前一个政府来说属于正常，而对后一个政府来说则属于腐败。自基督教兴盛以来，西方的权力结构中再难有绝对的权力，所有的王权都受到神权、贵族权力，以及后来议会权力的约束，君主的权力只可能在一定时间和地域范围内显示出有限的绝对权力。而中国历史上自秦始皇统一以来基本上都是不受任何外在力量约束的专制皇权，即真实的绝对权力。由此并不适合得出结论说，西方的历史是不腐败的历史，中国的历史完全是腐败的历史。不论如何定义腐败，在中西方历史上都永远存在着无法避免的腐败现象。像哥伦布等人经王室授权，自己并不具备绝对权力，但以西方模式向海外扩张、盘剥奴役其他民族的那种积极获取盘剥利益的行为，在西方文明中并不被认为是腐败。与之相对应，中国明成祖朱棣具有真实的、阿克顿等无法设想的绝对权力。但他深受儒学温和逐利思想的影响，投入大量的资金派郑和下西洋进行海外交流和贸易，主张"循礼安分，毋得违越，不可欺寡，不可凌弱，庶几共享太平之福"（参见本章第二节），明成祖的做法应不属于对外的腐败行为，也是西方文明无法想象的。假如郑和在下西洋过程中采取哥伦布等类似的掠夺和欺凌行为，则会被明成祖判定为腐败，并受到惩处。

由此可见，"权力容易造成腐败，绝对的权力必然腐败"这种说法具有特定的文明背景。不受约束的权力在以积极逐利，甚至追求盘剥获利为特征的西方文明下确实容易腐败，但历史上以儒学温和逐利为特征的中华文明对权力制约的方式却有所不同，不宜简单引用阿克顿说辞。

三 中西方文明的差异化发展与战争

约 2400 年前，古希腊历史学者修昔底德参加了公元前 431—前 404 年期间以雅典城邦为首的提洛同盟与以斯巴达城邦为首的伯罗奔尼撒同盟之间长达27年的伯罗奔尼撒战争①，并在战后撰写了一本书，名为《伯罗奔尼撒战争史》。书中修昔底德认为："使战争不可避免的真正原因是，雅典势力的增长和因此引起斯巴达的恐惧。"修昔底德的这一陈述被当今部分西方政治学者转而表达成"一个新崛起的大国必然要挑战现存大国，而现存大国也必然来回应这种威胁，这样战争变得不可避免"。这一僵化的理论，即为所谓的"修昔底德陷阱"②。如果确实存在"修昔底德陷阱"的话，那只是2400年前，以奴隶制为基础的西方文明的典型特征，即借助扩张征服以获取奴隶和盘剥利益。

西汉初期儒学尚未成为社会主流思想，汉武帝为平定北方匈奴的侵扰把中原地区雄厚的经济实力转化为强大的军事力量，从而解决了北部边患（参见第三章第二节）。北宋时期中原及江南地区的经济实力更为强大，此时朝廷推行崇文抑武的政策，且儒学已经成为主流的社会思想。北宋、南宋政府的儒学官员们在北部的辽、金政权不仅逐渐崛起，而且长期表现出军事威胁的时候仍故步自封、盲目自信；一旦被辽、金军队击败，皇帝和大量上层儒士宁可割地、纳贡以求和谐也不愿意采取军事抵抗的策略。这里完全看不到"修昔底德陷阱"的痕迹，因为那不是中华文明中儒学思想考虑问题的方式。"修昔底德陷阱"的说法与中华文明以非扩张的融合、交流、合作、共赢而求发展的历史特质格格不入。即便明成祖时期具备了强大的海外扩张的能力，也未实施以获取盘剥利益为目的的海外战略。在儒学思想处于统治地位的情况下，历史上统一的中国在不遭受外部势力事实侵扰的情况下，往往不会凭空地因外部势力的增长而发动战争，许多帝王即使看到了存在外部力量侵扰的可能，也多采用修建长城之类的防御措施（图4.5）。从中国的文明历史和文明特征来看，"修昔底德陷阱"之说只是以积极追逐盘剥利益为特色的传统西方文明的说辞，与没有扩张特征的中华文明毫不相关，并不适合用来对比和探讨与中华文明发展相关的事情。迄今为止，世界上所有扩张性争霸战争均发生在以东、西罗马帝国为源的泛西方文明圈之内，包括已融入该文明圈的国家。盲目地坚持以西方文明为背景

---

① ［瑞士］莱昂哈特·布克哈特：《古希腊罗马军事史》，励洁丹译，上海三联书店2018年版，第47—48页。
② 杜廷广：《"修昔底德陷阱"与"伯罗奔尼撒战争史"》，《博览群书》2018年第7期。

的"修昔底德陷阱"观念谈论与中国的关系，会造成不必要的困扰。

图 4.5　北京慕田峪长城

　　然而，在人类历史上战争永远是一个绕不开的话题，不仅西方，中国也是如此。那么中国历史上许多大规模战争有些什么特点呢？公元前230年，秦始皇发动战争，先后灭掉了韩、赵、魏、楚、燕、齐六国，统一了中国，且平等对待同为华夏民族的各国人民。战争之前这六国并不能威胁到秦国的生存，而且到战争后期，剩余的各国早已无力对抗秦国。秦始皇统一中国之后，为统一而发动战争就成为中国历史上大型战争的重要特征。秦灭亡后，实力较弱的刘邦与强大的项羽对峙，前者有统一中国的理念；而后者却安于分裂的政权，最终导致前者用战争统一中国，建立西汉；而后者失败。东汉灭亡后，魏、蜀、吴三国分立，蜀国的实力远赶不上魏国，却连续向魏国发动统一战争。三国后期曹魏、西晋向国力低下的吴、蜀两国发动统一战争，两国国君在对抗无力的情况下，均以投降的形式服从统一。南北朝时期中国分裂和混乱多年，但没有一个割据的地方政权能够长时间维持，期间有多个地方政权策划乃至发动统一战争。隋借助战争统一中国后，因政策失误导致很快灭亡，但随后统一的唐朝却维持了近三百年。唐灭亡导致分裂和混乱后，多个割据政权均无法维持长期统治。后北宋用武力统一了中国，其间一些割据政权以非对抗的方式归入北宋政权，随后迎来了中国历史上重要的稳定和繁荣时期。两宋时期的辽、金政权虽然军力强大，但都没有统一中国的意图；南宋想统一，但没有能力，最终被元朝用武力灭亡。一旦在中华文明圈范围形成了统一的政权，执政者往往就安于现状，不再刻意向外扩张，甚至会趋向于闭关锁国。中国历史上出现大规模战争的原因，往往是中华文明圈内分裂出多个大的割据政权，这种分裂的状态一定是不稳定的，并最终达成统一。这种统一可以通过和平方式实现，但战争往往无法避免。统一是在融合得非常好的中华民族范围内实现，因此无法形成对抗统一的致命障碍。从中国的历史传统可以看出，分裂经常会成为战争的陷阱，或称为中华文明特有的"分裂陷阱"，但看不到西方以对外扩张为特色的"修昔底德陷阱"。"分裂陷阱"呈非扩张性内敛特征，而"修昔底德陷阱"则呈扩张性外延特征，与各自文明初期的特点相适应。由此可见，当中华文明和西方文明之间出现战争风险时，文明的特征决定了中国一定不是挑起战争的一方。从历史的经验看，中国也不会惧怕或回避为确保国家完整统一的战争。

四　自然资源和地理环境对东西方文明产生的影响

地球存在于宇宙之中，天文、地理、气候、环境等多方面因素导致地球上特别适合孕育出各种生物体乃至人类。按照当今的观察，全世界所有人类族群可能源自同一或类似的古猿族群，并随后跋涉、迁徙到世界各地居留、繁衍。在向人类演化过程中，东西方都是经历了蒙昧时代、野蛮时代而进入文明时代。目前的观察和研究尚未发现中西方原始人类所经历的蒙昧时代和野蛮时代有特别值得关注的本质性差异。然而，处于世界各地野蛮时代的人类所面临的地理环境却存在一定差异，这种差异会直接影响各地不同族群某些文明特征的形成。

由于所获得的自然资源和地理环境等客观因素方面的差异，古猿在进入文明时代时，中国社会在生产力较低的情况下，仍具备了良好的制铜技术，因此各部族为避免无意义的损伤而更倾向选择融合发展的道路。融合特征使得早期中国有巨大的文明范围、相对较弱的内部矛盾，因此没有给宗教的普及和强化提供机会。经过春秋战国时期自由思想意识的繁荣发展，形成了文化统一、中央集权的大帝国，追求统一成为了文明的特征，可以说正是融合的特征才发展成了中国追求统一的特征。

然而，西方在社会生产力已经很发达的情况下尚未能广泛使用铜器，由此一些较发达且强盛的部族更倾向于选择扩张征服的发展道路以使所获利益最大化。古希腊和古罗马扩张征服的特征促成了早期西方发达的奴隶社会，以及以此为基础之一的奴隶经济，并使基督教得到了普及。积极逐利和对欧洲大部分被征服地区盘剥的理念也阻碍了民族之间的深度融合，随后在统一宗教的覆盖下演变成众多王权分立的国家。

两种文明的早期特征对各自文明的发展产生了深远的影响。中华文明时代之前的上层民主很快消失并演变成文明时代的皇权专制。融合而非扩张的特性使得中华文明保持并延续了温和逐利、融合四方的理念。融合统一的诉求也使中华文明虽跌宕起伏五千年而不衰灭，但保守封闭的思想意识阻碍了社会现代化发展的进程。西方文明时代之前的上层民主演化成了文明时代的有限民主制，基督教的普及使得西方文明保持并延续了有限平等的理念，为现代民主政治的出现奠定了基础。积极逐利的理念也成为西方开拓、创新意识的基础。

附录 文中部分图片拍摄地或来源地简称索引

简称	省级博物馆名称
川	四川博物院
鄂	湖北省博物馆
甘	甘肃省博物馆
沪	上海博物馆
冀	河北博物院
津	天津博物馆
晋	山西博物院
辽	辽宁省博物馆
鲁	山东博物馆
蒙	内蒙古博物院
闽	福建博物院
青	青海省博物馆
陕	陕西历史博物馆
苏	南京博物院
皖	安徽博物馆
湘	湖南省博物馆
新	新疆维吾尔自治区博物馆
渝	重庆博物馆
豫	河南博物院
粤	广东省博物馆
云	云南省博物馆
浙	浙江省博物馆

简称	其他博物馆名称
半	西安半坡博物馆
国	中国国家博物馆
汉	张之洞与汉阳铁厂博物馆
徽	安徽省地质博物馆
金	金沙遗址博物馆
矿	新疆地质矿产博物馆
乐	沈阳新乐遗址博物馆
洛	洛阳博物馆
秦	秦始皇兵马俑博物馆
斯	鄂尔多斯博物馆

简称	国际博物馆/展名称
杜	德国杜塞尔多夫市博物馆
弗	德国弗莱堡考古博物馆
加	加拿大蒙特利尔考古和历史博物馆
肯	希腊肯罗坡罗斯博物馆
沙	中国国家博物馆沙特出土文物展
陶	德国陶瓷博物馆
卫	希腊雅典卫城博物馆
希	希腊国家考古博物馆
英	上海博物馆大英博物馆百物展
美	美国纽约大都会博物馆

参考文献

中文期刊：

[1] 毛卫民、王开平：《被压抑的铁器制造与错失的工业革命》，《金属世界》2022 年第 2 期。

[2] 毛卫民：《传统铁器时代中西方文明的差异化发展》，《金属世界》2022 年第 1 期。

[3] 毛卫民，王开平：《繁荣的铜器时代与中华文明融合统一的特征》，《金属世界》2021 年第 6 期。

[4] 毛卫民、王开平：《欠发达铜器时代孕育的西方文明及其早期价值观念的特征》，《金属世界》2021 年第 5 期。

[5] 毛卫民，王开平：《铜器时代之前中西方的材料技术》，《金属世界》2021 年第 4 期。

[6] 毛卫民，王开平：《中国的钢铁时代》，《金属世界》2021 年第 3 期。

[7] 毛卫民：《金属与战争陷阱》，《金属世界》2021 年第 2 期。

[8] 毛卫民：《自铜器时代起源以来中西方文明的海外拓展特征》，《金属世界》2021 年第 1 期。

[9] 毛卫民、王开平：《金属与中西方文明的崛起》，《金属世界》2020 年第 6 期。

[10] 毛卫民：《材料——人类社会发展的基石》，《金属世界》2020 年第 5 期。

[11] 毛卫民、王开平：《金属与中西方文明的萌生》，《金属世界》2020 年第 4 期。

[12] 毛卫民、王开平：《中西方铜器时代差异分析》，《金属世界》2019 年第 4 期。

[13] 毛卫民、王开平：《钢铁时代与中国制造》,，《金属世界》2019 年第 3 期。

[14] 毛卫民、王开平：《铁器时代演变与工业革命》，《金属世界》2019 年第 2 期。

[15] 陈强强、刘峰贵、方修琦等：《新石器时代晚期华北地区耕地重建》，《地理研究》2019 年第 12 期。

[16] 夏继果、王玖玖：《从"哥特神话"到"互动共生"：中世纪西班牙史叙事模式的演变》，《世界历史》2019 年第 2 期。

[17] 毛卫民、王开平：《金属的使用与中西方文明的发展 (II)：铜器与铁器的使用》，《金属世界》2018 年第 6 期。

[18] 毛卫民、王开平：《金属的使用与中西方文明的发展 (I)：铜器制造和使用的差异》，《金属世界》2018 年第 5 期。

[19] 郑洪波、周友胜、杨青等：《中国东部滨海平原新石器遗址的时空分布格局 - 海平面变化控制下的地貌演化与人地关系》，《中国科学：地球科学》2018 年第 2 期。

[20] 王益人：《晋西南旧石器考古学研究现状及其展望》，《人类学学报》2018 年第 4 期。

[21] 张国硕、汤洁娟：《中原地区早期冶铁问题分析》，《中原文物》2017 年第 2 期。

[22] 赵辉：《良渚的国家形态》，《中国文化遗产》2017 年第 3 期。

[23] 李旻：《重返夏墟：社会记忆与经典的发生》，《考古学报》2017 年第 3 期。

[24] 杜恂诚、李晋：《白银进出口与明清货币制度演变》，《中国经济史研究》2017 年第 3 期。

[25] 夏继果：《穆斯林征服初期安德鲁斯基督教徒的生存状况》，《历史研究》2014 年第 2 期。

[26] 赵增越：《慈禧六十庆辰与中日甲午战争》，《中国档案》2014 年第 9 期。

[27] 王晖：《从甲骨金文与考古资料的比较看汉字起源时代——并论良渚文化组词类陶文与汉字的起源》，《考古学报》2013 年第 3 期。

[28] 陈建立、毛瑞林、王辉等：《甘肃临潭磨沟寺洼文化墓葬出土铁器与中国冶铁技术起源》，《文物》2012 年第 8 期。

[29] 武春林、张岩、李琴等：《中国古人类遗址环境数据库及遗址时空分布初步分析》，《科学通报》2011 年第 26 期。

[30] 冯凭、吴长旗：《舞阳龟甲刻符初探》，《中原文物》2009 年第 4 期。

[31] 陈建立、杨军昌、孙秉君等：《梁带村遗址 M27 出土铜铁复合器的制作技术》，《中国科学 E》2009 年第 9 期。

[32] 吴静霞：《商周青铜器铭文的制作工艺和西周颂鼎复制》，《文物保护与考古科学》2008 年第 4 期。

[33] 雍正江：《中世纪西欧的什一税》，《世界宗教文化》2007 年第 4 期。

[34] 高星、裴树文：《中国古人类石器技术与生存模式的考古学阐释》，《第四纪研究》2006 年第 4 期。

[35] 侯亚梅、李英华、黄万波等：《龙骨坡遗址第 7 水平层石制品新材料》，《第四纪研究》2006 年第 4 期。

[36] 陈可风：《罗马对不列颠的征服——从恺撒到克劳狄乌斯》，《世界历史》2004 年第 3 期。

[37] 吴义雄：《鸦片战争前的鸦片贸易再研究》，《近代史研究》2002 年第 2 期。

[38] 金正耀：《二里头青铜器的自然科学研究与夏文明探索》，《文物》2000 年第 1 期。

[39] 欧远方：《铜陵古采矿遗址和中国文明史》，《江淮论坛》1997 年第 3 期。

[40] 杨豫：《技术发明的转型是英国工业革命的触发机制》，《世界历史》1996 年第 4 期。

[41] 冯时：《山东丁公龙山时代文字解读》，《考古》1994 年第 1 期。

[42] 徐玮：《略论美国第二次工业革命》，《世界历史》1989 年第 6 期。

[43] 刘云彩：《中国古代高炉的起源和演变》，《文物》1978 年第 2 期。

中文图书：

[1] 毛卫民：《材料与文明》，高等教育出版社 2019 年版。

[2] 章宪法：《郑和舰队的七次远航》，江苏凤凰文艺出版社 2019 年版。

[3] [美] 苏珊·怀斯·鲍尔：《世界史的故事 2》，中信出版集团 2019 年版。

[4] [英] 戴维·奥卢索加：《文明Ⅱ：交流与互渗》，郭帆译，中国友谊出版公

司 2019 年版。

[5] [美] 艾伦·布林克利：《美国史》，陈志杰等译，北京大学出版社 2019 年版。

[6] 张桂林：《西方政治思想史》，高等教育出版社 2019 年版。

[7] [美] 恩斯特·布赖萨赫：《西方史学史：古代、中世纪和近代》，黄艳红等译，北京大学出版社 2019 年版。

[8] 张肇麟：《夏商周起源考证》，科学出版社 2018 年版。

[9] [英] 约翰·史蒂文森：《欧洲史》，李幼萍等译，南方日报出版社 2018 年版。

[10] 陈贞寿：《纵横驰骋越重洋——郑和王景弘七下西洋》，中国大百科全书出版社 2018 年版。

[11] [英] 卡丽·吉布森：《帝国的十字路口：从哥伦布到今天的加勒比史》，扈喜林译，社会科学文献出版社 2018 年版。

[12] [英] 劳伦斯·詹姆斯：《大英帝国的崛起与衰落》，张子悦、解永春译，中国友谊出版公司 2018 年版。

[13] 李节传：《加拿大通史》，上海社会科学院出版社 2018 年版。

[14] [瑞士] 莱昂哈特·布克哈特：《古希腊罗马军事史》，励洁丹译，上海三联书店 2018 年版。

[15] [英] 尼古拉斯·N.G.L.哈蒙德：《希腊史：迄至公元前 322 年》，朱龙华译，商务印书馆 2018 年版。

[16] 斑斑：《澳大利亚简史》，中国铁道出版社 2018 年版。

[17] 王宇博：《澳大利亚史》，江苏人民出版社 2017 年版。

[18] [德] 特奥多尔·蒙森：《罗马史》，李稼年译，商务印书馆 2017 年版。

[19] 叶立煊、郝宇青：《西方政治思想史》，华东师范大学出版社 2017 年版。

[20] 周启迪：《世界上古史》，北京师范大学出版社 2016 年版。

[21]（明）宋应星：《天工开物》，上海古籍出版社 2016 年版。

[22] [英] 多米尼克·拉思伯恩：《古代文明大百科》，王晋等译，电子工业出版社 2016 年版。

[23] 亓佩成：《古代西亚文明》，山东大学出版社 2016 年版。

[24] 郭泳：《夏史》，上海人民出版社 2015 年版。

[25] [美] 亨德里克·威廉·房龙：《人类的故事》，刘梅译，中国友谊出版社 2015 年版。

[26] 吕承朔：《震惊世界的壮举——郑和七下西洋》，商务印书馆 2015 年版。

[27] 毛卫民：《材料与人类社会》，高等教育出版社 2014 年版。

[28] 郑寅达：《德国史》，人民出版社 2014 年版。

[29] [英] 约翰·麦克里兰：《西方政治思想史》，彭淮栋译，中信出版社 2014 年版。

[30] [以色列] 尤瓦尔·赫拉利：《人类简史：从动物到上帝》，林俊宏译，中信出版社 2014 年版。

[31] [美] 科马克·奥·勃里恩：《帝国衰亡史：十六个古代帝国的崛起、霸业和衰亡》，邵志军译，现代出版社 2013 年版。

[32] [美] 珍妮弗·尼尔斯：《在大英博物馆读古希腊》，朱敏琦译，上海交通大学出版社 2013 年版。

[33] [英] 彼得·克里斯普：《探索：古罗马史》，苏扬等译，科学普及出版社 2013 年版。

[34] 孟钟捷：《德国简史》，北京大学出版社 2012 年版。

[35] [加] 罗伯特·博斯韦尔：《加拿大史》，裴乃循等译，中国大百科全书出版社 2012 年版。

[36] [英] 彼得·克里斯普：《探索：古希腊史》，苏扬等译，科学普及出版社 2012 年版。

[37] 刘家和、王敦书：《世界史古代史篇》上卷，高等教育出版社 2011 年版。

[38] [美] 布莱恩·蒂尔尼，西德尼·佩因特：《西欧中世纪史》，袁传伟译，北京大学出版社 2011 年版。

[39] 北京科技大学冶金与材料史研究所：《铸铁中国：古代钢铁技术发明创造巡礼》，冶金工业出版社 2011 年版。

[40] 晁福林：《夏商西周的社会变迁》，中国人民大学出版社 2010 年版。

[41] 李季、安家瑗、孙其刚：《文物史前史》，中华书局2009年版。

[42] 毛卫民：《工程材料学原理》，高等教育出版社2009年版。

[43] [澳] 斯图亚特·麦金泰尔：《澳大利亚史》，潘兴明译，东方出版中心2009年版。

[44] 赵晓寰、乔雪瑛：《新西兰：历史、民族与文化》，复旦大学出版社2009年版。

[45] [古希腊] 亚里士多德：《政治学》，吴寿彭译，商务印书馆2009年版。

[46] [英] 赫伯特·乔治·韦尔斯：《文明的故事》，高尧译，陕西师范大学出版社2009年版。

[47] [美] 朱迪斯·本内特，沃伦·霍利斯特：《欧洲中世纪史》，杨宁，李韵译，上海社会科学院出版社2007年版。

[48] 艾素珍、宋正海：《中国科学技术史》年表卷，科学出版社2006年版。

[49] 王章辉：《新西兰》，社会科学文献出版社2006年版。

[50] 拱玉书：《日出东方——苏美尔文明探秘》，云南人民出版社2001年版。

[51] 华觉明：《中国古代金属技术-铜和铁造就的文明》，大象出版社1999年版。

[52] 佟柱臣：《中国新石器研究》下册，巴蜀书社1998年版。

[53] 李家治：《中国科学技术史》陶瓷卷，科学出版社1998年版。

[54] 赵匡华，周嘉华：《中国科学技术史》化学卷，科学出版社1998年版。

[55] 刘开古：《阿拉伯语发展史》，上海外语教育出版社1995年版。

[56] 中国地理丛书编委会：《中国综合地图集》，中国地图出版社1990年版。

外文期刊：

[1] Taco Terpstra, "Roman technological progress in comparative context: The Roman Empire, Medieval Europe and Imperial China", *Explorations in Economic History*, Vol. 75, No. 101300. Sept. 2020.

[2] Simon G. Lewis, Nick Ashton, Michael H. Field, et al, "Human occupation of northern Europe in MIS 13: Happisburgh Site 1 (Norfolk, UK) and its European context", *Quaternary Science Reviews*, Vol. 211, 2019. pp. 34-58.

[3] Eva Rosenstock, Kulia Ebert, Robert Martin, et al, "Human stature in the Near East and Europe ca. 10,000–1000 BC: its spatiotemporal development in a Bayesian errors-in-variables model", *Archaeological and Anthropological Sciences*, Vol. 11, 2019. pp. 5657-5690.

[4] Willem M. Jongman, Jan P.A.M. Jacobs, Greertje M. Klein Goldewijk, "Health and wealth in the Roman Empire", *Economics and Human Biology*, Vol. 34, 2019. pp. 138-150.

[5] Yufei Yan, Hao Chen, Hongbo Zhang, et al, "Vascularized 3D printed scaffolds for promoting bone regeneration", *Biomaterials*, Vol. 190–191, 2019. pp. 97-110.

[6] Sabrina Stempfle, Jörg Linstädter, Klaus G. Nickel, et al, "Early Neolithic pottery of Ifri n'Etsedda, NE-Morocco-Raw materials and fabrication techniques", *Journal of Archaeological Science: Reports*, Vol. 19, 2018. pp. 200-212.

[7] Jorge Sanjurjo-Sáncheza, Juan Luis Montero Fenollós, Victor Barrientos, George S. Polymeris, "Assessing the firing temperature of Uruk pottery in the Midddle Euphrates valley (Syria): Bevelled rim bowls", *Microchemical Journal*, Vol. 182, 2018. pp. 43-53.

[8] Xaviec Rubio-Campillo, Jean-Marc Montanier, Guillem Rull, et al, "The ecology of Roman trade. Reconstructing provincial connectivity with similarity measures", *Journal of Archaeological Science*, Vol. 92, 2018. pp. 37-47.

[9] Nicolas Naudinot, Antonin Tomasso, Erwan Messager, et al, "Between atlantic and mediterranean: Changes in technology during the late glacial in western Europe and the climate hypothesis", *Quaternary International*, Vol. 428, 2017. pp. 33-49.

[10] Arinae Burke, Masa Kageyama, Guillaume Latombe, et al, "Risky business: The impact of climate and climate variability on human population dynamics in Western Europe during the Last Glacial Maximum", *Quaternary Science Reviews*, Vol. 164, 2017. pp. 217-229.

[11] Hodaka Kawahata, Yui Ishizaki, Azumi Kuroyanagi, et al, "Quantitative reconstruction of temperature at a Jōmon site in the Incipient Jōmon Period in northern

Japan and its implications for the production of early pottery and stone arrowheads", *Quaternary Science Reviews*, Vol. 157, 2017. pp. 66-79.

[12] M. Spataro, A. Fletcher, C.R. Cartwright, D. Baird, "Boncuklu Höyük: The earliest ceramics on the Anatolian plateau", *Journal of Archaeological Science: Reports*, Vol. 16 2017. pp. 420-429.

[13] Tilde Caro, "The ancient metallurgy in Sardinia (Italy) through a study of pyrometallurgical materials found in the archaeological sites of Tharros and Montevecchio (West Coast of Sardinia)", *Journal of Cultural Heritage*, Vol. 28, 2017. pp. 65-74.

[14] Nerantzis Nerantzis, Nikolaos A. Kazakis, Ioanna K. Sfampac, et al, "An integrated approach to the characterization and smelting sites in Macedonia, Greece", *Journal of Archaeological Science: Reports*, Vol. 16, 2017. pp. 65-72.

[15] Roxane Rocca, "From the East ? New perspective on the first settlement dynamic in Europe", *L'anthropologie*, Vol. 120, 2016. pp. 209-236.

[16] Sonia Harmand, Jonas E. Lewis, Craig S. Feibel, *et al*, "3.3-million-year-old stone tools from Lomekwi 3, West Turkana, Kenya", *Nature*, Vol. 521, May 2015. pp. 310-315.

[17] Joaquim Fort, "Demic and cultural diffusion propagated the Neolithic transition across different regions of Europe", *Journal of the Royal Society Interface*, Vol. 12, No. 20150166, 2015.

[18] Johan Ling, Zofia Stos-Gale, Lena Grandin, et al, "Moving metals II: provenancing Scandinavian Bronze Age artefacts by lead isotope and elemental analyses", *Journal of Archaeological Science*, Vol. 41, 2014. pp. 106-132.

[19] Melissa L. Teoh, Sarah B. McClure, Emil Podrug, "Macroscopic, petrographic and XRD analysis of Middle Neolithic figulina pottery from central Dalmatia", *Journal of Archaeological Science*, Vol. 40, 2014. pp. 350-358.

[20] Nicolae Buzgar, Andrei Ionut Apopei, Andrei Buzatu, "Characterization and source of Cucuteni black pigment (Romania)", *Journal of Archaeological Science*, Vol. 40,

2013. pp. 2128-2135.

[21] José S. Carrión, James Rose, Chris Stringer, "Early human evolution in the western palaearctic: ecological scenarios", *Quaternary Science Reviews,* Vol. 30, 2011. pp. 1281-1295.

[22] Vladimir Doronichev, Liubov Golovanova, "Beyond the Acheulean: A view on the Lower Paleolithic occupation of Western Eurasia", *Quaternary International*, Vol. 223-224, 2010. pp. 327-344.

[23] Miljana Radivojević, Thilo Rehren, Ernst Pernicka, et al, "On the origins of extractive metallurgy: new evidence from Europe", *Journal of Archaeological Science*, Vol. 37, 2010. pp. 2775-2787.

[24] Sungmin Hong, Jean-Pierrc Candelone, Michel Soutif, Clsude F. Boutron, "A reconstruction of changes in copper production and copper emissions to the atmosphere during the past 7000 years", *The Science of the Total Environment*, Vol. 188, 1996. pp. 183-193

[25] Antonio Torroni, Hans-Jürgen Bandelt, Leila D'Urbano, et al, "mtDNA analysis reveals a major late paleolithic Population Expansion from southwestern to northeastern Europe", *The Am. J. Hum. Genet.* Vol. 62, 1988. pp. 1137-1152.

外文图书：

[1] Barthel Hrouda, *Der alte Orient*, C. Bertelmann Verlag GmbH, 1991.

[2] James B. Pritchard, *The Ancient Near East in Picture*, Princeton University Press, 1969.

[3] Eva Strommenger, *Fünf jahrtausende Mesopotamien*, Hirmer Verlag, 1962.